이 책에서 이야기하는 것은 아직은 일반적으로 지지를 받을 만큼 매력적이지는 않을 것이다.

잘못된 것인데도 그저 유구한 전통을 가진 것이라는 이유로 반성하지 않는다면, 표면적으로는 옳게 보이지만 곧 관습이 되어 그 관습을 보호하려고 아우성을 칠 것이다. 그러나 야단법석은 사그라지고 시간이 지나면 논리나 이성보다 더 많은 지지자가 생길 것이다.

토마스 페인(Thomas Paine)

1776년 2월 14일, 펜실베니아 주 필라델피아에서 발표한 《Common Sense》(상식) 중에서

(토마스 페인은 18세기 미국의 작가이자 국제적 혁명 이론가로 미국 독립전쟁과 프랑스혁명 때 활약하였다. 그는 《Common Sense》라는 책에서 독립이 가져오는 이익을 집필해 영향을 끼쳤다 - 역주)

Culture of Honor

by Danny Silk

Copyright © 2009 by Danny Silk

Published by Destiny Image
P.O. Box 310, Shippensburg, PA 17257-0310

Korean translation Copyright © 2010 by Pure Nard
2F 774-31, Yeoksam 2dong, Gangnam-gu, Seoul, Korea

The Korean edition is published by arrangement with Destiny Image.
All rights reserved.

본 제작물의 한국어판 저작권은 저자와의 독점 계약으로 한국어 판권은 '순전한 나드'가 소유합니다.
저작권자의 허락 없이 이 책의 일부 또는 전체를 무단 복제, 전재, 발췌하면 저작권법에 의해 처벌을 받습니다.

존중의 문화

초판발행| 2010년 11월 15일
개정1쇄| 2014년 4월 25일

지 은 이| 대니 실크
옮 긴 이| 김주헌

펴 낸 이| 허철
편   집| 김혜진
디 자 인| 이보다나
인 쇄 소| 예원 프린팅

펴 낸 곳| 도서출판 순전한 나드
등록번호| 제2010-000128
주   소| 서울 강남구 역삼2동 774-31 2층
도서문의| 02) 574-6702 / 010-6214-9129
편 집 실| 02) 574-9702
팩   스| 02) 574-9704
홈페이지| www.purenard.co.kr

Printed in Korea

ISBN 978-89-6237-161-1 03230

존중의 문화

대니 실크 지음 | 김주헌 옮김

추천의 말

하나님께서 그분의 왕국에 대한 개념을 교회 안에서 회복시키시는 가운데, 이를 '제대로 이해한' 사람들은 하나님의 통치 구조 안에서 축복을 받는다. 이 책은 이러한 과정을 보여주고 있으며 동시에 크리스천들이 교회 안에서 동역하기 위해서는 전략적으로라도 상대방의 명예를 존중(honor)해주어야 한다는 점을 명확하게 설명한다. '하늘의 통로'라고 명명된 2장은 오중(五重) 사역이 왜 기대했던 대로 이루어지지 않는지 의아해하는 사람은 물론 이와 같은 중요한 접근법을 진지하게 생각해보지 않은 사람들도 반드시 읽어볼 필요가 있다. 하나님의 왕국을 향한 대니의 공헌으로 우리 모두는 함께 왕국을 탐험하는 삶을 살 수 있게 되었다.

잭 테일러 Jack Taylor
| 디멘션선교회 대표

이 책에서 대니 실크는 하나님의 왕국의 기초를 다시 드러냈다. 대단한 지혜와 통찰력으로 그는 초자연적인 사회를 이룰 기초석들을 설명하고 있으며 능력 있는 크리스천의 삶을 위한 뼈대를 세우고 있다. 이는 한 권의 책 이상이다. 이는

개혁 선언문이며 다음 세대들이 참고할 고전이 될 것이다. 《존중의 문화》는 진지한 신자라면 꼭 읽어야 할 책이다. 이 책은 미국에 있는 모든 신학교에서 교재로 선택해야 한다.

크리스 밸러턴 Kris Vallotton
| 벧엘 교회의 협동 책임자, '벧엘 초자연적 사역학교' 공동 설립자
《왕의 자녀의 초자연적 삶》,《순결》의 저자

대니 실크 목사는 이 놀라운 책을 통해 벧엘교회의 핵심가치 중 하나를 나누어주었다. 이 가치로 인해 벧엘교회는 지난 수년간 부흥을 경험했다. 나는 대니가 제시한 대로 '존중의 문화'가 성경의 원칙대로 살고자 하는 모든 사람에게 부흥과 개혁을 가져다주고 또 그것을 유지해주리라 믿는다. 나는 이 귀한 책을 적극적으로 추천한다.

체 안 Ché Ahn
| 하베스트락교회 담임목사, 국제하베스트선교회 대표
《당신은 치유받기 원하는가?》,《강력한 능력 전도의 비결》의 저자

《존중의 문화》는 교회를 포함한 모든 기관에 만연되어 있는 리더십 패러다임을 변화시킬 혁명적인 책이다. 나는 대니 실크가 예수님께서 제자들을 어떻게 이끄셨고, 사도들인 예수님의 제자들이 초대교회 때 존중을 통해 어떻게 성도들을 이끌었는지 그 정수를 캐냈다고 믿는다.

《존중의 문화》는 리더십에 대한 당신의 생각과 당신의 리더십 방법을 변화시

킬 것이다. 당신은 이 책 전체를 통해 강조되고 있는 하나님 왕국의 실제적인 핵심가치들을 통해 리더들에게 권한을 부여하는 법을 배우게 될 것이다. 이러한 존중에 대한 성경적 원칙들을 적용할 때, 당신은 당신의 리더십의 한계를 넘어 성장하지 않을 수 없을 것이다.

모든 지도자는 이 책을 읽어야 한다. 모든 교회 지도자는 이 책을 반드시 읽어야 한다. 모든 남편과 아내도 이 책을 읽어야 한다. 모든 부모도 이 책을 읽어야 한다. 모든 사람이 이 책을 읽어야 한다. 그리고 나서 또 읽어라!

케빈 데드몬 Kevin Dedmon
| 《보물찾기 예언전도》의 저자

2003년에 처음으로 벧엘교회와 그 부흥을 접하게 된 후에 내 인생과 사역이 변화된 것은 놀라웠지만, 가끔은 고통스러웠다. 왜냐하면 나는 그 전에 종교성이 강하고 율법주의에 깊이 영향을 받은 사람이었기 때문이었다. 초자연적인 일이 일어나는 것을 보고 체험하게 되자 나는 내 믿음과 핵심적 가치들을 돌아보게 되었다. 나는 기적과 치유가 일어나는 것을 보았다. 또한 자유, 무조건적인 사랑, 권한 부여, 수용, 건강한 직면상담 등 내 삶에는 없었던 진정한 '존중의 문화'의 다양한 요소들을 알게 되었다. 처음에는 그들이 정말 이상하게 보였는데, 이 '이상한 사람들' 안에 배어 있던 '존중의 문화'로 인해 나는 이 부흥을 받아들이고 그 변화에 굴복하게 되었다.

1년쯤 뒤에 대니 실크를 만났는데, 나는 그가 이 놀라운 부흥의 원동력인 존중의 문화에 대한 연사 중 가장 권위 있는 사람이라는 생각이 들었다. 그는 나의 가장 좋은 친구가 되었으며, 내 삶과 사역에 가장 큰 영향력을 끼쳤다. 그에게 나는 존중의 문화가 어떤 것인지, 또한 존중의 문화가 없는 부흥은 낡은 부대에 새 포도주를 담는 것과 같다는 것을 배웠다.

이 책에 담긴 내용은 리더든 아니든 심지어 신자든 아니든 모든 사람이 공부하고 마음에 새겨야 한다. 우리 모두는 하늘이 이 땅에 침노해 들어올 때 이 존중의 문화 안에서 접속되어야 한다.

앤젤 나바 Angel Nava

| 멕시코 생명의씨앗교회 담임목사

Culture of Honor

목차

추천의 말 … 4

머리말 … 10

감사의 말 … 14

서문 … 15

서론 … 16

CHAPTER 1 초자연적 문화 … 22

CHAPTER 2 하늘의 통로 … 46

CHAPTER 3 하늘의 통치 … 88

CHAPTER 4 사랑스러운 빛의 자녀들 … 108

CHAPTER 5 자유 연습-부요한 마음 개발하기 … 142

CHAPTER 6 리더십의 최고 우선순위 … 180

CHAPTER 7 하나님 왕국의 직면상담 … 202

CHAPTER 8 혁명에서 개혁으로 또 변화로 … 232

미주 … 268

참고 문헌들 … 272

머리말

간음한 여인이 예수님 발 앞에 던져졌다. 그 여인은 자신의 죄 때문에 공개적으로 돌에 맞아 처형당할 것이라고 생각했다. 간음의 현장에서 잡혔기에 그 수치는 상상할 수 없었고, 고통스러운 죽음에 대한 두려움은 매우 컸다. 그 여인을 고발한 사람은 하나님의 율법이 자신을 지지해준다는 생각에 의기양양하였다. 사람들은 돌을 들었다. 곧 그 여인의 목숨을 빼앗을 기세였다. 그 여인이 거룩에 대한 하나님의 기준을 완전히 무시했기에 그 대가를 받아 마땅하다고 생각하며 분노한 사람들은 그 화를 곧 터트릴 기세였다. 그런데 그때 주님은 모래 위에 무언가를 쓰기 시작하셨다.

우리는 예수님께서 무슨 말을 쓰셨는지 알지 못한다. '은혜의 창조자'께서 모래 위에 무엇인가를 쓰실 때, 범접하기 힘든 분위기가 조성되어 그 여인을 고발한 사람들이 얼굴을 들지 못하게 되었다는 사실만 알 뿐이다. 마치 빛이 어둠을 순식간에 몰아내듯이 은혜의 하나님께서 사람들의 판단과 정죄를 부끄럽게 만드시자 사람들은 흩어졌다. 은혜가 가장 큰 능력이다.

누구도 그 여인에게 그리스도를 믿으라고 하지 않았다. 오직 그분의 크신 은혜로 그녀는 예수님을 믿게 되었다. 다른 논리적인 선택이 있을 수 없었다. 아마도 그래서 사도 바울은 상속자가 되는 약속은 믿음으로 받으며, 그 믿음은 '은혜로 말미암는다'(롬 4:16)고 가르친 것 같다. 은혜는 믿음을 유일한 논리적 대안으로 만든다. 은혜는 믿음 외에 그 어떤 다른 논리로 반응할 수 없는 분위기를 만든다. 이는 오직 사랑으로만 가능하다.

하나님의 은혜가 나타날 때만큼 나를 압도하는 것은 거의 없다. 하나님의 임재가 나타나 평생 따라다니던 문제로부터 벗어나게 될 때, 그토록 멋지신 구세주로 인해 놀랄 수밖에 없다. 그러나 은혜는 과거의 치유를 넘어서는 것이다. 은혜는 우리를 신적인 부르심으로 인도한다.

나는 이 책의 원고를 무척 기쁘게 읽었다. 또한 눈물로 읽었다. 우리가 한 교회 식구로 함께 당면했던, 불가능해 보였던 상황들이 생각났기 때문이었다. 그것들은 오직 하나님께서만이 치유하실 수 있는 상황이었다. 그리고 그분은 고쳐주셨고, 계속해서 그렇게 역사하셨다. 이 책을 통해 뿜어져 나오는 은혜는 바로 그때 받았던 은혜와 동일하다. 이는 새로운 신학이 아니다. 예수 그리스도를 통해 드러난 하나님의 마음을 더욱 선명하게 보여주는 원본(原本)이다. 그러나 그것은 반쪽 이야기에 불과하다. 은혜는 하나님의 왕국이 드러나는 한 가지 방편이요, 그 나머지 반쪽 이야기는 이 땅에 부어지는 하나님 왕국의 혁명적 기운으로, 바로 존중의 문화다.

내가 존중의 문화를 가르칠 때면 대부분의 사람이 이미 잘 알고 있다는 뜻으로 "아멘"이라고 답한다. 메시지가 끝나면 사람들은 자신들도 존중의 문화를 갖고 있다고 밝힌다. 그러나 벧엘교회에 와서 한두 주 정도 지내면서 사역자들과 교회 성도들의 관계를 보고 나면 반응이 달라진다. 그들은 떠나면서 하나같이 자신들도 이런 개혁적인 삶을 살 수 있도록 지도해달라고 부탁한다. 다른 사람들을 존중해주면 하나님의 생명이 그 상황에 부어진다.

많은 사람은 서로에 대한 존중이 없는 상태에서 살기에 그런 문화를 만들어달라고 우리에게 도움을 요청한다. 어떤 목회자들은 간혹 자기네 교회에 와서 교인들과 스태프들을 좀 가르쳐달라고 한다. 필요는 넘쳐나고 사람들은 원한다. 그러나 이런 문화는 '내가 필요하다'(what I need)고 해서 세워지는 것이 아니다. 이는 '내가 줄 수 있는 것'(what I can give)에 기초하여 세워진다. 그리고 최소한 존중받아야 할 사람들을 존중하는 것을 배우지 못한다면 계속해서 존중의 문화가 형성되지 못한 환경에서 살게 될 것이다.

나는 정말 존중의 문화를 사랑한다. 나는 이 혁명적인 삶의 방식이 글로 옮겨지기를 오랫동안 기다렸다. 많은 이들이 이 주제에 대해 가르쳐왔지만, 하나님께서는 그 일을 할 사람으로 대니 실크가 적임자라고 인정해주셨다. 그의 귀한 통찰력으로 주님을 위해 이룬 성과는 전설이 되고 있다. 그가 하는 모든 일에 예수님의 임재가 함께하기에, 그는 어떤 형편 가운데에 있는 사람일지라도 그 사람 안에 있는 하나님의 가치를 보여준다.

오늘날 교회는 혁신적으로 개혁될 필요가 있다. 나는 이 책이 하나님의 처방전이라고 믿는다. 우리는 이 땅의 도시들을 변화시킬 수 있다. 존중을 통한 변화는 하나님의 은혜를 매우 아름답게 펼쳐 보여준다.

빌 존슨 Bill Johnson
|벧엘교회 담임목사
《왕의 자녀의 초자연적인 삶》, 《초자연적 능력의 회전하는 그림자》, 《하나님의 임재》의 저자

감사의 말

빌 존슨(Bill Johnson)과 크리스 밸러턴(Kris Vallotton)에게

_당신들의 용기 넘치는 리더십에 감사드립니다.

벧엘교회의 목회관리 팀원들에게

_당신들은 이 모든 일을 가능케 한 '장인'들입니다. 당신들과 함께 일한 것은 영원한 자랑이요 명예입니다.

앨리슨 알멀딩(Allison Armerding)

_다른 사람들을 존중하는 당신의 태도에 저는 언제나 놀랍니다. 그 점을 저에게 가르쳐준 것에 대해 감사드립니다.

댄 패렐리(Dann Farrelly)와 안드레 판 몰(Andre Van Mol)

_여러분의 건설적인 비평에 저는 갚을 수 없는 큰 빚을 졌습니다.

서문

나는 이 책을 통해 많은 사람이 옳다고 생각하는 것을 다르게 생각해보라고 도전하려 한다. 오래된 패러다임을 하늘 왕국의 관점에 맞게 바로잡음으로 내가 사랑하는 공동체인 교회 안에서 오랫동안 어둠이라고 규정되어 온 다양한 주제 위에 빛이 비치고 있다. 우리가 고수하는 전통들 가운데는 불행하게도 매우 불공평하거나 주님을 오해하게 만드는 잘못된 것들이 있다. '존중의 문화'는 역사와 전통 그리고 현대 기독교 문화에서 누구라도 쉽게 발견할 수 있는 오래된 방식과 진정한 핵심가치들이 충돌하고 있는 현장이다.

나는 한 가지 관점을 제시하면서 다른 관점들을 무시할 생각은 없다. 다만 몇 세기 동안 지속되어온 교회의 리더십, 권위, 그리고 교회의 징계라고 알고 있는 것들의 본연의 모습을 다시 생각해보고 새롭게 해보고자 한다. 벧엘교회는 마치 '큰 실험실'과 같다. 그곳에서 섬기는 가운데 어떻게 하면 자유를 잘 지킬 수 있을까 고민하며 많은 것을 배운 결과가 바로 이 한 권의 책으로 나왔다. 나는 지금까지 내가 배워온 것들을 제시하려고 한다. 평화를 빌며!

서론

이 책을 통해 나의 친구가 '비법 혹은 조리법'(recipe)이라고 부른 것들을 배우게 될 것이다. 이 비법에 포함되어 있는 요소들은 믿음과 실천이다. 이 조리법의 단계들은 무엇인가 강력한 것, 그러니까 오늘날 이 땅에 일반적이지 않은 환경을 만드는 방식으로 이런 요소들을 결합시키는 것이다. 이는 하나님의 임재를 불러일으키며 지속시키는 환경이다. 캘리포니아 주 레딩에 소재한 벧엘교회에서는 이런 환경을 '존중의 문화'(culture of honor)라고 부른다. 물론 우리의 '비법'만이 하나님이 임재하시는 문화를 만든다는 뜻은 아니다. 그러나 이 비법을 통해 우리는 지속적으로 성과를 거뒀다.

하나님께서 십계명에서 존중에 대해 처음 말씀하신 계명은 부모를 공경하라는 계명으로, 여기에는 장수의 축복이 따른다. 벧엘교회에서는 이 계명이 일반적으로 존중의 원칙을 보여주고 있다고 믿는다. 우리는 종종 "생명은(혹은 장수는) 존중을 통해 흐른다"라고 표현한다.

존중의 원칙이란 사람들이 어떤 존재인지를 정확하게 인지하여 그들이 받아 마땅한 것을 주고 그들의 인격과 삶 그리고 그 본연의 모습을 선물로 받는 것이다.

존중을 통해 우리는 생명을 주고 생명력을 증진시키는 관계를 맺게 된다. 여기서 핵심은 '사람들이 어떤 존재인지를 정확하게 인지'하는 것이다. 이는 하나님께서 그들에게 주신 정체성과 역할들을 인식할 때 가능하다. 이는 예수님의 말씀에서도 확인할 수 있다. "선지자의 이름으로 선지자를 영접하는 자는 선지자의 상을 받을 것이요 의인의 이름으로 의인을 영접하는 자는 의인의 상을 받을 것이요."[1] 우리에게는 이름과 직위가 매우 중요하다. 어머니, 아버지, 아들, 딸, 사도, 선지자, 크리스천, 인간 등과 같은 이름들은 한 사람의 역할과 정체성을 규정해준다. 그뿐만 아니라 그 이름이 정확히 불릴 때, 하나님께서 설계하신 관계들이 세워져 특정한 '보상'을 받게 되고 이를 통해 견고하게 세워진다.

존중의 문화는 공동체의 구성원들이 하나님이 주신 정체성에 따라 서로를 분별하고 존중할 때 생긴다. 이 책에서는 벧엘 공동체에 특정한 종류의 관계들을 세우게 해주었던 '이름들'을 살펴볼 것이다. 이런 관계들로 인해 하나님의 임재와 권능이 부어지고 유지되었다. 이 명칭들은 바로 '사도', '선지자', '교사', '목회자', 그리고 '전도자'이며 그들의 특별한 기름부음, 특별한 사고방식, 그리고 은사들이 하나님의 설계대로 연결될 때 하늘의 초점과 우선순위가 이 땅에 실현된다. '자유로운 아들들'이나 '빛의 자녀들'과 같은 이름은 특별히 징계나 회복이 필요한 행동이나 관계들을 다룰 때 서로 존중하며 관계를 맺어야 할 방식을 규정해준다. '왕족'이나 '부자' 혹은 '기부자'와 같은 묘사적인 이름은 우리의 자원들을 사용하는 방법과 교회가 하늘의 사랑과 능력으로 축복해야 할 더 큰 공동체와 어떤 관계를 맺어야 할지를 보여준다.

존중의 문화 속에서 지도자들은 사람들 간의 별명이나 오명이 아니라 하나님께서 그들에게 주신 이름의 명예에 걸맞도록 존중해주며 이끈다. 지도자들은 사람들을 노예가 아닌 자유로운 아들과 딸로, 죄인들이 아니라 의로운 자로, 그리고 가난한 자들이 아니라 부요한 자들로 대한다. 리더들은 또한 하나님의 리더십 아래에서 하나님이 서로 다르게 기름 부어주신 사람들과 상호 의존되어 있으며, 서로 팀으로 일할 때 은혜가 하늘로부터 땅으로 내려오는 통로가 된다는 것을 인정한다.

이런 지도자들은 복음을 가르치거나 설교할 때 평화와 사랑 그리고 선하신 하나님을 정확하게 보여주며 하나님께서 그 문화 안에 분명하게 임재하신다는 표적이 실제적으로 역사하도록 구한다. 하나님의 임재하심이 강해질수록 안전과 자유가 퍼져가는 가운데 지도자들은 사람들이 서로 잘 지낼 수 있도록 돕는 방법을 개발한다. 이들은 하나님께서 사람들에게 주신 정체성에 직면하도록 상담하는 방법을 알고 있을 뿐만 아니라 하나님께서 세워주신 관계들을 보호하고 더 키우려는 열정에 사로잡혀있다. 결국 존중의 문화에 젖어 있는 지도자들이라면 사람들이 교회를 넘어 지역 공동체에 하나님 왕국의 문화를 전하도록 인도하여 도시 전체가 우리 안에 흘러넘치는 생명력을 경험할 수 있는 방법들을 창조해내는 일은 어찌 보면 당연한 일이다.

생명은 존중을 통해 흐른다. 존중의 문화가 세워지면 그 열매로 치유, 회복, 축복, 기쁨, 희망, 그리고 온전함과 같은 하나님의 부활 생명의 특성들이 사람들의 삶과 가정, 그리고 공동체 안에 흐르게 된다. 만일 삶 가운데 이런 열매를 거두지 못하고 있다면, 우리가 존중해주어야 할 주변의 사람들을 진정으로 존중하고 있는지 자문해보아야 한다. 앞으로 이 책을 통해 배우게 되겠지만, 교회에는 사람들에 대한 잘못된 견해들에 오염된 관계 유형이 판치고 있다. 그런 유형들을 바로 직시하고 해체해야 우리 안에 부요한 생명이 넘치게 된다.

이 책을 통해 하나님의 임재가 당신 주변의 문화에 넘쳐나게 할 수 있는 요소와 단계들을 알게 되기를 나는 바라고 또 기도한다. 이 책은 분명 첫 발걸음이자 위대한 출발이다!

Chapter 1

A SUPERNATURAL CULTURE
초자연적 문화

만군의 여호와께서 말씀하시되

이는 힘으로 되지 아니하며 능력으로 되지 아니하고

오직 나의 영으로 되느니라

_슥 4:6

캘리포니아 주 레딩에 있는 벧엘교회에 대해 들어본 적이 있다면, 아마도 그 교회에서 초자연적 현상, 특별히 신유의 역사가 늘 일어나고 있다는 이야기였을 것이다. 그러나 이런 초자연적 사역들이 지난 10여 년 동안 벧엘교회 성도들이 발전시켜온 초자연적인 문화 덕분이었다는 이야기는 들어보지 못했을 것이다. 이 문화의 정수에는 크리스천들이라면 예수님의 삶을 본받아 그대로 살아야 한다는 믿음이 자리 잡고 있다. 예수님은 그분께서 하나님과 긴밀하게 연결되어 있었기 때문에 초자연적인 일들을 행하실 수 있었다고 하셨다. 예수님의 죽음과 부활을 통해 우리도 그분의 능력의 원천이었던 하나님과의 그 친밀한 교제 안으로 들어가게 되었다. 따라서 이적과 기사가 따르는 초자연적인 삶의 방식을 지속하는 것은 전적으로 우리가 얼마나 제대로 하나님의 진정한 자녀로 살아가는지에 달려 있다. 이러한 진리로 무장된 벧엘교회의 지도자들은 성도들로 하여금 하나님을 알고 그분의 자녀로서 하나님과 항상 동행할 수 있도록 돕고 능력을 더해주는 것이 그들의 최우선의 과제임을 잘 이해하고 있다. 이러한 핵심가치들을 가르치고 또 그것이 그대로 실현되자 성도들의 믿음이 성장했고, 하늘나라가 이 땅 가운데에 이루어지게 하고자 하는 용기가 자라게 되었다.

나는 초자연적인 일이 성도들의 삶의 현장에서 일어나고 또 그런 삶을 지속적으로 살게 하기 위해 성도들을 세우고 힘을 더해주는 벧엘교회의 문화가 어떤 것인지를 보여주고 싶다. 그래서 몇 년 전에 벧엘교회의 '초자연적 사역학교'(School of Supernatural Ministry)에서 있었던 일을 소개하려고 한다. 이 사건 이래로 그와 비슷한 일이 수도 없이 일어났지만, 그래도 이 이야기가 가장 대표적이며 우리 사역자들에게 '안전지대를 만들어 주라'라는 원칙을 가르칠 때 쓰는 예화이기도 하다(이 원칙은 6장에서 자세하게 설명하겠다).

이 이야기를 잘 이해하려면 배경 설명이 필요하다. 우리 모든 사역 스태프는 1학년생들을 한 해 가르치고 나면 얼마나 기쁘고 또 학생들과 얼마나 깊은 유대감을 갖게 되는지 모른다. 학생들이 첫 1년을 마치며 보여주는 영적인 각성과 부흥을 향한 열정과 헌신에 우리는 자부심을 느낀다. 여름방학이 끝나면 스태프들은 2학년으로 올라가는 학생들과 면담 시간을 갖는다. 이 시간을 통해 학생들은 두 번째 해에도 탁월하고 훌륭한 사람들과 1년을 더 보내게 될 것에 대해 더 큰 기대감을 갖게 된다. 여기서 탁월하고 훌륭한 사람들은 스태프들이 아닌 다른 학생들을 가리킨다. 2학년 학생들은 최고로 훈련된 사람들일 뿐만 아니라 신입생들을 이끄는 역할을 한다.

어느 해에 1학년 중에 매우 탁월하고 훌륭한 학생이 두 명 있었다. 이 둘은 예배팀의 리더였고, 다른 사역들에도 주도적으로 참여하고 있었다. 이 둘은 2학년으로 진학을 신청하여 이미 허락받은 상태였고, 진학한 후 12월경에 결혼하기로 약속한 사이였다. 물론 이 둘은 정말로 멋진 사람들이었다.

학기가 시작되자마자 2학년 담당 목사인 배닝 립스처가 나를 찾아와서는, "문제가 생겼습니다. 제가 돌보고 있는 학생 중 한 커플이 여름방학 동안 선을 넘어 육체적인 사랑을 나누었다고 고백했습니다"라고 했다.

나는 그에게 어떻게 할 것인지 물었다.

"글쎄요, 사랑만 나눈 것이었다면 골치가 덜 아팠을 겁니다. 그 둘은 학기가 시작되기 한 달 전쯤부터 육체적인 사랑은 자제하게 되었고 진정으로 회개했습니다. 남학생이 저에게 고백했을 때, 그의 마음과 말이 모두 다 진심이었다고 믿습니다."

"그럼 또 다른 일이 있는 건가요?"

"지금 막 알았는데, 여학생이 임신을 했다는군요."

그러니까 임신한 미혼 학생, 그것도 2학년 학생이 벧엘교회 초자연적 사역학교 복도를 활보하게 될 상황이 일어난 것이다. 우리는 사람들이 납득할 만한 해명을 해주어야만 했다. 배닝의 눈에는 일종의 두려움이 서려있었다. 그는 우리가 이 두 학생을 제명해야 한다고 생각했다. 그가 리더가 된 이후로 최악의 시나리오가 펼쳐진 셈이다.

나는 "한 번 다 같이 만나서 이야기를 나누어봅시다"라고 제안했다.

그래서 배닝과 그의 동료 목회자인 질(Jill)이 그 두 학생을 데리고 사무실로 찾아왔다. 그때까지 나는 그 학생들을 알지 못했고, 그 둘도 나를 모르고 있었다. 그 둘은 내 방으로 들어오면서 나와 눈을 마주치지 못했다. 그들은 머리를 숙이고 바닥만 쳐다보았다. 둘 다 자신들이 행한 일로 부끄러워하고 있었고, 벌을 받게 될 것이라고 예상하는 것이 분명했다. 그들은 자신들이 저지른 죄 때문에 벌 받는 것이 당연하다고 여기고 있을 뿐만 아니라, 교회 지도자들이 죄를 지은 사람에게 벌을 주어서라도 교회와 다수의 성도를 보호해야 한다는 보편적인 생각도 다 이해하고 있었다. 그들은 자신들의 행동이 얼마나 반역적이며 사람들의 '이야깃거리'가 될 만한지 잘 알고 있었다. 이런 상황에서 그들을 사랑하지만 어쩔 수 없노라고 하면서 내보는 것 외에 우리가 할 수 있는 일이 또 있을까?

"여기 와주어서 두 사람 모두에게 감사합니다. 당신들이 나를 잘 모르는 상황에서도 또 어떤 일이 일어날지 짐작하면서도 나를 신뢰해 주어서 자신들의 허물을 인정하니 참 고맙습니다. 지금 얼마나 떨고 있을지 압니다. 하지만, 나는 두 사람이 무서워하지 않았으면 합니다. 우리 모두 진정한 문제가 무엇인지 모르기 때문에 아직 어떤 결정도 내리지 못하고 있습니다. 혹시 물을 좀 드릴까요? 두 분 다 괜찮습니까?"라고 나는 말문을 열었다.

둘 다 괜찮다고 해서 나는 먼저 남학생에게 말을 걸었다. "자, 이제 제가 질문 하나 하겠습니다. 뭐가 문젭니까?"

남학생은 배닝을 먼저 쳐다보더니 얼굴이 굳어서는 나에게 물었다. "배닝 목사님이 무슨 일이 있었는지 말씀 드리지 않았나요? 서로 말씀 나누시지 않았어요?"

내 질문에 남학생의 마음이 매우 불편해졌다는 것을 알 수 있었다.

내가 "네. 배닝 목사님께서 저에게 다 말씀해주셨습니다"라고 하자, 그는 "그럼 제가 다시 말씀드려야 하나요?"라고 되물었다.

나는 "만약 학생이 무엇이 문제인지 안다면 직접 말해주었으면 좋겠습니다"라고 했다. 나는 그 학생이 정말 문제가 무엇인지 모르고 있다고 생각했다.

그 남학생은 "우리는 지난여름에 육체적인 사랑을 나누었어요. 그것도 여러 번이나요"라고 소리쳤다.

"이제는 안 하는 걸로 아는데."

그는 "저희는 정말 선을 넘었었어요. 그런데 학기 시작하기 한 달 전부터는 그만두었습니다."

"그렇다면 뭐가 문제지요?"라고 물으면서 나는 그 학생이 자신의 내면의 문제가 무엇인지 더 깊이 들여다보게 했다.

그는 "그게, 제 친구가 임신했어요"라고 하면서 내가 알지 못하는

게 무엇일지 확인해보는 것 같았다.

이에 나는 "그렇다면 그 문제에 대해 우리가 할 수 있는 일이 없을까요?"라고 반문했다.

그는 "그건 안 돼요!"라고 강조하며 아주 크게 말했다. 낙태는 안 된다는 뜻을 분명히 밝힌 셈이다. 내 질문에 낙심한 것이 분명했다. 그는 사전에 이런 내면의 성찰(省察)이라는 고통스러운 과정을 겪게 될 것이라고는 예상하지 못했던 것이 확실했다. 단순히 벌을 받을 것이라고만 생각했기 때문에 내 질문에 완전히 한 방 먹었던 것이다.

"좋아요. 그렇다면 문제가 도대체 뭡니까?" 나는 또 물었다.

그는 잠시 나를 쳐다보더니 머리를 흔들면서 "무슨 말씀인지 잘 모르겠습니다"라고 대답했다.

나는 빙그레 웃었다. 배닝과 질도 웃었다. 우리는 모두 웃었다. 누구도 진정한 문제가 무엇인지 모르는 것 같아 보였다. 또한 내가 도대체 무엇을 하려고 하는지 심란해했다.

드디어 나는 "우리가 오늘 문제를 풀어보려고 모였는데, 그 문제가 무엇입니까?"라고 물으며 어색한 분위기를 깼다.

"잘 모르겠습니다."

나는 그에게 회개했는지 물었다.

"예. 물론이지요. 회개했습니다." 마치 이 문제에 대해서는 생각할 필요도 없다는 듯이 대답했다.

"어떤 죄를 회개했습니까? 무엇으로부터 돌이킨 것입니까?" 내가 물었다.

꽤 오래 뜸을 들이더니 그는 "잘 모르겠습니다"라고 시인했다.

나는 "좋습니다. 자, 이 점이 바로 문제 중 하나입니다. 그렇지 않습니까? 무슨 죄인지도 모르면서 어떻게 그 죄로부터 회개할 수 있겠습니까?"라고 말했다.

"목사님 말씀이 무슨 뜻인지 알겠습니다. 맞습니다."

"그렇다면 우리는 풀어야 할 문제가 무엇인지 알아내야만 합니다. 우리가 모인 이유가 바로 여기에 있습니다. 제가 몇 가지 질문을 좀 더 해보도록 하지요."

나는 단지 그에게 질문을 던지려고 했다. 그것이 내 계획의 전부였다. 그에게 내 생각을 알려주거나 꼭 명심해야 할 올바른 생각을 가르쳐주려는 것이 아니었다. 나의 탁월한 식견이나 놀라운 분별력을 과시하려 하지 않았다. 대신 이 청년 안에서 영광과 지혜와 잠재된 능력을 찾아내고자 했다. 이런 것들이 수면 위로 올라와야 했다. 자신이 이 학교에서 어떠한 사람인지를 기억해낼 수 있어야 했다. 그는 사람들이 자신에게 침을 뱉고 발로 차도 마땅하며, 학교의 리더들이 자신을 쫓아내도 그 수모를 감당할 준비가 되어 있다고 생각했다. 그러나 그 학생은 질문을 통해 성령의 도우심으로 자신을 제대로 이해할 수 있는 지혜와 지식을 찾고 또 찾아 이후로 그의 인생을 영원히 바꿀 해결책을 발견하게 되었다.

나는 그를 도와줄 심산으로 몇 가지 쉬운 질문을 던지기 시작했다. "말해보십시오. 여자 친구랑 잠자리를 같이 하는 것이 하지 말아야 할 행동이라고는 생각하지 않았습니까?"

그는 "물론 그렇게 생각하고 있었습니다"라고 쏘아붙였다.

"좋아요, 그런데 무슨 일이 있었던 겁니까?"

"잘 모르겠습니다." 그는 내 눈을 피하면서 고개를 숙였다.

나는 그에게 생각할 여지를 주면서 나와 함께 계속 성찰해나갈 수 있도록 기회를 주었다. "잘 모르겠다고요? 혹시 그 점에 대해 더 이상 생각하기 싫은 것은 아닙니까?"

"어쩌면 여자 친구 집에서 새벽 2시까지 영화를 보고 있었기 때문이었을 겁니다."

" '어쩌면'이라고요?" 나는 눈썹을 찌푸렸다.

"저는 떠나려고 했어요. 계속해서 떠나려고 했어요. 우리가 그렇게 늦게까지 단 둘이 있으면 안 된다고 했어요. 거기서 그런 일을 해서는 안 된다고 생각했어요. 저는 지난번에 우리가 좀 심했다고 하면서 안 된다고 말했어요." 그는 그녀를 바라보며 매우 부끄러워하자, 그 여학생은 얼굴이 확 붉어지면서 입술을 오므렸다. 그녀는 두려움 때문에 말을 한 마디도 하지 못했다.

남학생이 계속해서 말했다. "여자 친구가 저에게 화를 냈어요. 정색한 채 제 이름을 부르며 제가 자기를 거부하고 있기 때문에 자신은 이후로 지옥 같은 날들을 보내게 될 것이라고 했어요. 그래서 저는 떠나지 않고 아무 말 없이 머물러 있었습니다. 제가 싫어했다거나 제 책임이 아니라는 말이 아닙니다. 전적으로 제가 좋아서 한 일입니다. 저는 단지 그 문제로 그녀와 싸우기 싫었습니다."

"좋습니다. 그러니까 당신은 지금 여자 친구를 지켜주어야 할 자신의 임무는 저버린 채 그녀가 화가 났다는 사실에 신경을 더 빼앗겼다는 말입니까?"

천천히 그가 대답했다. "예."

"그러니까 당신은 주변에 화난 사람이 있으면 자신의 의지와 생각과는 무관하게 그 사람의 뜻대로 움직인다는 말이지요?"

"예." 그는 창피한 듯 대답했다.

"그러니까 누군가가 당신에게 화가 난 사람이 있으면 당신은 자신의 성품이나 고결한 본래의 모습을 저버리지요?"

"예." 이제 그 내면에 하나님의 계시의 빛이 비치기 시작했다.

나는 물었다. "이봐요. 학생, 이게 문제 아닙니까?"

"예."

"그렇다면 그 문제에 대한 해결책을 우리가 찾을 수 있다면, 오늘 이 자리가 유익한 시간이 되지 않겠습니까?"

"그렇고 말고요." 고개를 들어 나와 눈이 마주쳤을 때, 그는 미소를 감추려 했지만 나는 그 모습을 놓치지 않았다. 이 만남을 통해 자신이 저지른 일로 처벌받게 될 것을 예상했는데, 생각지 못한 대화를 통해 기분이 좋아지고 있다는 것을 드러내면 안 될 것 같은 모양이었다.

"정말로 좋습니다. 자, 이제 그 문제를 놓고 이야기해봅시다." 나는 환한 미소를 머금고 말했다.

희망의 기운이 방안에 가득 차는 것 같았다. 배닝과 질도 미소 짓고 있었다. 이제 문제가 명확하게 드러났으니 이 젊은 학생이 그 문제를 극복할 수 있도록 도와야 한다는 의무감과 도울 수 있을 것 같다는 기대감이 그들의 얼굴에 피어올랐다. 그러나 나는 남학생의 문제를 더 깊이 다루는 대신 지금까지 모든 과정을 곁에서 지켜본 여학생에게로 관심을 돌렸다. 그 학생은 똑같은 과정을 겪고 싶지 않은 것이 분명해보였다. 그 학생은 다리를 꼬고 팔짱을 낀 채 턱이 가슴에 닿을 정도로 고개를 숙이고 있었다. 어쨌든지 나는 계속해보기로 했다.

"문제가 무엇입니까?"

"잘 모르겠는데요." 그 여학생은 방어적으로 아주 재빠르게 쏘아붙였다.

"모르는 것입니까, 아니면 생각하기가 두려운 것입니까?"

"잘 모르겠어요."

나는 부드럽게 말했다. "좀 무서워하고 있군요. 두려워하지 않았으면 합니다. 저는 당신 인생에 그 많은 고통을 일으킨 원인을 찾아낼 수 있도록 도우려는 겁니다. 제가 도울 수 있도록 해주지 않겠습니까?"

지면 관계상 그 이후의 대화를 더 이상 나열하지는 않겠다. 우리는 결국 그 여학생이 사람들을 신뢰하지 못하고 있다는 문제를 알아냈다. 이 문제가 그녀 인생에서는 강력한 요새였고, 그것이 다양한 양태의 행동으로 드러났다. 그 학생은 평생 의심과 싸워야 했다. 의심이야말로 사람들이 자신의 인생에 관여하지 못하도록 만드는 주범이었다. 여름방학 내내 몇몇 학생이 두 학생의 상황을 염려하여 개선해보려고 노력했지만, 그 여학생은 친구들의 말을 듣지 않았다. 그 학생은 사람들이 자신을 조종하려 한다고 느꼈으며, 그 두려움으로 인해 자신을 사랑하는 사람들의 관심과 돌봄에 마음의 빗장을 걸었다. 이 문제로 이미 수년간이나 고통을 겪었고 인생이 황폐해졌다. 그녀는 두려워했고 고립되었으며, 때로는 고집불통에 방어적이었다. 나는 끈질긴 질문을 통해서 이런 결론을 얻어냈다. 나는 오직 질문만 했다. 단순히 질문을 함으로 최선의 결과를 얻었다.

적절한 질문을 올바른 방법으로 던져야 상대방이 안전감을 갖고 자신을 성찰해볼 수 있다. 이런 직접적인 대면(confrontation)에서는 더욱 그렇다. 상담은 상대방이 얼마만큼 안전감을 느끼느냐에 성공 여부가 달려 있다. 피상담자들이 안전하다고 느낄 수 있는 안전지대가 필요하다는 점을 무시하면 그들은 오히려 자신들이 어질러놓은 문제들을 해결하기보다는 자신의 체면과 삶을 보호하려고 한다. 그래서 방어적인 태도로 다른 사람들을 비난하고 예의를 갖추지 않으며, 이기적으로 굴게 된다. 그러면 우리는 그들의 진면목은 완전히 간과한 채 그런 행동만을 보고 그들을 비난하게 된다. 그러나 상담과 직면 과정 중에 내담자들이나 문제가 있는 사람들도 마땅히 신뢰와 존중을 받아야 한다는 것을 인정하고 임하면 그 결과는 전혀 달라진다. 왜냐하면 신뢰와 존중을 받고 있다는 안전감을 느낄 때, 조종과 통제 그리고 형벌 등에 대한 두려움이 사라지기 때문이다. 이것이 바로 하나님 나라의 직면상담(Kingdom confrontation)이며 우리는 이런 식으로 상담하고 있다(이 영역은 나중에 더 자세히 다룰 것이다).

우리가 상담한 두 학생은 같은 일을 겪고 있었지만, 그 둘의 문제는 완전히 달랐다. 남학생은 누군가가 자신에게 화내는 것을 무서워했고, 여학생은 다른 사람들이 자신을 조종하고 통제할까 봐 두려워했다. 이 문제들이 밝혀졌을 무렵 이들은 더 이상 학교에서 쫓겨날 것을 걱정하지 않게 되었다. 우리는 그들이 원래 모습 그대로, 곧 본래의 지고(至高)하고 진정으로 멋진 자아(自我) 그대로를 우리 앞에 드러낼 수 있고, 자신들의 허물과 실수에도 우리와 관계할 수 있을 만큼 안전하다고 느낄 수 있도록 분위기를 만들어주었다. 이제 그들의 문제를 고치고 또 실수로 인해 생긴 수치감에서 벗어나도록 도와주어야 할 차례가 되었다.

나는 또 다른 질문을 던졌다. "주변 사람들 중 이 문제로 고통당할 사람이 누구죠? 페인트 통을 들고 들어오다 떨어뜨린 격이라 페인트가 사방에 쏟아진 셈이잖아요. 누구에게 페인트가 튀었습니까?"

그들은 자신들이 사랑하지만 아직 임신한 사실을 모르는 사람들을 기억해내기 시작했다. 그들은 이 두 명을 사랑하는 사람들이고 믿고 있으며, 또한 존중해주는 사람들이었다. 자신들이 보호해주고 지켜주어야 할 관계였다. 바로 자신들의 부모님들이요, 형제들이요, 사역학교의 리더들이었으며, 고향 교회의 지도자들이었다. 남학생의 조그만 고향 교회에서는 학교 등록금에 보태라고 매달 후원금을 보내주고 있었다. 여학생의 동생은 이제 막 구원받아 자기 누나를 이상적인 크리스천으로 알고 있었다. 두 사람이 그 동생에게 함께 복음을 전했었다.

이 친구들이 계속해서 사람들을 기억해낼 때마다 배닝과 질 그리고 나는 마치 그 사람들이 보이는 것 같았다. 그들은 그 사람들을 기억해내면서 이 일로 그들이 얼마나 마음이 아프고 상처받을지 깨닫게 되었다. 그들은 사람들의 이름을 대면서 울기 시작했고, 마침내 이 문제들이 자신들의 인생에 얼마나 큰 아픔을 주었는지 그 고통을 뼈저리게 느끼게 되었다. 우리는 이것이야말로 성경에서 이야기하는 "하나님의 뜻대로 하는 근심"[2]이라 생각하여 그저 조용히 옆에 앉아 있었다. 이 근심으로 인해 그들은 회개했고, 우리는 성령께서 그 근심을 통하여 그들 안에서 역사하시고 열매를 맺으시도록 기다려야 했다.

그들은 계속 흐느꼈다. 위협하고 벌을 준다고 해서 그 순간 그들 안에서 일어난 회개와 회복과 같은 놀라운 역사가 일어날 리가 없었다. 그것은 매우 아름다운 순간이요 축복된 일이었다. 그들 내면에서 먼저 혁명이 일어났다. 그것은 그 누가 강요한다고 되는 일이 아니었다. 그 누구도 회개해야 된다고 말하지 않았다. 이 모든 일은 우리가 그들을 신뢰해주어 스스로를 사랑하고 또 존중하게 되어 일어난 일이었고, 우리가 적절한 질문을 던졌기 때문에 가능했던 일이었다.

그들의 일로 인해 상처를 가장 많이 받을 사람들을 다 열거한 뒤에, 나는 소중한 사람들이 또 있음을 알려주었다. "2학년 동급생들은 어떨까요? 그들도 이 소식에 충격을 받지 않겠습니까?"

남학생은 "전부 다 놀라고 영향을 받을 겁니다. 우리의 급우들인 걸요"라고 했다.

그러나 여학생은 "일부는 영향을 받고 걱정하겠지만, 대부분은 알 필요도 없지요!"라고 반박했다.

"아! 그 문제와 연결된 건가요?"하고 나는 물었다.

"뭐라고요?" 그녀는 이해가 안 간다는 듯이 물었다.

"이제 또 다시 당신을 가장 아끼고 사랑할 것 같은 사람들로부터 자신을 보호하고 방어해야 한다고 느끼는 건가요?"

"잘 모르겠어요"라고 말했지만 자신이 한 방 먹었다는 것을 안 것 같았다.

"모른다고요? 제가 무슨 말을 하는지 알지 않습니까?"

"예, 무슨 뜻인지 알겠습니다." 그녀는 인정했다.

"좋습니다. 제가 제시해본 사람들의 입장을 헤아려주어서 고맙습니다. 자, 이제 우리 공동체에서 당신 두 사람을 지도자로 여기고 있는 1학년생들은 어떻겠습니까? 이 일로 인해 그들에게 어떤 영향이 미칠까요?" 나는 특별히 여학생에게 이 문제를 물었다.

"뭐라고요? 우리는 그들을 잘 알지도 못해요. 그들이 우리 문제를 신경이나 쓸까요?" 나의 담대함에 화가 난 여학생은 흥분해서 큰소리로 말했다.

그러나 남학생은 "당신 말이 맞습니다. 우리는 이 학교에서 리더 급에 있어요. 그들 전부 우리와 우리의 일 때문에 큰 영향을 받을 겁니다"라고 수긍했다.

나는 이 말에 대해 어떻게 생각하느냐고 여학생에게 물었다. 그 학생은 그런 생각을 좋아하지 않았지만, 일부 학생들이 영향을 받을 수도 있다는 사실에는 동의했다.

"받을 수도 있다는 겁니까? 받을 것이라는 겁니까?" 나는 재차 물었다. 나는 집요할 정도로 계속해서 그녀 안에서 여전히 최선의 결과를 끌어내지 못하도록 방해하는 신뢰의 문제와 사람들 앞에서 자신의 연약함을 인정하지 못하는 문제를 지적해내었다.

그녀는 "받을 겁니다!"라고 불쑥 내뱉으면서 핵심적인 문제를 어물

쩍 피해 가려던 자신을 바로잡아준 나에게 고맙다는 표시로 반쯤 웃어 보였다.

그리고 나서 나는 "이제 어떻게 하겠습니까. 꽤 큰 문제를 일으켰고 누가 페인트를 뒤집어쓴 줄 알게 되었습니다. 어떻게 정리하겠습니까?"라고 물었다.

그들은 다시 사람들의 목록을 검토하면서 어떻게 해결할 것인지 상의하기 시작했다. "우리는 가족들에게는 전화를 하겠고, 다른 사람들에게는 편지를 쓰겠습니다. 어떤 일이 있었는지 알리고 회개하고 용서를 구하겠습니다."

나는 또 물었다. "시간이 얼마나 필요하겠습니까?"

서로 상의한 다음에 남학생이 "일주일이면 되겠습니다. 가족들에게 연락하여 이 문제를 정리하는 데 일주일은 필요합니다"라고 답했다.

나는 "좋습니다. 일주일의 시간을 드리겠습니다. 우리 학교 학생들의 문제는 그 이후에 처리하도록 하지요"라고 말했다.

그리고 그들은 자신들의 말대로 행동했다. 일주일 안에 식구들과 본 교회에 알렸고, 벧엘교회의 담임 목회자인 빌 존슨과 크리스 밸러턴뿐만 아니라 사역학교의 다른 스태프들도 만났다. 그 누구도 이 친구들을 쫓아낼 생각이 없었다. 그들은 이제 더 이상 벌을 받을 필요가 없었다. 그들이 만났던 대부분의 사람들이 사랑이 넘치는 반응을 보여주었기에 그들은 확신을 얻을 수 있었다. 부정적인 반응을 보였던 부부가 있었지만, 그들도 이들에게 큰 은혜를 베풀어주었다.

이제 알겠는가? 수치는 사랑을 통해 제거된다. 자신의 실수로 인해 부끄럽고 창피하다고 느끼는 사람들은 자신들이 더 이상 할 수 있는 일이 없다고 확신하면 무기력에 빠지게 되며 이런 식으로 계속해서 자신의 실수에 얽매여 있게 된다. 그러나 우리의 사랑으로 이 두 사람은 수치로부터 자유롭게 되자 다시 그 힘을 되찾아 결과를 직면하고 자신들이 어질러놓은 일들을 마무리했다. 그들이 할 수 있는 일은 그 일로 인한 파장을 정리하는 것뿐이었다. 과거를 바꿀 수는 없었지만, 소중한 사람들을 찾아다니며 용서를 구할 수는 있었다. 그들은 사람들에게 용서를 구하면서 "저는 당신을 사랑합니다. 또 우리의 관계를 지키고 싶습니다. 제가 어질러놓은 이 일들을 정리할 수 있도록 도와주세요"라고 말했다. 사랑의 힘으로 그들은 두려움을 극복할 수 있었고, 자신들의 힘을 되찾을 수 있었다.

 그 다음 주에 두 학생은 학교로 돌아왔다. 배닝과 질은 나에게 전화를 걸어 '정리 작업'을 주선해달라고 했다. 나는 어떤 학생들은 이 일을 받아들이기 힘들 것이라고 생각했다. 곧 일어날 일들을 어떻게 이해해야 할지 모르는 사람들도 있을 것이었다. 그래서 나는 학생들이 이번 일을 혹은 몇 분간 아니면 어떤 사람은 향후 몇 개월 동안 진지하게 생각하게 되기를 바랐다.

 나는 전체 학생들이 모인 자리에서 다음과 같이 말했다. "자, 여러분! 이제 여러분이 전에는 경험해보지 못했던 일이 곧 벌어질 겁니다. 어떤 친구들이 나와서 자신들의 이야기를 해줄 텐데, 그 전에 여러분에게 아주 중요한 문제를 상기시켜 주고 싶군요. 곧 나올 두 사람이 한 일 때문에 여러분은 그들을 판단하고 정죄하고 싶어질 것입니다. 그러나 이

점을 명심해주십시오. 여기 모인 우리 모두는 예수님이 아니셨다면 그 누구도 예외 없이 형편없는 삶을 살았을 겁니다. 곧 나올 친구들의 이야기를 들으면서 이 점을 잊지 마십시오. 여러분 중 누구라도 그들을 판단하고 정죄하고 싶다면 개인적으로 저를 찾아오십시오. 저를 만나지 않고 이와 관련된 말을 다른 사람과 주고받았다는 이야기를 듣게 된다면 제 마음이 매우 아플 것입니다."

그런 후 나는 그 친구들에게 나오라고 신호를 보냈다. 그 남학생이 먼저 말하기 시작했다. "저는 여러분에게 용서를 구하고 싶습니다. 왜냐하면 우리 둘은 여러분과 한 몸이라고 생각하기 때문입니다. 지난 여름방학 동안 우리는 일을 좀 어렵게 만들어버렸습니다. 우리는 아이를 갖게 되었습니다."

나는 그가 아주 겸손하게 자신의 실수와 연약함을 인정하는 것에 감명을 받았다. 그는 동급생들 앞에서 진정으로 회개했다. 그는 계속해서 말했다. "저는 제 안에 문제가 있다는 것을 알게 되었습니다. 그 문제 때문에 그동안 제 인생에 많은 어려움이 있었어요. 지금은 그 문제를 고치고자 노력하고 있고 극복할 수 있을 것이라는 희망이 전보다 더 많이 보이고 있습니다. 그러나 일은 일어났고 치유와 노력은 현재 진행 중입니다." 그 청년은 모든 것을 다 설명했다. 그 여학생은 남자 친구가 이야기하는 동안 내내 옆에 서 있었고, 자기 차례가 되었을 때 자신의 이야기를 친구들에게 들려주었다.

나는 동급생 중에 아버지와 같은 역할을 하고 있던 브랜든에게 나와서 그들을 용서해주고 다른 동급생들과 천국의 기준에 걸맞은 관계들로 회복되기 위해 기도해달라고 부탁했다. 그가 일어났을 때 47명의 동급생이 모두 일어나 그 둘을 둘러싸고 가까이 모여들었다. 어떤 친구들은 흐느꼈다. 브랜든이 용서와 사랑에 대해 기도하기 시작했다. 브랜든은 그 둘을 다시 동급생 공동체로 받아들였다. 어떤 학생은 자신들이 그 둘을 얼마나 사랑하는지 고백했고, 또 학교를 떠나지 않아 고맙다고 말했다. 다른 학생은 자신들을 그 둘의 삶의 일부로 이해하고 믿어주어서 고맙다고 했다.

그러고 나서 학생들은 그 둘과 아이를 위해 대언해주었다. 그 뱃속의 아이는 그 학급 공동체 일원으로 받아들여졌다. 모든 학생이 다 같이 울었다. 그것은 정말 놀라운 경험이었다. 나는 동급생들의 반응에 놀랐다. 사고를 친 이 두 친구뿐만 아니라 그 학생들 모두 다 멋지고 놀라운 사람들이라는 확신이 들었다.

학생들이 서로 포옹하고 눈물로 젖은 얼굴로 해맑은 미소를 서로 주고받자 그 방의 분위기가 훨씬 가볍고 밝아졌다. 그때 1학년 학생 한 명이 와서 "자, 이제 1학년들 차례예요"라고 말했다.

"어쩔까요? 지금 해도 괜찮겠어요?"라고 나는 물었다.

그들은 "우리는 괜찮습니다"라고 했다.

"좋습니다. 그러면 갑시다."

내가 앞장섰다. 그 둘이 1학년 교실로 향하자, 동급생 47명이 모두 따라왔다. 1학년생들은 자신의 교실에 그렇게 많은 사람이 들어와 있는 것에 압도될 수밖에 없었다. 47명의 2학년생들은 마치 수호천사들이 군대를 이룬 것처럼 벽을 따라 둘러섰고, 이 커플은 회개를 하고자 낯선 백 명의 1학년 학생들 앞에 서게 되었다.

나는 벧엘 초자연적 사역학교에서 훈련받고자 자신의 사역지를 1년간 내려놓고 온 케빈 드루어리 목사에게 그들을 위해 용서와 축복의 기도를 해달라고 부탁했다. 그가 일어났을 때 1학년 학생들이 다 같이 일어나 두 학생을 둘러싸고 기도해주었다. 케빈은 그들을 위해 대언하며 뱃속의 아이에 대한 수치와 불법의 저주를 끊고, 수치라는 통로를 통해 이 아이에 접근하여 파괴하고자 하는 원수의 법적인 권리를 무효화시켰다.

그날 전에는 알지 못했던 백 명의 낯선 사람들이 그 커플을 포옹하며 그들에게 사랑을 표현했다. 그들은 자신들이 엉망으로 만들어놓은 난처한 상황을 정리하기 위해 할 수 있는 모든 것을 했고, 나머지 학기 동안 2학년 학생 중 가장 모범적인 학생들로 지냈다.

몇 달 뒤에 그들은 결혼했고, 결혼한 지 얼마 지나지 않아 딸을 낳았다. 그런데 아이는 태어나자마자 생명의 위기를 맞이했다. 아이의 혈액에 문제가 생겨 시름시름 앓았다. 아이의 생명의 빛이 꺼져가고 있었다. 그들은 북가주(Northern California)에 있는 특수아동병원에서 아이를 돌보며 우리에게 경과를 계속 보고해주었는데, 아이가 죽어가고 있다고 했다. 우리는 이 소식을 듣고 예배와 스태프 모임에서도 계속 기도했다. 그러나 몇 주 동안 그 아이는 계속 쇠약해져 가기만 했다.

아이의 엄마로부터 걸려온 마지막 전화 통화에는 절망이 묻어 나왔다. "아이가 곧 죽을 것 같아요. 의사들이 다 오늘 밤을 넘기지 못할 것이라고 하네요. 제발 기도해주세요." 이 전화를 받고 나는 특별히 케빈의 기도가 생각나서 그대로 이루어질 것을 선포했다. 나는 이 아이 위에 더 이상 수치가 없다는 것을 기억해냈다. 이 아이에 대해 원수에게 아무런 권리가 없다는 것을 기억해냈다. 나는 이 부부가 우리와 함께 통과한 회복의 과정을 돌이켜보았다. 우리는 이 가족을 존중해주었고 보호해주었다. 우리 팀원들이 함께 기도할 때 우리는 케빈의 기도로 수치가 사라졌음을 선포했다. 이 아이의 생명을 담보로 한 죽음과 파괴의 권세는 더 이상 어떤 합법적인 권리로도 발휘될 수 없었다.

다음날 우리는 전화를 받았다.

"의사들이 어떻게 된 일인지 모르겠대요. 모두들 우리 아이를 '나사로의 아이'라고 부르고 있어요." 아기 엄마가 흥분해서 전화를 했다. 오늘날까지 그 아이는 잘 자라고 있다. 그녀는 아주 강하고 아름다우며 생명의 활력이 넘친다.

그 다음 해 이 아기 엄마는 3학년 모임에서 연사 중 한 명으로 서게 되었다. 그녀는 서서 눈물을 흘리며 다음과 같이 말했다. "저는 이 하나님의 집에 있는 지도자들에게 감사의 마음을 전하고 싶습니다. 여러분은 이곳에 들어오는 모든 사람에게 이곳의 문화를 통해 힘과 생명을 전수해주고 계십니다. 여러분은 다른 사람들의 삶을 아주 힘 있게 세워주고 계십니다. 여러분은 저희에게 유산을 주셨습니다. 여러분이 저희 가족을 도와주셨기 때문에 저희는 이제 더 이상 전과 같을 수 없습니다. 그 어떤 지도자들도 여러분처럼 저희를 도와줄 수 없었을 겁니다. 여러분이 저희에게 얼마나 큰 영향을 끼쳤는지 여러분조차 다 아실 수 없을 겁니다. 여러분의 도움으로 치유되지 않았다면 평생 우리를 따라다니며 괴롭혔을 수렁에서 우리를 건져주시고 살려주셨습니다. 여러분은 목숨과도 바꿀 수 없을 정도로 소중한 관계를 만들어주셨습니다. 감사합니다."

이 아이의 기적적인 회복은 초자연적인 일이라고 하기에 부족할 것이 전혀 없다. 그러나 이런 초자연적인 기적이 일어날 수 있는 환경을 우리는 단순히 '벧엘'이라고 부른다. 이미 말했던 것처럼 벧엘은 수많은 기적에 대한 간증으로 알려진 곳이 되고 있다. 그러나 벧엘이라는 천국을 이 땅에 이루어지게 하는 환경, 곧 이런 문화를 가장 잘 설명해주는 것은 특정한 삶의 유형 속에서 관계를 맺으며 살아가는 사람들의 이야기다. 이 글은 우리의 문화에 관한 책이다. 우리의 핵심적인 가치를 알지 못하고는 우리가 거두고 있는 열매를 이해할 수 없다.

이 문화의 핵심에는 자유라는 가치가 자리하고 있다. 우리는 사람들이 이 자유를 틈타 혼돈에 빠지게 만들지 않는다. 우리는 경계(boundaries)를 분명히 하고 있다. 그러나 그 경계선을 유지한 채 한 사람의 내면에 있는 진정한 자아를 수면 위로 끌어낼 수 있는 여지를 만든다. 사람들에게 선택권이 주어졌을 때, 그들은 자신들이 다룰 수 있는 자유의 수준을 가늠해볼 수 있다. 사람들이 자기 절제와 책임감을 제대로 갖출 때, 하나님께서 그분의 자녀들이 다 누리기 원하시는 진정한 자유로 성장해 나갈 수 있는 계시와 기회를 갖게 된다.

벧엘교회의 문화의 핵심가치들을 살펴보기 전에 교회의 리더십 구조를 이야기할 필요가 있다고 본다. 우리 리더십들의 책임은 성도들이 안전하다고 느끼며 자신의 자유를 만끽하기 위해 필요한 계시와 임파테이션(impartation)으로 성도들을 준비시켜주고 힘을 더해주고 위임해주는 것에 있다. 그리고 나는 우리 교회 지도자들이 사도적이고 예언적인 기름부음이 있는 사역을 감당하고 있기 때문에 이 일에 성공적인 열매를 거두고 있다고 믿는다. 이제 이 용어들을 다음 장에서 설명하고자 한다.

Chapter 2

THE FUNNEL FROM HEAVEN
하늘의 통로

변하기 전으로 돌아가

그동안 자신이 어떻게 변화되었는지를 알게 되는 것보다

유익한 일은 없다.

_넬슨 만델라, 전 남아프리카공화국 대통령

　　벧엘교회가 성령의 기름부음을 준비하고 또 그 사역에 청지기가 되어 지속적으로 유지되는 주요한 이유는 교회 지도자들이 새로운 '가죽 부대'(wineskin)에 새로운 포도주를 담았기 때문이다. 그 가죽 부대란 사도적이고 예언적 기초 위에 에베소서 4장 11절에 기록된 5가지 사역의 은총, 즉 사도, 선지자, 전도자, 목사, 교사의 은사를 받은 지도자들이 각각 자신의 은사대로 열매를 맺는 사역의 환경, 곧 문화를 뜻한다. 나는 이 사실을 굳게 믿는다. 나 자신이 사역팀의 일원으로서 은사가 달라 초점과 동기가 다를지라도 다양한 은사를 받은 사람들이 받은 은사대로 한 교회를 섬길 때 교회의 목적과 정체성의 핵심적인 부분들이 이루어진다는 사실을 현장에서 직접 체험했기 때문이다. 이런 은총들이 완전하고 성숙하게 발휘되지 못하여 성도들을 준비시키지 못하면, 하나님의 사람들은 하나님이 부어주시는 것들을 그 안에 담을 수 없고 주변 세상에 드러낼 수 없다.

나는 많은 교회의 담임 목회자가 놀라운 기름부음으로 사역을 시작하지만 시간이 지날수록 생명력 없는 하나의 조직으로 변화되는 근본적인 이유는 바로 5가지의 사역에 대한 이해가 부족하거나 자신의 은사와 부르심에 대한 오해 그리고 성령의 기름부음에 따라 교회가 어떻게 인도받고 세워지는지 잘 알지 못하기 때문이라고 생각한다. 이 책의 목적이기도 하지만 특별히 이번 장(章)에서 이러한 5가지 사역의 기름부음과 역할을 잘 이해할 수 있도록 기초를 놓으려고 한다. 이번 장을 잘 이해하여 교회의 지도자들이 자신뿐만 아니라 사역 팀의 다른 일원들까지 그들 안에 하나님께서 넣어두신 은혜를 꺼내 잘 활용하기를 바란다.

그러나 그 전에 짚고 넘어가야 할 점이 있다. 벧엘교회의 사역자들은 이 교회에서 사역하기 전부터 사역자로 부름 받은 것을 미리 알고 준비했다거나 하나님께서 주신 은사가 무엇인지 미리 알고 있었으리라고 생각할지도 모르겠다. 그런 사람들을 위해 내가 목사로 소명을 받은 이야기를 먼저 들려주고자 한다.

교회에서 사역을 하게 된 이야기를 하려면 1995년 3월로 거슬러 올라가야 한다. 그때 나는 캘리포니아 주 마운틴 샤스타(Mt. Shasta)라는 시에 있는 결손 가정 자녀들을 위한 사회복지센터에서 일하고 있었다. 그 기관은 레미 비스타(Remi Vista)라고 불렸다. 나는 캘리포니아 주립대학 새크라멘토 분교(UC-Sacramento)에서 사회복지를 8년간 전공하여 석사 학위를 막 받은 참이었다. 아내인 쉐리와 자녀들인 브리트니, 레위, 그리고 테일러와 함께 나는 드디어 결혼과 가정 치료사로서의 첫발을 내디딘 것이다. 극도의 스트레스 속에서 살았던 그 8년 동안 쉐리가 농담 삼아 가장 자주 했던 말은 바로 "돈 좀 벌어다 줘요!"였다. 우리는 그제야 빚을 갚아 나갈 수 있게 되었다.

당시 매년 3월이 되면 우리는 산길을 2시간 달려 고향 교회, 곧 캘리포니아 주 위버빌에 있는 마운틴교회를 방문했다. 쉐리와 나는 둘 다 그 작은 마을에서 자랐고 같은 고등학교를 다녔다. 우리는 빌 존슨이 마운틴교회에서 사역했을 때 비슷한 시기에 예수님을 구주로 모셨기 때문에 그 전에 이 마을에서 놀던 추억이 많다.

위버빌의 고향 교회를 방문하는 일은 언제나 의미 있었다. 그 이전에 방문했을 때와 마찬가지로 95년에 방문했을 때에도 우리는 많은 사람과 교제하며 다른 친구들이 어떻게 사는지 소식도 들었고 우리 가정의 근황도 알렸다. 주일 예배 후 크리스 밸런틴이 제안할 것이 있다며 우리 부부를 점심에 초대했다. 사랑하는 친구와 교제를 나눈다는 것이 기대가 되었지만, 크리스가 넌지시 암시한 우리의 인생이 바뀔 만한 제안이 무엇일지 매우 궁금했다.

이런저런 안부를 주고받은 다음에 크리스는 빌의 동생인 밥 존슨이 마운틴교회를 떠나 레딩에 새로운 교회를 개척하게 된 것을 아느냐고 물었다. 우리는 전혀 모르고 있었다. 자신이 빌과 교회 위원회로부터 부탁을 받았는데, 내가 밥을 대신해서 교회 부목사로 섬기면 어떻겠느냐고 제안했다. 긴장한 탓에 순간 손과 코끝이 굳어졌다. 크리스의 입술이 계속해서 움직이는 것이 보였지만 그의 말이 잘 들리지 않았다. 나는 충격에 휩싸여 시간이 좀 필요하다고 말했다.

칠흑 같은 어둠 속에서 쉐리와 단 둘이 누워 있었다. 우리는 서로 아무 말도 못했다. 쉐리는 정말 말을 많이 하는 편이라 이렇게 잠이 들지 않은 채 조용히 누워 있는 경우는 드물었다. 드디어 정적을 깨고 아내가 물었다. "내 생각과 같은 생각을 하고 있지요?"

"맞아"라고 답하자 비록 긴장이 섞여 있었지만 갑자기 막 웃음이 나왔다. 우리는 무슨 일이 벌어지고 있는지 믿을 수 없었다.

몇 달 뒤에 우리 가족은 아이들이 9월부터 새로운 학기를 시작할 수 있도록 위버빌로 이사했고, 우리 부부는 주말부부가 되었다. 주중에 나는 마운틴 샤스타에서 일하다가 11월이 되어 전임 사역자로 마운틴교회에 합류하였다. 그런데 그 몇 달 사이에 아주 재밌는 일이 생겼다.

9월의 어느 토요일에 빌과 베니 존슨 목사 부부가 이야기를 하자고 우리 부부를 사무실로 불렀다. 우리가 사역자로 훈련받지 않은 상태에서 사역을 시작했기 때문에, 우리를 격려하고 또 새로운 일에 필요한 정보도 주고 할 일도 알려주는 차원에서 '가벼운 대화'를 하자고 우리를 불렀다고 생각했다. 그러나 그것은 우리의 오해였다.

사무실에 들어갔을 때 빌과 베니는 웃으면서 우리를 맞이해주었다. 하지만 우리는 그들이 긴장하고 있다는 것을 알 수 있었다. 베니가 먼저 우리가 교회에 오게 되어 얼마나 좋은지 모른다며 이야기를 꺼냈다. 베니는 계속해서 자신들은 전에 없던 평안을 느끼고 있으며 우리 부부가 팀에 합류해서 힘이 난다고 말했다. 베니와 빌은 우리에게 목회적 은사가 있다면서 우리 부부가 성도들을 사랑하고 잘 돌볼 것이라고 격려했다. 그런 이야기를 계속 들으며 나는 내 안에서 무엇이 올라오고 있다는 것을 느꼈는데, 그렇다고 해서 어떤 교만한 마음이나 큰 만족감 같은 것은 아니었다. 그것은 두려움이었다. 그들이 우리에 대해 더 많이 이야기할수록 내 안의 두려움은 더욱 커져갔다. 드디어 폭탄이 터지고 말았다. 베니가 말했다. "우리는 하나님께서 우리를 다른 곳으로 옮기려 하신다는 것을 느끼고 있었어요. 지난 수년간 느끼고 있었는데, 우리 후임자로 누가 좋을지 확신할 수 없었지요. 그런데 이제 당신 부부가 여기에 왔으니 얼마나 마음이 놓이는지 몰라요."

순간 머리에서 피가 다 빠져나가는 듯한 느낌이었다. 정신을 잃어버릴 것 같았다. 내 머릿속에서는 이런 생각이 맴돌았다. '지금 내가 구원받은 모교회, 내가 사랑하는 교회를 망치려고 온 줄 아십니까? 내가 구원받기 전에 어떻게 살았는지 다 아는 사람들을 상대로 목회한다는 것이 어떤 것인지 아십니까? 지금 농담하시는 거지요?'

빌과 베니는 웃고 있었다. 나는 속마음을 숨기려고 최선을 다하고 있었지만, 내 얼굴은 충격과 두려움으로 굳을 대로 굳어 있었다. 갑자기 한 가지 생각이 선명하게 떠올랐다. 이들이 교회 리더십 위임 시점을 언제쯤으로 생각하고 있을까? "지금으로부터 한 5년 뒤를 이야기하시는 거지요? 아니면 3년 정도?"라고 나는 물었다.

베니는 "2월이요. 우리는 2월에 떠날 생각입니다. 우리도 왜 그런지는 모르겠어요. 그런데 계속해서 2월이라는 생각이 들어요"라고 답했다.

"2000년 2월이요?" 나는 속삭이듯 되물었다.

"아니요. 2월이요. 지금으로부터 6개월 뒤인 1996년 2월이요." 베니가 웃으며 말했다.

그 말에 나는 당장 기절할 것 같았다.

그 대화가 우리가 교회 사역자로 합류한 것에 대한 마지막 '가벼운 대화'였다. 6개월 뒤에 그들은 정말로 떠났다. 그 대화를 나눈 1995년 12월에 벧엘교회는 빌과 인터뷰를 했고 담임 목회자 자리를 제안했다. 빌은 마운틴교회에 온 새로운 목회자를 훈련시켜야 하기 때문에 약간의 시간이 필요하다고 벧엘교회에 알렸다. 빌은 "빨라도 2월이 되어야 벧엘교회로 갈 수 있습니다"라고 이야기했다. 그렇게 된 것이다. 우리는 단번에 담임 목회자로 사역을 시작하게 되었다. 우리는 거절할 수도 있었다. 그러나 주님께서 계획을 갖고 계심을 알 수 있었다.

9월에 빌과 베니를 만나고 나온 그날 나는 미치는 줄 알았다. 정말 무서워서 계속해서 미치겠다고 말했다. 나는 위버빌로 돌아와서 정말 '목회자 중의 목회자'에게 배우게 될 일만을 생각했다. 그런데 이런 희망은 얼마 안 되어 산산이 부서져 기대할 수도 없었고, 또 너무나도 겁나는 승진이 기다리고 있었다. 나는 두려움을 극복하고자 스스로를 타일렀다. '이 일을 하나님께서 주도하신 것이라면, 나는 어떻게 해야 하는 거지? 빌은 떠나도 하나님께서 이곳에 남아계시면, 이 모든 것이 다 순조롭게 진행될 수도 있을 거야. 하나님께서 나와 함께하시고, 이 일이 13년 전에 하나님께서 나에게 말씀하셨던 것이라면, 순종해야 하지 않을까'

그때로부터 13년 전 21살의 청년이었을 때, 나는 예수님을 믿고 내 마음을 주님께 드렸다. 당시 마운틴교회의 리더였던 크리스 밸러턴을 도와 고등부를 섬기고 있었는데, 하루는 그가 나를 위한 하나님의 뜻을 대언해주었다. "언젠가 이곳 위버빌에서 목회를 하게 될 것이다." 나는 당시 그런 일을 상상할 수 없었지만, 그래도 내 딴에는 그 말씀이 내 인생에 이루어지도록 해보고자 내가 감당할 수 있는 수준의 성경학교를 찾아보았다. 그 후 얼마 동안 조사해보았지만 찾지 못해 포기하게 되었고, 위버빌로 돌아오는 것이 결정되는 과정 중에 그 대언이 다시 생각날 때까지 완전히 잊어버리고 있었다. 궁극적으로 그 대언의 말씀은 신학적 훈련과 경험 없이 담임 목회자로 사역을 시작하게 되는 것에 대한 두려움과 또 내가 그 자리에 부적합하다는 생각에 맞서 싸울 수 있는 무기가 되었다.

"그분이 나와 함께하신다"라는 사실을 붙들자 모든 형편을 바라보는 나의 시각이 바뀌게 되었다. 꼼짝달싹할 수 없는 형국으로 나를 유인한 것에 대해 빌을 용서하게 되자 그가 보았던 나의 목회자적 은사가 보이기 시작했다. 나는 정확하게 예상할 수 없었지만 빌과 베니가 그날의 '가벼운 대화'에서 언급했던 평안과 위로가 나의 목회자로서의 기름부음을 통해 흘러나오기 시작했다는 것을 느낄 수 있었다. 빌과 베니는 우리가 마음속에 성도들을 품고 있다는 것을 알았다. 우리는 빌과 베니가 17년 동안 자신들의 삶을 바쳐 섬긴 양떼들을 위해 최선의 꼴을 준비하겠다고 마음먹었다.

　감사하게도 빌과 베니가 옳았다. 목사로서 나는 그동안 공부한 상담학의 자료들을 가지고 설교하고 가르치기 시작했다. 나는 하나님이 정말 사랑하시는 소중한 자녀로서의 진정한 정체성을 사람들의 마음과 생각에 심어주기 시작했다. 나의 일정은 사람들과의 약속으로 채워졌다. 부부들, 가족들, 부모들, 그리고 남 성도들과 여 성도들이 와서 상담을 받고 치유되고 새롭게 힘을 얻게 되었다. 우리 사역팀은 '자유를 찾아서'라는 시리즈 설교를 통해 성도들의 과거에 얽매인 상처와 거짓을 치유하는 여정을 시작했다. 장로 중 한 명이 정말 극적인 변화를 맛보게 되었고, 이로 인해 교회 전체가 더 높은 수준의 치유와 자유를 경험하고 공동체성을 회복하게 되었다.

　지금 바로 위에서 묘사한 성장은 목회적 은사를 받은 사람의 그 기름부음으로 인한 목회적 열정 때문에 가능한 경우다. 목회자는 사람들이 건전하고 건강한지 그 상태를 파악할 수 있어야 한다. 목회자라면 성도들이 진정한 사랑과 자유를 자신들의 삶에 적용하여 드러낼 때 복음이 생명력과 활력을 되찾는다는 사실을 안다. 이러한 기름부음을 통해 하나님께서는 그분의 마음을 그의 백성 안에 심으신다. 선한 목자이신 예수님께서는 목회적 은사의 기름부음을 통해 일하신다.

　빌과 베니는 수년간 자신의 교회에 목회적 은사의 기름부음이 부족했다는 점을 이미 잘 알고 있었다. 빌은 사도적 은사의 기름부음을 받았기에 교회는 10여 년간 강한 성장을 이루었고, 빌은 점점 더 사람들의 필요보다는 하나님의 필요에 초점을 맞추었다. 부목사이자 동생이었던 밥 존슨은 전도적 은사의 기름부음이 강했기에 잃어버린 자들에게 마음을 쏟았다. 다른 지도자였던 크리스 밸러턴의 경우 예언적 은사의 기름부음이 강했다. 위의 3가지 기름부음을 받은 지도자들의 관심과 우선순위는 교회 성도들에 있기보다는 다른 긴급한 필요가 있는 곳으로 향했다. 이 점은 나중에 좀 더 자세히 설명하겠다.

이처럼 당시 교회 안에 목회적 은사의 기름부음이 진공인 상태였기에 어떤 면에서는 나에게 유리했다. 나는 사도적 은사를 대치한 것이 아니라 다른 필요를 채워줄 수 있는 신선한 관점을 제공했기 때문에 교회에서 리더로 쉽게 인정받을 수 있었다. 빌은 지도자 위임은 초자연적인 것으로 "무서울 정도로 자연스럽다"라고 표현했다. 그의 말이 옳았다. 마운틴교회는 목회적 은사의 기름부음으로 인해 생길 열매들을 받아들일 준비가 되어있었다. 빌과 나는 빌이 담임 목사로 17년간 사역했으므로 그 영향을 받아 일부가 떨어져 나갈 것을 예상했었다. 그러나 한 명도 떨어져 나가지 않았다. 이 일로 인해 나는 사역과 연관된 5가지 은사의 특성과 각각의 중요성을 처음으로 배울 수 있었다. 그리고 주님께서는 그 이후로 이에 대한 이해를 더 깊게 해주셨다.

사역에 관련된 5가지 은사의 기름부음

이 5가지 기름부음을 가장 잘 이해할 수 있도록 도와주는 비유가 있다. 각각 다른 기름부음을 받은 다섯 사람이 같은 차를 타고 자동차 사고 현장에 도착했다.

　　목회자(The pastor)는 제일 먼저 차에서 나온다. 그는 급히 상황과 부상 정도를 파악해서 구급상자를 들고 사람들을 돌본다. 그는 담요와 재킷, 물 등 그가 현장에서 모을 수 있는 물품들을 모아 사람들의 필요를 따라 돕는다. 그는 상황을 면밀하게 살펴서 부상을 당해 돌봄을 받고 있는 사람들이나 사고 현장을 지켜보는 사람들 모두에게 위협이 될 만한 요소는 없는지 파악한다. 그는 사람들을 일일이 만나 이름은 무엇인지 결혼은 했는지 자녀들은 있는지 등을 물어본다. 나중에 응급조치 팀들에게 넘겨주기 위해 중요한 정보나 비상 연락처 등을 꼼꼼히 적어둔다. 그는 그 상황에 평온함을 끼쳐 그 현장에 있는 모든 사람이 돌봄을 받고 있고 그 목회자와 연결되어 있음을 느끼게 한다. 그는 자신이 의사가 되었어야 했다고 생각한다.

　　교사(The teacher)는 두 번째로 현장에 나타난다. 그는 왜 사고가 났는지를 알기 위해 현장을 연구한다. 그는 한 발짝 뒤로 물러나 자동차 바퀴 자국을 살펴보고, 충돌 이전과 이후로 각 차가 어떤 방향으로 어떻게 얼마나 움직였는지를 알아내며, 충돌 당시 차들이 어느 정도 속도로 달렸었는지 등을 추정해낸다. 운전과 법률 등에 대한 자신의 깊고 분명한 지식을 바탕으로 누구의 실수였는지에 대한 근거를 세운다. 그는 운전자들이 훈련을 더 받아야 하며 의무적인 강의를 이수하고 연장 재교육을 받아야 한다는 전반적인 결론을 내린다.

전도자(The evangelist)는 현장에 도착하여 안전하고 편안한 장소에 누워 있는 사람들에게 (이는 다 목회자 덕분이다) "지금 당한 부상으로 만에 하나 혹시 죽게 된다면 천국과 지옥 중에 어디로 가게 될지 아십니까?"라고 물어본다. 그러고 나서 주변에 서서 혹은 자기 차를 길가에 세워두고 현장을 지켜보고 있는 많은 사람에게 똑같은 내용의 질문을 던진다. "집에 안전하게 갈 것이라는 보장은 그 누구에게도 없습니다. 당신은 죽으면 어디로 가게 될지 아십니까?" 그 길가에서 사람들은 예수님을 마음속에 모시게 된다. 그는 새로운 회심자들에게 다른 사람들에게 줄 수 있는 최고의 선물은 바로 구원이라는 점을 역설한다. 사람들을 그리스도께 인도하는 법을 가르쳐주며 성령세례가 그들 위에 내리도록 기도해준다. 그런 후 "정말 대단했어"라고 하며 교통사고 현장이 복음 전도의 중요한 장이라는 생각이 들어, 집에 가는 길에 경찰들의 무전통신을 듣게 해주는 장비를 산다.

예언자(The prophet)는 지난밤에 꿈을 꾸었기 때문에 이 일이 일어날 줄 알고 있었다. 꿈속에서 모든 사람이 다 생존했으므로 죽음의 영을 꾸짖고 담대한 믿음과 기름부음으로 모든 사람이 살고 한 사람도 죽지 않을 것이라고 선포한다. 그는 또한 사고 현장을 천사들이 둘러싸며 모든 사람의 마음이 성령으로 열려 그 장면을 보게 될 것이라 선언한다. 그런 후 돌아다니며 사람들의 소명을 대언해준다. 그는 그 안에 계시의 성령이 강림하시도록 한다. 마지막으로 사고 현장의 책임자를 찾는데,

예언자에게는 무척 자연스러운 일이다. 책임자를 찾으면 하나님께서 세우신 자인지를 분별하고 만약 책임자가 없다면 지도자를 임명하기도 한다.

사도(The apostle)는 부상자를 위해 기도한다. 그는 하나님의 손길로 초자연적인 치유가 임하기를 구한다. 그는 자신이 다른 자동차 사고 현장에 있었을 때 하나님의 능력이 어떻게 임했었는지 간증하기 시작하며, 그 간증에 사람들의 믿음이 일어나기 시작한다. 그 후 혹시 손에 열기가 오르기 시작한 사람이 없는지 물어보고 손을 든 사람들을 시켜 다른 사람들의 치유를 위해 기도하게 한다. 그는 주변에 있는 모든 사람에게 하나님의 나라가 가까이 있음을 보여준다. 또 사고 현장에 있던 사람들을 위해 학교를 열고 훈련시켜 세계 열방으로 파송하여 기적과 이사를 행하게 한다.

각각의 은사에 대한 설명을 읽고 나서 각 특성이 하나로 연결되어 있는 사고 형태라는 점을 깨닫기 바란다. 기름부음에 따라 다양한 환경과 상태를 다르게 바라보게 되고, 그 결과 같은 상황에서도 다른 해결책을 갖고 나온다. 어떤 기름부음이 다른 기름부음에 비해 더 중요하거나 더 옳은 것이 아니다. 기름부음은 단지 하나님께서 그분의 교회가 이 땅에 하나님 나라의 관점을 보여주고 실천하라고 보내주신 선물일 뿐이다.

사도와 예언자

5가지 기름부음의 장점과 약점들을 좀 더 자세하게 살펴보기 전에 사도와 예언자 직분이 더 중요하고 우선한다는 성경적 근거를 제시하고자 한다.

> 너희는 그리스도의 몸이요 지체의 각 부분이라 하나님이 교회 중에 몇을 세우셨으니 첫째는 사도요 둘째는 선지자요 셋째는 교사요 그 다음은 능력을 행하는 자요 그 다음은 병 고치는 은사와 서로 돕는 것과 다스리는 것과 각종 방언을 말하는 것이라[3]

바울은 이 본문을 통해 그 순위를 분명히 밝힌다. 이 순서에 따라 각각의 직분에 초자연적 영역이 상응하고 있다. 앞에서 설명했듯이 사도와 예언자는 하나님의 뜻을 감지해 이 땅에서 실현시키는 데 주된 관심을 갖고 있다. 교사는 이미 일어난 일을 정확하게 묘사하는 데 초점을 맞추며, 전도자와 목회자의 일차적인 관심사는 사람들이다. 각자의 관심과 초점은 매우 중요하다. 그러나 하나님께서 의도하신 대로 함께 쓰임받기 위해서는 하나님이 설정하신 우선순위에 따라 서로 연관되어야 한다. 하늘의 뜻이 먼저 서야 이 땅의 필요도 채워진다.

바울이 사도를 처음에 그리고 예언자와 교사를 두 번째와 세 번째로 서술한 순서는 일종의 흐름을 묘사한 것이다. 그 흐름은 교사를 통해 흐르고, 기적과 치유에서 드러나며, 도움과 행정 그리고 방언으로 지속된다. 그러나 오늘날 많은 교회에서는 가르침과 구제 그리고 행정 사역에서 초자연적인 역사가 일어나지 않고 있다. 이는 비극적인 일이다. 마치 이런 은사들은 하늘로부터 내려오는 초자연적 공급 목록에는 없는 양 또는 목록에는 있더라도 상관없다는 식이다. 실제로 이와 같은 일들이 오늘날 벌어지고 있다. 영적인 흐름을 유지하려면, 먼저 교회 지도자들이 초자연적 사역과 역사를 가장 중요하게 여겨야 한다.

오늘날 대부분의 미국 교회에서는 사도나 예언자보다 교사, 목회자 혹은 전도자들이 주도권을 쥐고 있다. 그러나 이렇게 사역으로부터 초자연적 역사를 분리하다 보니 각각의 기름부음을 제대로 이해하지 못한다. 수많은 교회에서 교사들은 성경의 진리들을 신학적으로 건전한 메시지에 담아 전달하여 성도들의 삶을 안전하게 세우는 역할들을 하도록 아주 분명하게 규정되어 있는 듯하다. 목회자는 가족과 시스템에 대해 강한 신념을 가지고 성도들 안에 좋은 성품들을 개발시키고 서로 관계를 깊게 만들어주어야 한다고 생각한다. 전도자는 교회 성장을 강조하여 성도들을 훈련시켜서 자신들의 신앙을 믿지 않는 사람들에게 나누고 그리스도께로 인도하게 하는 일이 자신의 역할이라 여긴다.

문제는 이런 초점을 가진 모델들이 인간적인 리더십이라는 데 있다. 이런 모델들 위에 지금 하늘에서 어떤 일이 진행되고 있는지를 알고자 하는 열망도 없고, 지금 이 땅 위에서 그 일이 일어나도록 하는 데 주된 관심을 지닌 사도들과 예언자들로부터 흘러나오는 은혜가 없다면, 우리는 불가피하게도 하나님께서 과거에 하신 일들에만 초점을 맞추게 되고 지금 행하시는 일들은 놓치고 만다. 이런 모델들에 의지할 때, 우리는 경험보다 지식을 더 중요하게 여기게 된다.

우리는 지금 경험보다 지식을 더 우선시하는 사회에 살고 있기 때문에 이와 같은 불균형을 시정하기는 더욱 어렵다. 이 땅에 있는 학교 기관들은 지식과 경험을 분리하는 이분법적인 세계관을 조장하고 있다. 이런 세계관으로 말미암아 교육은 단순히 지식을 전달하는 도구로 전락하게 되었다. 이러한 패러다임은 현대 교회에서 현저하게 드러나서 그 결과 교회의 가르침 사역에는 초자연적인 계시와 능력이 나타나지 않고 있으며, 사역은 이 땅에서 인간적인 권위와 자원들로만 가능한 것으로 제한되어버렸다.

그러나 가르치는 은사의 오중적(fivefold) 기름부음은 다르다. 이 기름부음은 예수님의 은사 중 하나로 모든 기름부음 받은 자들이 모델로 삼아야 한다. 예수님은 가르침의 은사를 사용하실 때 설교를 하셨을 뿐만 아니라 그분이 전하시고자 하는 메시지를 기적을 통해 드러내셨다. 예수님의 가르침을 받은 사람들은 그분의 가르침이 다른 교사들과 확연하게 달라 충격을 받았다. 다른 교사들과 달리 예수님은 권세 있는 가르침을 주셨다.[4] 그리스도의 가르치는 사역이 그분을 따르는 교회의 가르치는 사역의 모델이 되어야 한다. 그분의 모델에 의하면 사람들을 가르칠 때 복음의 초자연적 실재를 눈으로 보고 손으로 만질 수 있다고 표현할 만큼 구체적으로 가르치지 못하면 복음을 가르칠 만한 권위가 없다는 뜻이다.

내가 묘사하는 권위와 질서의 체계, 곧 다양한 역할 간에는 분명한 순서가 있다는 이 시스템을 미국 문화에 젖어 살고 있는 사람들은 이해하기 어렵다. 미국의 민주정부 시스템은 모든 통치 기관이 서로 견제와 균형을 이루도록 설계되어 있다. 어떤 기관이라도 자신의 다스림에 대해 책임을 져야 하기 때문에 입법부와 사법부 그리고 대통령 중 그 어느 누구도 통치권을 전적으로 독점할 수 없다. 나는 이 점을 충분히 이해하고 있으며 인간적인 세상에서는 좋은 제도라고 생각한다. 그럼에도 불구하고 성경을 보면 "첫째는 사도요 둘째는 선지자요 셋째는 교사요"라고 했는데, 내가 믿기로는 많은 교회가 이 말씀을 무시하고 있으며, 하늘의 방식을 따른다고 하면서도 실제로는 이 땅의 통치 시스템을 활용한다. 그러나 하늘의 원형을 이 땅에 실현시키려면 하늘의 방식을 따라야만 한다.

우리가 하늘의 모델이 아닌 다른 모델들을 따른다면 교회는 사람들에게 이 땅의 시스템 이상의 것을 줄 수 없다. 이는 근본적이고도 매우 큰 실수이며 그 결과는 참담할 뿐이다. 나는 우리가 속아왔다고 생각한다. 하늘의 통치를 이 땅에 가져오겠다고 하면서 인간들의 통치 구조를 사용한다면, 우리는 열등한 시스템을 실행하는 셈이다. 하늘의 통치는 열등한 시스템으로 실현되거나 복제될 수 없다. 하늘이 근본이 되어야 한다.

앞서 인용한 고린도전서 12장의 말씀을 통해 바울은 이 땅에 하늘의 통치가 이루어지게 만드는 원형을 언급했다. 그는 교회 사역에 있어서 그 순위를 분명하게 매겼는데, 이런 사실을 예수님을 믿어온 지난 20여 년간 내가 섬기고 있는 교회와 교제권 밖에서는 들어본 적이 없었다. 이 점은 에베소서 2장 17절부터 22절의 말씀에서도 지지받고 있다.

또 오셔서 먼 데 있는 너희에게 평안을 전하시고 가까운 데 있는 자들에게 평안을 전하셨으니 이는 그로 말미암아 우리 둘이 한 성령 안에서 아버지께 나아감을 얻게 하려 하심이라 그러므로 이제부터 너희는 외인도 아니요 나그네도 아니요 오직 성도들과 동일한 시민이요 하나님의 권속이라 너희는 사도들과 선지자들의 터 위에 세우심을 입은 자라 그리스도 예수께서 친히 모퉁잇돌이 되셨느니라 그의 안에서 건물마다 서로 연결하여 주 안에서 성전이 되어 가고 너희도 성령 안에서 하나님이 거하실 처소가 되기 위하여 그리스도 예수 안에서 함께 지어져 가느니라

"하나님의 권속"은 말 그대로 사도들과 선지자들의 터 위에 혹은 리더십 아래에 있다. 이러한 설계로 그리스도의 몸인 교회는 "성전"이 되어가고 궁극적으로는 "하나님이 거하실 처소"로 지어진다. 이 점이 바로 우리가 간절히 바라는 소망이 아니던가?

이미 암시했듯이 교회의 구조와 다스림에 있어 미국적인 방식의 치명적인 결함은(물론 이는 전적으로 미국에만 해당되지는 않지만) 부조화요 혼란이요 무질서다. 다시 말해 지도자들의 역할과 관계에 대한 성경의 가르침과 위배된다는 뜻이다. 오늘날 대부분의 교회의 기초와 리더십은 목회자, 교사, 그리고 행정가로 구성되어 있다. 고린도전서 12장에 명시된 목록의 순서에 맞지 않게 사역자들을 세워왔으며, 그 근거는 영적인 고려보다는 세상적인 것을 우선시했다. 야고보서 3장 13-18절에서는 세상적인 지혜를 사용하는 것을 다음과 같이 경계한다.

너희 중에 지혜와 총명이 있는 자가 누구냐 그는 선행으로 말미암아 지혜의 온유함으로 그 행함을 보일지니라 그러나 너희 마음속에 독한 시기와 다툼이 있으면 자랑하지 말라 진리를 거슬러 거짓말하지 말라 이러한 지혜는 위로부터 내려온 것이 아니요 땅 위의 것이요 정욕의 것이요 귀신의 것이니 시기와 다툼이 있는 곳에는 혼란과 모든 악한 일이 있음이라 오직 위로부터 난 지혜는 첫째 성결하고 다음에 화평하고 관용하고 양순하며 긍휼과 선한 열매가 가득하고 편견과 거짓이 없나니 화평하게 하는 자들은 화평으로 심어 의의 열매를 거두느니라

하늘의 방식에 따라 이 땅의 문화를 형성한다면, 우리는 가장 먼저 화평(peace)를 얻게 될 것이다. 화평은 하나님의 통치가 이루고자 하는 궁극적인 목표다. 이는 하나님의 통치의 가장 중요한 질적 특성이기도 하다. 그러나 이 땅에서 우리에게 익숙한 순서가 뒤바뀐 통치 구조는 평화를 가져오는 것이 아니라, 그 시스템이 의도하는 궁극적 목표인 통제와 억압만을 만들어낸다. 인간들은 하나님과 정반대의 목표를 가지고 있다. 이 땅의 리더십 구조는 자리에 있는 자들의 통치를 보호하려는 속성이 있다. 하나님의 집의 환경을 세워나갈 때 사람들의 뜻과 의지를 보호하려 한다면, 우리는 위로부터 난 지혜로 나아가는 길로부터 물러서는 셈이다.

하늘의 방식을 따르기보다 인간적인 이성을 따라 행하는 일이 얼마나 치명적인지 알려면, 예수님께서 가장 좋은 친구이자 제자였던 베드

로를 심하게 꾸짖으셨던 복음서의 기사(記事)들을 보면 된다. 베드로는 예수님께 십자가를 지지 말라고 했다. 베드로는 자신이 보기에 좋은 대로 하고 싶었다. 베드로의 경우 당시 자신이 살고 있던 시대에 하늘로부터 흘러 내려온 유익을 계속 지속시키고 싶은 마음이 무엇보다도 앞섰다. 예수님께서는 돌이키시며 베드로에게 "사탄아 내 뒤로 물러가라… 네가 하나님의 일을 생각하지 아니하고 도리어 사람의 일을 생각하는도다"라고 하셨다.5) 이것이 베드로에게는 굴욕적인 일이었지만, 우리 모두에게 주는 교훈은 명백하다. 우리는 이 땅의 뜻과 지혜와 방식이 아닌 하늘의 뜻과 지혜와 방식을 모델로 삼아야 한다.

첫째는 사도요

사도적 사역(apostolic ministry)이라는 용어를 예전보다 최근에 자주 듣게 되었을 것이다. 이 사역에 대해 앞으로 더 자주 듣게 될 것이고 더 많이 보게 될 것을 확신하는 바다. 이 책에서 앞으로 더 자주 언급할 것이기에 이 용어의 정의를 내리겠다. 이 용어를 통해 나는 사도적 리더십의 주요한 목적과 목표들을 말할 것이다. 자신이 사도의 은사를 받았다고 생각하는 모든 사람이 이 목적과 목표들을 염두에 두게 되기를 바란다.

예수님께서 제자들에게 기도하는 법을 가르치셨을 때 핵심적인 가치가 담긴 구절을 소개해주셨다. "나라가 임하시오며 뜻이 하늘에서 이루어진 것같이 땅에서도 이루어지이다."⁶⁾ 예수님께서는 이 땅에 하나님의 뜻이 이루어지기를 간절히 바라라고 가르치셨다. 나는 이 핵심적인 가치관이 사도적 사역의 주요한 목적이라고 믿는다. 사도적 지도자들은 하나님의 뜻에 초점이 맞추어져 있으며, 하늘의 초자연적 실재가 이 땅 위에 이루어지는 것을 사명으로 여긴다. 사도들은 그들이 이끌고 있거나 영향을 미치고 있는 공동체 안에서 하나님이 영혼들을 만져주고 계신다는 증거를 소망한다. 교회를 세워나갈 때 이러한 궁극적인 동기가 자리 잡고 있다면 교회의 통치 구조에 있어서 완전히 다른 강조점을 가지고 접근하게 된다. 사도들은 교회 사역 중 하나님의 임재와 하나님을 향한 예배 그리고 하나님의 뜻을 가장 중요한 우선순위로 놓는다. 사도적 통치 구조는 이러한 우선순위들을 지키고 보호하도록 설계된다.

사도 바울은 고린도전서 3장 10절에서 자신을 "지혜로운 건축자"(master builder)라고 했다. 이는 희랍어 '알키텍톤'(architekton)이라는 단어를 직역한 것으로 이 단어에서 영어의 건축자 'architect'가 파생되었는데, 이 단어는 사도적 사역에 있어 사도의 역할을 완벽하게 보여준다. 사도적 사역이란 마치 하나님께서 이 땅 위에 하늘의 뜻을 이루도록 어떤 특정한 개인에게 청사진을 주신 것과 같다. 이 청사진에 따라 사도로 부름 받고 기름부음 받은 사람은 주변에 있는 다양한 은사를 받은 사람들을 끌어들이고 사역을 맡기며 동기부여를 일으킨다. 사도 주변에 있는 사람들은 각자의 독특한 기름부음을 발휘하기 시작하는데, 이것은 하늘로부터 온 청사진대로 건축하고자 하는 '지혜로운 건축자'(mater builder)를 돕는 '하청업자들'(sub-contractors)과 같다.

사도적 사역의 환경과 문화의 몇 가지 특성을 다음과 같이 정리해 볼 수 있다.

1. 예배와 초자연적 사역들이 성도들의 삶의 방식과 교회 문화에서 가장 중요한 우선순위가 된다. 왜냐하면 하나님의 임재를 우선순위에 두기 때문이다.

2. 예수님이 그러셨던 것처럼 성도들도 질병과 고통을 포함한 마귀의 짓거리를 끊어내라고 보냄 받았다. 성도들은 이 땅에 사는 모든 사람에게 하나님은 언제나 선하시며 마귀는 언제나 악하다는 사실을 자신들의 삶을 통해 보여준다.

3. 하나님의 왕국은 '성령 안에 있는 희락'7)이다. 그러므로 교회는 기쁨이 넘치고 풍성한 곳이 되어야 한다.

4. 하나님께서는 아직 그분을 모르는 사람들과 관계를 맺기 원하신다. 하나님과의 교제 안에는 섬김보다 사랑이 우선이 된다.

5. 그리스도의 몸 된 교회는 땅의 현재 상황이 어찌하든지 간에 승리로 인해 영광스러운 신부가 되도록 세워지며 준비된다.

6. 교회는 부흥과 각성으로 전 세계에 영향을 준다.

7. 차세대들은 왕국의 계시를 수행하고 드러내도록 준비되어야만 한다.

벧엘교회에는 주일 예배 때마다 성도들이 한 지역 교회의 교인들로서 같이 읽는 '헌신서약서'가 있다. 몇 년 전에 마이크와 데비 아담스가 다른 주에서 레딩으로 이사 와서 벧엘의 '초자연적 사업학교'(School of

Supernatural Business)에 참석하게 되었다. 교회 회원이 되어 교회의 문화에 흠뻑 젖은 데비는 우리가 '두 번째 헌신 서약서'라고 부르는 다음의 글을 쓰게 되었다. 이 글이야말로 내가 의미하는 사도적 사역을 가장 잘 요약해준다.

오늘 예배를 드리며 우리는 당신을 믿습니다.

하늘이 열리고 이 땅은 침노 당한다.
창고가 열리자 기적이 일어났다.
꿈과 환상들
천사들의 방문
선포와 임파테이션 그리고 신적인 현현
기름부음, 은사, 그리고 부르심
지위와 승격
공급하심과 자원들

열방으로 가라.
모든 세대로부터
영혼들을 구하고 또 구하라.

구원받아 자유롭게 풀려라.
왕국을 드러내라.

이제 당신의 가치관을 갖게 됨에 따라

저에게 은총과 축복을 더욱 부어주셔서

하나님 나라의 동역자 삼아주시고

예수님께서 모든 것을 이루심을 보게 해주시니

아버지 감사합니다!

할렐루야!

사도적 사역이 일어나는 곳은 참으로 흥미진진한 곳이 된다. 하늘에 초점을 맞추기 때문에 기도, 예배, 기적, 표적과 이사(異事)들이 매일의 삶에서 보통 일상이 된다. 그러나 사도의 역할을 이야기할 때 직접적으로 언급되지 않은 특정한 영역이 있다. 바로 사람들의 필요다. 사도들이 사람들의 필요를 돌보는 일에 대해 사도행전 6장 4절에서 무엇이라고 말하는지 기억하는가? "우리는 오로지 기도하는 일과 말씀 사역에 힘쓰리라." 그들은 사도답게 행했다. 사람들의 필요가 늘어나자 자신들의 역할과 기름부음에 충실할 수 없었다. 그들이 사람들을 염려하지 않거나 돌보지 않았던 것이 아니었다. 그들은 자신이 속한 공동체에서 그 일에 적합한 사람들에게 그 일을 맡겼다. 그러나 사도의 은사와 직분을 받은 사람이라면, 자신의 부르심에 충실할 수 있도록 하나님의 뜻만을 추구할 수 있어야 한다.

약점

다른 사역들이 제대로 이루어지지 않았을 때 사도들이 자신의 부르심을 추구하다 보면 실제적인 면들이 문제가 되어 사도적 성격의 지도자들이 성공하기 어렵다. 성경에는 나오지 않는 현상들이 나타나고 전에 없었던 일들이 새로운 방식으로 드러나며 영적인 일에 불편할 정도로 집중하고 또한 사람들의 필요에 대해 눈에 띌 정도로 신경 쓰지 않게 되면 어떤 사도적 지도자라 할지라도 갈등이 생기게 된다. 많은 사람이 자신과 사도와의 거리가 멀어지고 있다는 것을 느끼며 사람들의 필요가 채워지지 않으면 사도적 지도자가 시간을 사용하는 데 불만을 갖는다. 사람들이 부르짖는 소리가 들리는데도 사도적 지도자들은 여행과 회의들, 또 다른 사도적 지도자들과의 연계 그리고 기도하는 일에 시간을 너무 오래 끌기도 한다.

"표적과 기사들은 정말 대단해요. 기적들은 놀랍죠. 장님이었던 사람들이 볼 수 있게 되는 것을 목격하면 정말 행복합니다. 그러나 우리는 사람들을 돌봐주며 성경을 가르쳐주고 또 너무 감성적이거나 감정적이지 않은 교회에 가려고 합니다. 지금 이 교회에는 새신자들이 정착할 수 있는 길이 없어요"라고 말한 사람들을 보았다. 이 말을 한 사람의 마음이 좁은 것이 아니냐고 반문할 수도 있다. 그러나 처음에는 사도적 지도자들과 그들의 부흥 사역에 마음을 쏟지만 얼마 가지 않아 돌아서는 사람들의 전형적이고 또 실재적인 불만이다. 하늘이 열리지만 교회를 나가는 뒷문도 열려 있다는 점이 달콤하지만 동시에 쓴맛이 나는 사도적 지도자들의 사역이다. 그렇기 때문에 사도적 지도자들은 자기와는 다른 은사를 가진 사람들과 팀을 이루어야 한다.

둘째는 선지자요

선지자의 역할은 부흥이 가능한 문화를 형성하기 위해 두 번째로 중요한 요소다. 이는 하늘과 땅을 연결시키는 두 번째 파이프인 셈이다. 선지자적 기름부음이 없으면 기초가 불완전하다. 하나님께서는 성경 전체를 통해 선지자 역할의 중요성을 강조하신다.

> 유다와 예루살렘 주민들아 내 말을 들을지어다 너희는 너희 하나님 여호와를 신뢰하라 그리하면 견고히 서리라 그의 선지자들을 신뢰하라 그리하면 형통하리라[8]

우리가 살면서 선지자의 음성을 중요하게 여길 때 성공이 가능하다. 하나님 왕국의 문화에 따라 살 때 번영이 뒤따라오기 때문이다. 벧엘교회의 문화가 세워지는 과정 중에 선지자적 은사는 다양한 형태로 발휘되었다. 벧엘교회의 문화가 세워지는 과정 중에 선지자적 은사를 가진 지도자들이 많이 방문해 말씀을 쏟아부었다. 밥 존스부터 바비 코너, 딕 조이스, 딕 밀즈, 마리오 무릴로, 마이클 래틀리프, 질 오스틴, 존 폴 잭슨, 폴 케인, 패트리샤 킹, 래리 랜돌프, 마헤쉬와 보니 차브다 부부, 이버나 톰킨스, 신디 제이콥스, 웨슬리와 스테이시 캠벨 부부, 그리고 롤랜드와 하이디 베이커 부부까지 정말 많은 예언이 선포되었다. 이렇게 세계적인 선지자로 쓰임 받는 사역자들과 함께 우리 교회와 지역에 사는 선지자들도 우리 교회의 문화를 형성하는 데 크게 쓰임 받았다. 그중 웬델 맥고웬, 메리 앤더슨, 드보라 리드, 댄 맥콜람, 주디 프랭클린, 낸시 콥 등이 있고 그밖에도 많은 사람이 수고했다.

그중 크리스 밸러턴은 벧엘의 선지자적 환경을 조성한 주요 인물이다. 그는 그리스도께서 그분의 몸 된 우리 교회에 주신 선물이다. 선지자로 기름부음 받은 그를 통해 복음의 높이와 깊이를 더 많이 깨닫게 되었다. 복음은 성경에 적힌 문자 그 이상이다. 복음은 모든 믿는 자의 삶에 펼쳐져야 할 실재이며, 이는 선지자적 사역을 통해 한 개인을 위한 왕국의 약속들을 깨닫고 선포될 때 현실이 된다(크리스는 자신의 책 《왕의 자녀의 초자연적인 삶》(The Supernatural Ways of Royalty)에서 벧엘교회에서 선지자적 문화를 세우는 근거가 되었던 핵심적인 가치들과 하나님께 받은 계시들을 소개한다).

선지자로서 크리스의 리더십과 영향력을 통해 우리는 하나님의 임재를 기대하게 되었다. 우리는 하나님의 왕국이 늘 현존하고 임재하고 있음을 느끼게 해주고 또 기대하게 해주는 누군가가 필요하다. 사도들은 우리가 믿음을 지키도록 해주며 선지자들은 하나님께서 임재하실 것을 기대하게 해준다. 하나님께서는 선지자들에게 꿈과 환상 그리고 황홀경 등과 같은 다양한 방법을 통해 역동적으로 말씀해주셔서 우리 삶을 간섭하시고 함께하시는 하나님의 손길을 깨닫고 느끼게 해준다. 이러한 초자연적인 도구들을 통해 하나님의 뜻이 무엇이며, 또 그분이 현재 어떤 일을 진행하고 계신지 등에 민감하게 된다.

선지자의 경험을 통해 하나님의 일을 알게 해주는 것 이상으로 선지자에게 부어지는 기름부음은 우리가 천상의 경험을 하도록 해준다. 마태복음 10장 41절을 보면 "선지자의 이름으로 선지자를 영접하는 자는 선지자의 상을 받을 것이요"라고 했는데, 선지자의 상이란 무엇을 의미하는가? 성령님이 행하고 말씀하시는 것을 듣고 보는 것을 뜻한다. 선지자의 기름부음에는 보게 되는 특권이 있다. 선지자들을 통해 사람들은 전에는 볼 수 없었던 것을 볼 수 있게 된다.

구약 선지자의 직을 이어받은 예수님께서는 온종일 사람들의 영적인 눈을 열어주셨다. 예수님께서는 종종 제자들에게 "아직도 알지 못하며 깨닫지 못하느냐"[9]라고 물으셨지만(막 8:17, NASB) 그들의 대답은 언제나 "아니오"였다. 예수님께서 당시 사람들, 특별히 종교 지도자들이 가르치던 삶에 대한 이해와는 전적으로 다른 견해를 소개해주셨기 때문이다. 그 결과 제자들은 볼 수 있는 눈을 갖게 되었다.

선지자들과 사도들은 이름을 날리게 될 수도 있다. 둘 다 하늘을 바라보며 하늘에서 본 것들을 이 땅에 실현시키기 때문이다. 그들은 활과 화살처럼 같은 목적을 가지고 협력해야만 한다. 이런 것이 신약 교회의 기초라는 데에는 의심의 여지가 있을 수 없다.

셋째는 교사요

다음으로 교사가 있다. 이미 언급한 대로 현재 미국 교회에서는 일반적으로 교사가 가장 높은 수준의 기름부음을 받았다고 인정되고 있다. 그러나 가장 높은 수준의 기름부음이 아닌 세 번째 수준이다. 학점으로 따지자면 C학점인 셈으로, 그들은 교회를 그 효과와 영향력이라는 관점에서 늘 평균 정도의 수준만 유지시켜준다. 그러므로 우리의 기름부음을 A학점의 단계로 올려야 할 필요와 기회가 점증하고 있다.

교사에 대해 더 나아가기 전에 이 글을 읽고 있는 교사들은 매우 못마땅해할 수도 있다는 것을 짚고 넘어가야겠다. 대부분의 교사는 교사에 대해 이야기하는 이 부분은 책의 한 부분이 아닌 한 권의 책으로 쓰여야 한다고 여길 것이다. 왜냐하면 그들에게는 이러한 결론을 내리기 전에 충분한 정보가 필요하기 때문이다. 나는 교사들을 존중한다. 또한 내가 옳고 교사들이 틀렸다는 것을 증명하려는 것이 아니다. 나는 단지 미국 교회가 지금껏 교사의 직분을 가장 높은 기름부음이라고 여기고 그런 영향력을 끼치도록 한 것이 큰 실수였다는 것을 말하려는 것일 뿐이다.

오늘날 교회의 문화에서는 우리가 헌신한 것이 옳다는 것을 증명할 수 있을 때 안전감을 느끼게 되므로 그 안전감을 최고의 덕목으로 인정하고 있다. 우리의 신앙을 확신하기 위해서는 이성적인 결론을 내릴 수 있어야 한다고 생각한다. 그러나 우리가 확실성을 필요로 하는 이유는 사실은 너무나도 큰 불확실성 속에서 살고 있기 때문이다. 하나님의 왕국이 더 이상 교회에 드러나지 않는 상황 속에서 크리스천들은 예수님을 따르는 것이 합리적인 일임을 어떻게든 증명하려 한다. 그러나 복음의 능력 대신에 복음에 대한 변증과 변호가 앞설 때 우리 모두는 주의해야 한다. 암이나 종양 덩어리가 몸에서 떨어져 나가고 마비가 풀리며 정신적 질병이 떠나가는 것을 보면 논증이 필요 없다. 하나님의 만져주심을 경험한 사람이라면, 그 체험이 예수님을 예수님이 주장하신 대로 믿는 데 충분한 증거가 된다.

그러나 교회가 이성(理性)적인 문화를 유지해야 한다고 주장한다면 우리는 복음을 논리적으로 설명하려 할 것이고 자연스럽게 교사의 역할이 중요시된다. 오늘날 대부분의 교사는 기록된 하나님의 말씀에 집중한다. 교사들은 하나님의 말씀이 생명의 근원이고 이 땅의 유일한 진리라고 믿는다. 교사들은 초자연적인 것보다 말씀을 훨씬 더 중요하게 여긴다. 이런 사람들은 오늘날의 율법주의자들이요 서기관들이며 바리새인들이다. 그들은 자신들의 '칼'을 날카롭게 갈아둔다. 가르치는 자들은 바르고 옳아야 하기에 세상을 '성경적'인 것과 '비성경적'인 것으로 강박적으로 바라본다. 교사의 초점은 말씀에 맞추어져 있어서 그의 영향력 안에 있는 교회도 말씀에 집중하게 된다. 제발 내 말을 오해하지 마라. 나는 성경의 가치를 낮추려는 것이 아니다. 나는 이러한 중대한 오류와 혼잡으로 하나님의 왕국과 그 능력의 중요성이 얼마나 제대로 인식되지 못하고 있는지를 깨닫게 해주고 싶은 것이다. 현재 교회에서 가장 큰 영향을 끼치고 있는 교사들은 우리로 하여금 율법에 관심을 갖게 만들어왔다.

우리가 단지 말씀에만 집중했을 때 결국 말씀을 두고 우리끼리 싸웠다. 우리는 옳고 그름에 매여 그리스도의 몸을 찢기 시작했다. 모든 교사는 자신이 옳다고 생각한다. 바울이 고린도 교인들에게 말했듯이, 그리스도의 몸 된 교회에는 "일만의 스승"이 있다.[10] 그리고 교사들이 서로 다른 견해들을 갖게 될 때 분리가 일어난다. 리더들마다 신학과 교리에 있어 자신의 견해가 옳다고 주장하며 자신의 입장은 틀림이 없고, 다른 사람들의 견해는 잘못되었음을 증명하려고 한다.

만약 크리스천들이 자신들의 믿음이 옳다는 것을 증명할 필요가 없다면 교회 안에서 교사들은 어떤 역할을 맡아야 할까? 교회의 문화 안에서 진정한 역할을 발휘하려면 가르치는 자들은 먼저 초자연적인 삶의 방식을 기꺼이 따라야 한다. 교사들은 자신들의 주장에 만족하지 말고 생명력 없는 신학을 버려야만 한다. 교사들은 세상의 모든 질문에 답할 수 없음을 인지하고 실패를 무릅쓰는 삶을 살도록 용기를 내야 한다. 교사들은 우리가 답할 수 없는 신비의 영역을 받아들여야 한다.

가르치는 은사를 받고 교사의 직분에 대한 기름부음을 받은 자들은 교육을 중요하게 여긴다. 이들은 대부분의 문제가 훈련과 성경적 관점을 배우면 해결된다고 믿는다. 그러나 그들이 보고 싶은 진정한 변화는 사도적이고 선지자적인 지도자들이 만들어내는 문화에서 일어난다. 초자연적인 문화 가운데서 교사들은 초자연적인 결과들을 가지고 가르치게 된다.

예수님께서 하나님의 왕국에 대해 군중들을 가르치실 때, 그분은 언제나 그 왕국을 보여주셨다. 그분의 제자들은 언제 어디서나 배움의 연속이었다. 예수님은 완전히 새로운 영역을 전혀 새로운 수준으로 보여주셨고 말씀해주셨다. 교사들은 수업 계획에 '보여주는' 영역을 반드시 집어넣어야 한다. 나는 빌 존슨이 "예수님이 완벽한 신학이다"라고 말하는 것을 여러 번 들었다. 나는 이에 동의한다. 만약 우리가 예수님께서 행하고 계신 일을 보게 된다면 무언가 좋은 일이 일어날 것이다. 그러나 우리가 하고 있는 일이 예수님과 다른 경우 스스로에게 "뭐가 잘못된 거지?"라고 물어봐야 한다.

교사들은 사도들과 선지자들의 열정과 계시가 어떻게 우리 삶에 적용해야 할 진리가 되는지 보여주어야 한다. 초자연적인 일이 다시 일어날 수 있도록 돕는 역할을 해야 한다. 그리고 성도들로 하여금 그 과정에서 협력할 수 있도록 훈련하고 준비시켜야 한다. 교사들은 말씀과 지식을 사랑하기 때문에 그 복잡하고 미묘한 과정들을 단순한 비유와 적용으로 가르칠 수 있다.

'세계적 대각성'(Global Awakening)이라는 단체의 창시자인 랜디 클락이야말로 내가 본 사람 중 가르침의 은사를 가지고 이 세상과 교회가 초자연적인 일들을 이해할 수 있도록 도와주는 최고의 교사다. 그는 사도적 지도자이지만 가르침의 은사로 시너지 효과를 내고 있다. 그는 성경과 역사, 신학, 그리고 인간에 대한 이해를 바탕으로 신비한 계시들을 일상적인 삶에서 적용시킬 수 있도록 해준다. 병자들을 위해 기도해 주도록 성도들을 훈련시키는 그의 방법은 매우 탁월한 모델로, 대중 전도집회 때 중보기도팀을 동원하여 효과적으로 사역하게 한다. 지금까지 다른 사람들의 병 낫기를 기도해서 한 번도 성공해보지 못한 크리스천들일지라도 단 몇 시간만 그의 훈련을 받게 되면 기적 위에 기적을 경험하게 된다.

성공적인 부흥의 문화 가운데는 초자연적인 일들이 그 문화에 지속적으로 일어나게 만들어주는 교사들이 있다. 이제 제한적인 경험들만을 가르치던 시대는 끝났다. 이제 우리는 하나님의 역사가 매일 모든 이에게 어떻게 일어나고 있는지를 가르치는 법을 배워야 한다.

그렇다면 목회자의 위치는 어디일까?

목회자들! 교회 통치 구조의 혼잡함을 가중시켰던 이 역할은 과연 어디에 두어야 하는가? 담임 목사는 사도 바울이 고린도전서 12장에서 예시한 목록에는 나오지 않는 이상한 직분이다. 그 목록을 보면 몇 번 언급되고 있는지는 둘째치고 실제로 목사라는 직분은 언급되지도 않는다. 그런데 어쩌다가 담임 목사가 교회 행정 구조에서 가장 중요한 직분이 되었을까? 나는 이에 대해 나름대로의 견해를 갖고 있다.

한 가족이든 같은 지역에 사는 사람들끼리든 회사든 학교든 혹은 교회일지라도 사람들이 모여 한 단체를 이루게 되면, 오래지 않아 그 단체의 필요를 채우기 위한 조직을 갖추게 된다. 생사를 다투는 재난 영화를 한 번 생각해보라. 배가 가라앉는다. 비행기가 추락한다. 그리고 사람들은 조난당하고 실종된다. 어떤 사건이든지 간에 똑같은 절차를 밟는다. 처음에는 음식과 물, 피난처와 안전, 그리고 구조될 것에 대한 희망 등이 가장 중요하다. 그러나 만약 구조가 늦어지게 되면 다른 필요들이 대두한다. 누가 우리를 이끌 것인가? 자신들을 구해줄 수 있을 것 같은 가장 담대한 계획을 세운 사람, 곧 '인디아나 존스' 같은 사람을 지지한다. 그런데 그 계획도 주효하지 못하면 사람들은 생존을 위한 장기 계획을 세운다. 장기적인 관점에서 리더를 뽑을 때는 인정이 많고 안정적이며 실질적이고 또 예측 가능한 사람을 선호한다. 이러한 리더는 사람들의 필요를 확실히 채워줄 것이다. 그 지도자는 구성원들이 교양을 갖춘 합리적인 사람들로 안전하게 살아갈 수 있도록 환경을 만들 것이다. 그는 곧 그 사람들의 목사로 자리 잡는다.

목회자들은 구조에 대한 모든 희망이 사라졌을 때 장기 지도자들로 부상한다. 사람들은 자신들의 필요를 실질적으로 돌봐줄 것이라고 믿는 지도자들에게 모인다. 이런 현상은 정치나 사업의 영역뿐만 아니라 교회도 마찬가지다. 사람들은 자신의 필요에 주된 관심이 있기에 자기와 같은 관심을 지닌 사람들을 지도자로 뽑는다. 장기적인 생존을 위해서 목회적 은사를 기름부음 받은 사람을 지도자로 찾는다. 이는 아주 자연스럽고 당연한 현상이다.

목회자가 사도와 선지자와 연결되어 있지 않으면 사람들로 하여금 개인의 필요와 관심에게만 집중하게 만들 뿐이며, 초자연적인 삶 대신에 자연적인 대안을 줄 수밖에 없다. 목회적 은사로 기름부음 받은 사람이 주요한 지도자가 되면 그들은 자신들이 우주의 중심이 되기를 원한다. 그리고 안타깝게도 이런 기대 속에서 교회가 커지면 목회자들은 대부분 탈진하게 된다.

그러나 목회적 은사로 기름부음 받은 사람이 사도와 선지자와 협력하게 되면, 천상에서 이 땅으로 부어지는 은혜의 파이프라인의 또 다른 주요한 통로가 된다. 이처럼 인정이 많아 사람들을 잘 돌보는 리더들은 사도들과 선지자들의 사역에서 흔히 일어나는 '뒷문으로 사람들이 빠져나가는' 문제에 해결책을 가져다준다. 부흥의 현장에 있는 목회자 은사자들은 사람들을 잘 돌보고 지도한다. 이런 목회자들은 사람들과 관계를 잘 맺기 때문에 사람들이 선호한다. 이 지도자들은 사람들의 삶과 그들의 집과 가족 가운데에 함께한다. 또한 결혼생활에 문제가 있는 사람들과 함께 머리를 맞대고 문제를 해결한다. 그들은 직업을 잃어버렸거나 십대 청소년들과 씨름하고 있는 부모의 마음을 헤아리고 고통을 함께 나눈다.

목회적 은사를 기름부음 받은 지도자가 하늘과 이 땅의 사람들 모두에게 초점을 맞추는 법을 배울 수 있다면 성도들의 매일의 삶에 부흥을 가져다줄 것이다. 이런 이중적인 관점에 균형을 맞추려면 남다른 노력이 필요하다. 왜냐하면 목회적 은사를 기름부음 받은 자들은 주로 사람들이 인정받고 사랑받고 있다는 것을 알게 되기를 바라고 제자로 양육받고 서로 연결되며 또한 보호받게 되기를 원하기 때문이다. 이들이 사도적 지도력 밑에서 일하게 되면, 셀 그룹에 치우쳐 그것이 교회의 가장 중요한 핵심이 되게 하지 않으면서도 셀 그룹을 잘 조직하고 발전시킬 수 있다.

목적을 세우고 비전을 추구하는 과정에서, 목회적 은사를 기름부음 받은 이들은 어떤 세력을 키우거나 사람들을 훈련시키는 일 등에서는 약한 면이 있다. 다른 목회자들의 성공이 그들에게는 더 이상 경쟁이나 위협이 되지 않는다. 사도적 기름부음을 받은 목회자들은 보다 더 많은 사람을 이끌 수 있다. 왜냐하면 그들의 지도력 아래에 있는 사람들은 목회자가 자리를 비울지라도 동일한 능력으로 행할 수 있기 때문이다.

목회자들은 사람들을 돌보고 양육하시는 하나님의 현존을 사람들의 삶에 실현시킨다. 그들은 사도들과 선지자들에 의해 형성된 초자연적인 환경에 사람들을 접목시킨다. 목회적 기름부음을 받은 자들은 사람들을 자신에게 집중시키지 않고 상처받은 사람들에 대한 사랑을 보여주는 대신에 성도들을 하나님의 임재 가운데로 인도해서 인생의 문제에 대한 해결책을 발견하도록 돕기 시작한다. 이렇게 성도들이 사도적 사역으로 자유와 안전이라는 푸른 초장을 발견하는 것을 보는 일이야말로 목회적 기름부음을 받은 사람들이 만끽할 수 있는 즐거움이다.

잃어버린 자들은 어떻게 하나요?

전도의 은사를 기름부음 받은 자들은 사도적 은사자로부터 시작되어 선지자들과 교사들 그리고 목회자들을 통해 내려오는 천상의 은혜의 통로 중 깔때기 부분에 해당되며, 그 은혜의 물줄기의 목표인 어둠 속에 있는 사람들을 향한다. 전도자로 기름부음 받은 사람들은 아직 예수님을 모르는 영혼들을 자신의 사역에서 가장 중요한 목표와 동기로 여긴다. 현실적으로 교회의 사역이 주님을 모르는 사람들을 구원하지 못하면 다른 기름부음도 방향 없이 흐르게 된다. 매우 이상한 이야기지만 아마도 이런 확신 때문에 전도의 은사를 받은 사람들은 다른 동료 크리스천들에 대해 분노하는지도 모른다. 전도의 은사로 기름부음을 받은 사람들이 볼 때는 길거리에서는 사람들이 영원한 형벌로 향해 가는데도 교회 안에서 성경 공부를 열거나 성도들끼리 모여 만찬을 갖는 일은 매우 실망스러운 일일 수 있다. 그들에게 이런 프로그램이나 행동들은 전혀 납득이 되지 않는다.

그럼에도 불구하고 우리 모두는 한 팀이다. 서로에게 실망한다면 함께 사역하는 데 전혀 도움이 되지 않는다. 그렇다면 해결책은 무엇인가? 이제 사람들을 구원에 이르게 하고 또 성도들을 준비시켜 복음을 전하는 일을 하게 만드는 전도자의 은사와 직분이 사도적 사역이라는 더 큰 그림 안에서 어떻게 더 깊이 통합될 수 있는지를 살펴볼 때다.

우리는 누구라도 사람을 주님께로 인도할 수 있다고 쉽게 생각한다. 누군가가 우리와 함께 영접 기도를 하면 바로 그 순간에 진정으로 거듭난다고 믿는 큰 믿음을 갖고 있다. 오늘날 대부분의 크리스천이 자신이 진정으로 거듭난 사람들이라고 믿고 있다. 이러한 개념은 단지 몇 백 년 전에 일어났던 부흥의 시기에 소개된 이후 득세하게 되었다. 오늘날 전 세계에 걸쳐 감리교도들과 침례교인들 그리고 다른 복음주의자들이 이러한 구원론을 갖고 있으며, 이 복음을 들고 땅 끝까지 선교사들을 보내고 있다. 대부분의 교회는 이러한 복음주의적인 구원론을 실천하고 있다. 교사들은 이를 가르치며 목회자들은 이를 격려한다. 복음주의자들은 어디를 가나 북을 두드리며 "우리는 가서 영혼들을 구원해야 한다"라고 외친다. 그러나 더 근본적인 질문은 이것이다. "그런 후 무엇을 할 것인가?"

하나님의 왕국이 이 땅에 침범하고 이루어지는 것이 목표가 되어야 한다. 구원받지 못한 사람들이 교회에 넘쳐나는 것이 목적이 되어서는 안 된다. 사역과 연관된 은사와 직분들이 협력할 때에만 교회의 가장 중요한 목표를 이룰 수 있다. 우리는 성령님과 협력하여 천상으로부터 자유와 능력이 이 땅으로 흘러 내려오는 송수관을 의도적으로 또한 주의 깊게 맞추어 나가야 한다. 모든 교회가 이와 같은 오중적 사역의 은사들로 충분히 구비되어야 하나님 왕국의 영광이 우리 삶을 통해 주변에 흐를 수 있다는 사실은 영접 기도가 퍼진 것만큼이나 널리 알려져야 한다.

존중이 도구요, 연장이다

존중은 이런 은혜의 송수관을 조립할 수 있는 연장이다. 이 '송수관'은 곧 관계들의 네트워크다. 이런 관계들을 통해 하나님께서 주시는 기름부음과 직분에 대해 배울 때, 내가 묘사한 그 은혜의 '흐름'이 계속되며 사람들이 그 안에서 일할 수 있도록 해주고 다른 사람들에게 나눠주어야 할 것들을 받게 된다. 앞에서 언급했듯이 5가지의 기름부음 중 하나의 은사와 직분을 받은 사람에게는 다른 은사로 기름부음 받은 사역자들의 인증이 필요하다. 특별히 선지자들과 사도들은 더욱 그렇다. 어느 누구도 하나님의 왕국에서 자신의 직분을 스스로 자처할 수 없다. 하나님께서는 사람들을 임명하시며 팀에 있는 다른 사람들을 통해 성령님이 하나님께서 그 사람에게 특정한 기름부음과 그에 맞는 직분을 주셨다는 점을 함께 입증하신다. 그렇기 때문에 존중만이 이러한 관계들을 세우며 유지시켜줄 수 있다.

리더십에 있어서 이러한 오중적 설계는 분명히 팀을 염두에 둔 것이다. 교회 리더십이 마치 원맨쇼처럼 한 사람에게 집중되고 발휘되는 것은 원래의 설계와 다르며, 행정 관료주의적이고 "누구라도 모든 것을 할 수 있다"는 식의 리더십과도 다르다. 다양한 기름부음은 하나님의 왕국을 이 땅에 이루게 하는 데 각각 독특한 공헌을 하기에, "당신에게는 내가 지니지 못한 것이 있습니다. 나는 당신이 가지고 있는 것이 필요합니다"라는 서로 존중하는 태도를 지녀야 한다(이는 다수결 원칙이 적용되는 민주적인 태도와 방식은 결코 아니다).

오중적 리더들이 서로 이와 같은 태도를 유지하면, '성도들을 구비시키는 일'은 단지 모든 믿는 사람을 각자의 독특한 정체성과 은사들을 발휘할 수 있도록 존중해주는 문제가 된다. 각자 믿는 자들이 몸 전체에서 자신들이 지닌 중요성을 이해하게 되면, "나는 다른 사람들에게 없는 것을 받았다. 내 은사를 잘 발전시키고 사용해서 교회를 통해 세상을 섬겨야 하고 하늘의 뜻이 이 땅 가운데에 이루어지는 데 일익을 감당할 것이다"라는 확신을 갖게 된다. 존중을 통해 사람들은 격려 받고 세워지며 힘과 능력을 받는다.

이제 교회에 있는 모든 사람이 오중적 기름부음 받은 자들을 존중해야 할 때다. 사도, 선지자, 교사, 목사, 그리고 전도자는 서로 존중해야 하고 서로 '정확한 이름'으로 호칭해야 한다. 교회 지도자들과 성도들은 하늘의 통치 구조를 정확히 알아야 한다. 그럴 때 어긋나 있는 점들이 제대로 자리를 찾고 하늘의 은혜의 통로에 연결될 것이다.

현재 우리 문화에서 존중이 제대로 자리 잡기는 힘들다. 독립이라는 가치가 경배되고 있기 때문이다. 우리는 하나님과 개인적인 관계를 중요시하며, 영적인 권위를 인정하고 다른 사람들을 자신보다 낫다고 생각하는 일을 힘겨워하고 있다. 그 결과 우리는 하늘의 은혜의 흐름으로부터 배제되었다. 지난 10년 동안 벧엘교회가 경험한 놀라운 성장은 사람들이 세상의 문화와는 다른 점을 보았고 붙들었기에 은혜의 통로에 연결되었고 사람들이 그 흐름에 합류할 수 있었다는 사실에 대한 간증이라 하겠다.

모세가 아론의 머리에 기름을 부었던 일처럼, 하나님께서는 생명과 기쁨, 건강, 평화, 그리고 하늘의 모든 축복을 그분의 통로를 통해 계속적으로 부어주신다. 이렇게 초자연적으로 무장된 환경에는 놀라운 일들이 압도적으로 나타난다. 《오즈의 마법사》(The Wizard of Oz)에서 도로시가 토토에게, "토토야, 우리는 더 이상 캔자스에 있지 않아"라고 말했을 때 가졌던 감정을 하나님의 임재가 충만한 교회에서 많은 사람이 느낀다. 이는 곧 하나님께서 우리 모두에게 약속해주신 기름부음, 곧 우리를 위해 만들어진 축복들을 담고 있고 또 내보낼 수 있는 강력한 가죽 부대와 같다. 그러나 오직 존중으로 인해 이 가죽 부대는 만들어지고 잘 보존되며, 그 안에 있는 축복들을 우리 모두가 맛볼 수 있게 해줄 것이다.

Culture of Honor

하늘의 방식에 따라 이 땅의 문화를 형성한다면, 우리는 가장 먼저 화평(peace)를 얻게 될 것이다. 화평은 하나님의 통치가 이루고자 하는 궁극적인 목표다. 이는 하나님의 통치의 가장 중요한 질적 특성이기도 하다.

Chapter 3

GOVERNING FROM HEAVEN

하늘의 통치

…그의 어깨에는 정사를 메었고…

그 정사와 평강의 더함이 무궁하며 또 다윗의 왕조와

그의 나라에 군림하여 그 나라를 굳게 세우고

지금 이후로 영원히 정의와 공의로 그것을 보존하실 것이라

만군의 여호와의 열심이 이를 이루시리라

_사 9:6-7

이 장(章) 전체는 고소하는 자의 심장을 때릴 것이다. 그러나 먼저 나는 가볍게 경고를 하는 바다. 왜냐하면 나는 당신의 마음을 잠시 동안 힘들게 할 것이기 때문이다. 나는 공의(公儀)라는 당신의 개념을 흔들려고 한다. 공의에 대한 당신의 개념을 끄집어내어 좀 비웃어주고 간지럽게 했다가 계단 밑으로 차버릴 것이다. 준비되었는가? 그것을 다시 찾으려면 계단 밑으로 내려가 주워 와야 할 것이다.

다음과 같은 상황을 상상해보라. 초등학교 5학년인 자녀가 와서 "성적표 여기 있어요"라고 했다. 성적표를 꺼내어보니 F학점을 하나 받아왔다. 5학년 아이가 낙제를 했다. 아니, 이럴 수가! 당신의 마음속에 두려움이 퍼져간다. 아마도 부모라면 누구나 그런 생각이 들 것이다. '5학년이 F를 받다니. 이제 이 아이는 끝났어. 끝났다고! 누가 고등학교도 들어가기 전에 F를 받는단 말인가.'

분명히 당신의 마음은 두려움에 사로잡혀 오로지 '어떻게 하면 이 아이의 성적을 올릴 수 있을까?'라는 생각만 할 것이다. 제대로 된 좋은 부모라면 누구라도 이런 생각을 할 것이다. 그 아이를 사랑하기 때문에 어떻게 하면 당신의 목표에 아이를 맞출 수 있을지 고민하는 것이 아닌가? 이런 종류의 사랑이야말로 우리 대부분이 자녀들에게 주는 사랑이다. 사랑하기 때문에 통제하고 조종하려고 한다.

또 다른 상황을 제시해보겠다. 이번에는 부모가 그 아이에게 가서 이렇게 말한다고 가정해보라. "말도 안 된다. 어떻게 5학년이 F를 받을 수 있니? 이미 징조가 있었지. 이런 일이 일어나기 전에 말이다. 네가 그럴 줄 알았다. 좀 전에 엄마와 이야기를 했는데, 네가 알았으면 하는 일이 있다. 네가 5학년을 마치기 위해 몇 년이 걸릴지라도 우리는 너를 사랑할 거야. 그리고 아들아, 2년 뒤면 네 어린 여동생이 너랑 같은 반이 될 거야. 너는 네 여동생 친구들의 생일 파티에 가게 될 거야."

당신의 아들은 놀란 눈으로 당신을 바라보며, "몇 년이 걸릴 거라고요?"라고 반문한다.

"응, 그럼."

"5학년을 마치는 데 몇 년씩이나 걸리지 않을 거예요!"

자, 이제 한 번 보라. 이러한 대화를 통해 문제의 책임 소재는 문제를 책임져야 할 사람의 마음에 고착되게 된다.

자녀들이 실수할 때 우리가 아이들을 대하는 방식을 보면 실패, 특별히 죄에 대해 우리가 믿고 있는 바가 잘 드러난다. 많은 사람이 죄와 허물 그리고 부족함이 우리를 향한 하나님의 마음보다 더 강력하다고 생각한다. 수많은 사람이 인간의 실패는 그 영향력이 너무 커서 우리를 무력하게 만들 것이기 때문에 실패하면 안 되며, 실패자는 벌을 받게 된다는 두려움을 갖고 있다. 제자들이 예수님을 제대로 따르지 않는 사람들에게 불을 내려달라고 했을 때, 주님께서는 고개를 흔드시며, "네가 지금 어떤 영 가운데에 있는 줄 모르는구나"[11]라고 하셨다. 디모데후서 1장 7절에서는 우리는 두려워하는 마음이 아니라 오직 능력과 사랑과 우리가 절제하는 영을 받았다고 했다. 여기서 주의해서 보아야 할 것은 절제하는 마음을 받았지(self-control) 다른 사람들을 조종하고 통제하는(other-control) 영을 받았다고 하지 않았다는 것이다.

우리는 죄를 무서워하기 때문에 죄가 드러나면 거의 미쳐버린다. 자신을 잃어버린다. 다른 사람들의 실수를 다룰 때 본연의 모습을 잃어버리고 다른 사람이 되어버린다. 이런 불가사의한 일이 우리 삶에 생기기 때문에 우리는 자녀 양육이나 리더십에 흠집을 내고 만다. 얼마나 많은 사람이 리더십 손상으로 인해 상담을 받고 있는지 아는가? 사탄의 계획 안에서 두려움의 영으로 인해 리더들이 넘어지는 것을 우리는 너무 자주 보았다. 다른 사람들의 실수와 허물을 알게 되면, 그 순간 우리가 통제할 수 없는 그 어떤 것, 곧 두려움에 사로잡혀 권위를 남용하게 된다.

그런 후 우리는 하나님께서도 우리처럼 죄를 두려워하신다고 생각한다. 그러나 도대체 하나님께서 무엇을 무서워하신단 말인가? 아무것도 없다. 이것은 정확한 말이다. 하나님은 그 어떤 것도 두려워하지 않으신다. 왜냐하면 사랑이 두려움을 내쫓는데, 하나님은 사랑이시기 때문이다.12) 하나님이 임재하시는 곳에서도 두려움을 느낀다면 무언가가 잘못된 것이다. 하나님이 바로 사랑이시기 때문이다. 당신이 두려움을 느낀다면, 거기에 있는 존재는 하나님이 아니다.

그렇기 때문에 우리는 결정해야 한다. 죄가 드러났을 때 누구와 협력할 것인지를 말이다. 이 영역에서 예수님은 정말 천재적이셨다. 예수님께서는 죄인들의 삶에 드나드셨고, 그들은 예수님을 사랑했다. 그들은 "저 사람이 누군지 모르지만 그를 사랑해. 그를 사랑해. 정말이지 그를 사랑해!"라고 말했다.

그러나 바리새인들을 그렇지 않았다. "이봐, 나병환자. 돌아다니려면 이 종을 치면서 다니란 말이야. 너는 무서워. 오호라, 월경 중인 여인네. 어라, 죽은 시체들. 도대체 어디로 피해야 하는 거야? 어디로 가야 하냐고? 성전으로 가자. 나를 기대하지 마. 나에게 어떤 기대도 하지 말란 말이야." 예수님은 사랑에 정통하셨다 그러나 바리새인들은 사랑이 무엇인지 그 실마리조차 알지 못했다. 이처럼 바리새인들은 죄를 두려워했지만, 예수님은 죄가 드러난 곳에서 해결책이자 치료책이셨다. 그분은 능력의 소유자셨다.

우리는 벌을 받지 않는다

십자가를 통해 예수님은 우리가 아직까지도 잘 이해하지 못하는 그 무엇을 이 세상에 가져다주셨다. 그분께서는 우리 모두가 처벌 받지 않게 하셨다. 우리는 벌을 받지 않는다. 이것은 우리의 희망사항이 아니라 사실이다. 아마 이에 대한 설교도 들어보았을 것이다. 이는 잃어버린 자를 구원에 이르게 하는 우리의 신학이다. "하나님의 왕국에 거저 들어와 죄를 깨끗이 씻어라." 이 땅의 모든 교회에서 이런 메시지가 선포되고 있다.

죄는 처벌 받을 필요가 없다. 통제될 필요도 없다. 죄에는 능력이 없다. 우리는 그저 죄를 믿지 않는다. 물론 이런 메시지로 설교하기는 쉽다. 그러나 그 메시지대로 사는 것은 또 다른 문제다!

십자가 이후로 우리가 죄를 대하는 문제에 대해 사도 요한이 전한 메시지를 생각해보자.

> 너희 자녀들아 내가 이것을 너희에게 씀은 너희로 죄를 범하지 않게 하려 함이라 만일 누가 죄를 범하여도 아버지 앞에서 우리에게 대언자가 있으니 곧 의로우신 예수 그리스도시라[13]

사도 요한은 우리가 더 이상 말하지 않고 있는 어떤 것을 이야기했다. 적어도 나는 최근에 이 이야기를 한동안 듣지 못했다. 요한은 다음과 같이 말한 것이다. "우리에게 대언자가 있으니 곧 예수 그리스도시다. 우리에게는 최고의 변호사가 계시기 때문에 우리는 이 죄에서 벗어날 수 있다." 예수님께서는 이미 죄에 대해 이기신 그 승리를 우리의 삶에서 맛보게 하시려고 순간마다 함께하셔서 우리를 도우신다. 이 점을 설파한 다음에 사도 요한은 편지의 나머지 부분에서 십자가로 인해 우리는 더 이상 죄를 짓지 않으려고 노력하는 삶이 아니라 사랑하라는 계명을 이루는 삶을 살아야 된다고 설명했다. 그러나 예수님의 승리의 의미를 우리가 이해하고 믿는 만큼 우리는 사랑의 계명을 성취하는 삶을 살 수 있다.

> 그는 우리 죄를 위한 화목 제물이니 우리만 위할 뿐 아니요 온 세상의 죄를 위하심이라[14].

이 구절은 매우 중요한 교훈을 담고 있는데, 이것을 이해하기 위해 먼저 화목 제물의 의미를 알아야 한다. 이 용어가 당신에게 의미가 있어야 한다. 이 구절을 읽으면서 그저 "어쨌든지 뭐 좀 낡은 가르침이군"이라고 말해서는 안 된다. 화목 제물이란 속죄를 위한 말로 죄에 대한 보상이라는 의미다. 예수님께서 죗값을 치르셨다. 이것은 마치 납치범에게 대신해서 몸값을 치른 것과 같다. 이는 말 그대로 예수님께서 죄를 향한 하나님의 진노를 풀기 위한 조건을 만족시켰다는 뜻이다. 하나님께서는 사람의 죄를 벌하셔야 했는데, 십자가에 못 박히신 예수님의 죽음이 그 조건을 만족시켰다. 예수님께서 십자가를 지시고 그분의 생명을 완벽한 희생 제물로 드리셨기 때문에 그 누구도 만족시킬 수 없는 요구를 이루셨다. 그분은 또한 하나님과 인간의 관계에 있어 완전히 다른 국면을 가져오셨고, 그를 바탕으로 해서 완전히 새로운 실재를 이 땅에 이루셨다. 그분은 형벌을 받아야 할 필요를 제거하심으로 그분과의 관계에 있어서 두려움을 없애셨다.

요한일서 4장 18절은 "사랑 안에 두려움이 없고 온전한 사랑이 두려움을 내쫓나니 두려움에는 형벌이 있음이라 두려워하는 자는 사랑 안에서 온전히 이루지 못하였느니라"라고 선언한다. 부흥이 일어나고 사랑이 충만한 교회를 만들고자 한다면, 사람들이 실패했을 때 형벌을 주거나 제어(control)하려는 방법을 버리고 다른 방식으로 대하는 법을 배워야 한다. 우리가 죄를 직면케 함으로 두려움으로 서로를 통제하려고 한다면 우리는 바보처럼 보일 것이다. 이는 버려야 할 태도다. 이는 우리의 약속을 깨는 일이다. 죄를 지은 사람도 벌을 받을 필요가 없다. 이를 기초로 우리는 주변 사람들의 삶에 제대로 반응할 줄 알아야 한다. 곧 벌을 주지 않으면서 죄를 다룰 수 있어야 하는 것이다.

갈림길에 서서

내가 믿기로는, 그리스도께서 우리를 위해 세우신 새로운 언약을 깊이 이해해야 죄에 대한 우리의 태도를 변화시킬 수 있다. 사도 바울은 우리의 선택에 따라 하나님과 완전히 다른 두 가지 방식으로 관계할 수 있다는 사실과 그러한 관계들의 성격을 제대로 알지 못하면 문제가 생긴다는 점을 힘을 다해 알려주었다. 갈라디아서 3장에서 바울은 갈라디아 사람들에게 이렇게 물었다. "누가 너희들에게 마법을 건 것이냐? 도대체 무슨 일이 일어난 것이냐? 누가 너희를 속인 것이냐? 누가 너희들의 믿음을 완전히 바꾼 것이냐?" 그런 후 그는 문제의 원인을 "너희는 두 가지 약속을 실천하고자 하는구나. 너희는 다른 두 진영에 양다리를 걸치고 살고 있구나"라고 진단했다.

갈라디아서 4장에서 바울은 아브라함의 두 자손을 비교하며 구약과 신약의 언약을 구별했다. 노비였던 하갈의 아들 이스마엘은 구약의 언약을 대표하며, 자유인인 사라의 아들 이삭은 신약의 언약을 의미한다. 갈라디아서 4장 30절에서 바울은 창세기의 말씀을 다음과 같이 인용하고 있다. "여종과 그 아들을 내쫓으라 여종의 아들이 자유 있는 여자의 아들과 더불어 유업을 얻지 못하리라." 다시 말해서 두 언약은 공존할 수 없다. 당신은 율법 밑에서 노예가 되거나 아니면 자유로운 아들이 되어야 한다. 사랑과 두려움은 서로 짝할 수 없다. 당신은 둘 다 가질 수 없다. 하나만 택해야 한다.

바울은 그리스도를 믿는 사람들을 "그런즉 형제들아 우리는 여종의 자녀가 아니요 자유 있는 여자의 자녀니라"[15]라고 규정하며 결론을 내렸다. 그 다음 구절인 갈라디아서 5장 1절을 보면, "그리스도께서 우리를 자유롭게 하려고 자유를 주셨으니 그러므로 굳건하게 서서 다시는 종의 멍에를 메지 말라"라고 했다. 바울은 "좋았어. 이제 두 가지 선택이 앞에 있다. 원한다면 율법에 저촉되지 않으면서 살 수 있지만, 율법과의 관계를 유지하면서 살기 원한다면 구약의 약속에 매여 살아야 할 거야"라고 한 셈이다.

바울이 이 점을 깊이 우려한 이유는 이 두 언약은 서로 다른 결과를 가져오기 때문이었다. 같은 서신서 앞부분에서 바울은 자신보다 더 잘 알고 있을 법한 베드로가 이방인 신자들로 하여금 구약의 율법을 지키도록 한 일에 대해 그를 꾸짖었던 일례를 말하면서 이런 태도가 왜 문제가 되는지 설명했다.

우리는 본래 유대인이요 이방 죄인이 아니로되 사람이 의롭게 되는 것은 율법의 행위로 말미암음이 아니요 오직 예수 그리스도를 믿음으로 말미암는 줄 알므로 우리도 그리스도 예수를 믿나니 이는 우리가 율법의 행위로써가 아니고 그리스도를 믿음으로써 의롭다 함을 얻으려 함이라 율법의 행위로써는 의롭다 함을 얻을 육체가 없느니라 만일 우리가 그리스도 안에서 의롭게 되려 하다가 죄인으로 드러나면 그리스도께서 죄를 짓게 하는 자냐 결코 그럴 수 없느니라 만일 내가 헐었던 것을 다시 세우면 내가 나를 범법한 자로 만드는 것이라 내가 율법으로 말미암아 율법에 대하여 죽었나니 이는 하나님에 대하여 살려 함이라 내가 그리스도와 함께 십자가에 못 박혔나니 그런즉 이제는 내가 사는 것이 아니요 오직 내 안에 그리스도께서 사시는 것이라 이제 내가 육체 가운데 사는 것은 나를 사랑하사 나를 위하여 자기 자신을 버리신 하나님의 아들을 믿는 믿음 안에서 사는 것이라 내가 하나님의 은혜를 폐하지 아니하노니 만일 의롭게 되는 것이 율법으로 말미암으면 그리

스도께서 헛되이 죽으셨느니라16)

　바울은 우리가 구약의 율법을 지키면 우리는 스스로를 원래 그 율법이 처음에 주어진 사람들, 곧 죄인들과 같이 여기는 것이라고 밝혔다. 우리가 자신들을 죄인이라고 규정할 때 그 규정 때문에 우리는 심판과 벌을 받아야 한다. 우리가 율법을 중요하게 여기고 보호한다면, 그 결과는 형벌밖에 없다. 그리스도께서 이미 죄의 문제를 해결해주셨고 우리가 자녀로서 하나님과 관계를 맺을 수 있는 길을 열어주셨다는 것을 알면서도 이 옛 언약에 매이게 된다면, 실제로는 그리스도의 죽음이 의미가 없다고 여기며 우리를 구원에 이르게 하는 유일한 가치, 곧 은혜로부터 자신을 단절시키는 것이다. 이제 바울이 왜 그렇게 베드로에게 화를 냈는지 이해했으리라 생각한다.

　불행하게도 이 문제는 오늘날에도 많은 교회에서 제기되고 있다. 교사의 기름부음이 중요하게 여겨져서 율법을 가르치는 일이 중요하게 되었고, 그 결과 사람들은 하나님 그리고 그리스도의 율례에 더 관심을 갖게 되었다. 우리는 "기독교는 종교가 아니다. 관계다"라고 말하며 자동차 범퍼 스티커로 만들어 붙이고 티셔츠에도 새기고 플래카드를 만들어놓고 자동차 세차 행사도 벌인다. 그러나 어떤 사람이 율법을 범했을 때 대부분의 교회가 어떤 반응을 보이는지 보라. 모든 대응은 그 사람이 다시 그 율법과 규칙 등과 관계를 다시 설정하도록 하는 데 초점 맞추어져 있다. 형벌은 율법과 규칙의 문화에서 제대로 자리를 잡도록 하기 위한 최고의 도구인 것이다.

문제는 그리스도 안에 있는 자는 율법과 관계를 맺는 것이 아니라 마음과 마음이 연결되고 사랑이 나눠지는 관계, 곧 성령님과 관계를 맺었다는 점이다. 로마서 7장에서 바울은 두 법, 곧 죄의 법과 그리스도 안에 있는 생명의 법을 이야기하며 그리스도 안에 있는 성령의 생명의 법이 우리를 죄와 사망의 법에서, 곧 율법과의 관계의 법칙에서 자유롭게 했다고 선포했다. 그러나 대부분의 사람에게 이러한 관계는 삶의 실재와는 거리가 멀다. 대부분의 사람은 율법과 관계를 맺고 있기에 사랑보다는 벌을 받지 않으려는 두려움이 동기가 되어 행동한다.

나는 해(害)가 되지 않을 한 예를 들고자 한다. 당신이 고속도로를 달리고 있다고 치자. 모든 사람이 교통의 흐름을 좇아 운전하고 있는데, 한 차가 차선을 바꾸며 달리고 있다. 그 차만이 다른 차들에 비해 조금 빠르게 가고 있다. 그런데 곧 숨어 있던 고속도로 순찰차가 그 차를 잡으러 온다. 그 순찰차는 언제나 거기에 있다. 모든 사람이 고속도로 경찰이 거기에 있다는 것을 알고 있다. '어이쿠 이런! 여기에 경찰이 있었네. 난 늦었는데. 이건 생각지 못했던 일인데, 어떻게 하지?' 이는 마치 "바닷속에 상어가 있다! 좋아, 상어가 누구를 잡아먹을지 한 번 볼까?"라고 하는 것과 같다. 그러면 모두들 속도를 높일 것이다. 그렇지 않은가? 아니다. 보통은 누구도 그렇게 하지 않는다. 모든 사람은 속도를 줄인다. "나는 저 차 뒤에서 속도를 줄이며 따라갈 거야. 우리 모두는 저 사람 뒤로 가야해." 왜 그런가? 모든 사람은 법을 지켜 벌을 피하려고 하기 때문이다. 경찰이 앞서 빨리 가던 그 친구를 잡아 갓길 쪽으로 끌어내면 다른 모든 사람은 다시 '교통의 흐름'에 맞추어 운전한다.

물론 교통 법규는 좋은 것이고 필요한 것이기에 준수되어야 한다. 이와 비슷하게 바울은 하나님의 율법을 통해 우리 삶에서 죄가 강력하다는 사실을 알게 되고 우리가 구원이 필요한 존재라는 것을 알게 된다는 측면에서 율법은 선한 것이라고 밝힌다. 바로 이 점이 구약 언약의 목적이다. 그러나 율법 자체는 구원을 주지 못한다. 오직 그리스도의 죽음 안에서만 우리는 죄에 대해 죽을 수 있고 다른 법에 따라 살아갈 자유를 갖게 된다.

바울은 다음과 같이 말했다.

> 내 속사람으로는 하나님의 법을 즐거워하되 내 지체 속에서 한 다른 법이 내 마음의 법과 싸워 내 지체 속에 있는 죄의 법으로 나를 사로잡는 것을 보는도다 오호라 나는 곤고한 사람이로다 이 사망의 몸에서 누가 나를 건져내랴[17]

그는 또 계속해서 다음과 같이 말했다.

> 우리 주 예수 그리스도로 말미암아 하나님께 감사하리로다 그런즉 내 자신이 마음으로는 하나님의 법을 육신으로는 죄의 법을 섬기노라[18]

그 전 장에서 바울은 "이와 같이 너희도 너희 자신을 죄에 대하여는 죽은 자요 그리스도 예수 안에서 하나님께 대하여는 살아있는 자로 여길지어다"[19]라고 하며 우리가 옛 언약으로부터 벗어나 새로운 언약 가운데서 실제적으로 살아갈 수 있는 핵심적인 비결을 가르쳐주었다. 여기서 "여길지어다"는 증거들을 살펴보고 판단을 내리라는 뜻이다. 모든 신자를 향하여 하나님께서는 그리스도 안에서 죄에 대하여 죽었다는 평결을 내리셨다.

바울은 율법이 오직 죄인들을 위한 법이라는 사실을 설명했다. 우리는 그리스도 안에서 죄에 대하여 죽었기 때문에 율법과 좋은 관계를 유지해야 하는 삶으로부터 구원받았다. 로마서 8장 1절은 "그러므로 이제 그리스도 예수 안에 있는 자에게는 결코 정죄(형벌)함이 없나니"라고 선포한다. 그 후에 바로 윗 구절에 나온 "그리스도 예수 안에 있는 자"의 뜻을 "육신을 따르지 않고 그 영을 따라 행하는 우리"라고 풀어 가르쳐주고 있다. 정죄함이 없는 삶은 우리가 무엇을 따라 사는지에 달려 있다. 우리가 율법과의 관계에 따라 행하는 것이 아니라 사랑의 관계에서 행할 때 정죄함이 없는 삶을 체험하게 된다. 형벌을 받지 않는 삶은 믿음과 은혜를 통해 성령님과 관계를 맺고 행하는 삶의 결과다. 이는 전심으로 주님과 연합하여 그리스도와의 관계에 주의를 기울이라는 뜻이다.

우리가 성령을 따라 행할 때 스스로에게 항상 자문해보아야 할 것이 있다면 "나의 삶이 성령님과의 관계에 어떤 영향을 미치고 있는가"라는 질문이다. 그리스도 안에 있는 생명의 법을 지킨다는 개념은 그분의 마음과 연결된 관계를 유지하고 보호하기 위해 나를 살피고 절제한다는 뜻이다. 그것은 내가 율법을 저버렸을 때 벌주시는 분으로부터 나를 지키려고 사는 그런 종류의 삶이 아니다. 많은 사람이 "너희가 나를 사랑하면 나의 계명을 지키리라"[20]는 예수님의 말씀을 "너희가 나를 사랑한다면 내가 너희를 다스리고 통제할 수 있게 하라"라는 뜻으로 이해하고 있다. 죄와 사망의 법에 따른 사고방식을 여전히 갖고 있다면 위의 말씀을 곧 "내 율법을 잘 지켜라"라고 이해하고 있는 셈이다.

구약의 시각으로 보면 요한복음 14장 15절의 말씀은 하나님께서 우리를 통제하시려는 또 다른 시도로 보인다. "너희가 나를 사랑한다면 나의 계명을 지켜라." 물론 예수님의 계명이 나열되지 않았다는 점이 문제이긴 하다. 우리는 이 말씀 앞에서 하나님의 율법을 지키려고 노력할 수도 있다. 그러나 이 구절의 핵심 진리는 그런 것이 아니다. 예수님께서는 자신의 희생으로 자유케 된 사람들에게 새로운 구약 언약을 주시지 않았다.

그러나 우리가 그리스도의 법이라는 관점에서 이 명령을 들었다면 예수님의 말씀을 다음과 같이 이해할 것이다. "너희가 나를 사랑한다면, 내가 중요하다고 말한 것들을 대하는 태도에서 드러날 것이다. 너희가 나와의 관계에서 자신을 절제하는 방식이야말로 나를 향한 너희의 사랑을 보여주는 분명한 표식이 될 것이다. 너희는 어떻게 하려느냐? 나는 너희를 통제하고 싶지 않고 또 그렇게 하지도 않는다. 그렇기 때문에 내가 너희에게 절제의 영을 준 것이다. 나와 친밀감을 쌓기 위해 나와의 관계와 그 관계 안에서 자신을 조절할 수 있는 능력에 주의하는 태도는 그리스도 안에 있는 생명의 법을 드러내는 것이다. 친밀감은 곧 내 안에서 너희가 보고 알아 나에게 주의하는 것이라고 할 수 있다(저자는 영어의 친밀감이라는 뜻의 단어인 'intimacy'의 발음에 착안하여 'In-to-Me-you-see'라고 풀어 삽입하여 강조했다. 번역자는 이를 전치사 'in'과 'to' 그리고 'see'라는 동사의 뜻을 염두에 두고 '내 안에서 너희가 보고 알아 나에게 주의하는 것'이라 번역했다 - 역주). 이런 친밀감을 통해서 너희가 내가 중요하게 여기는 것을 배울 수 있고, 또 너희가 나를 사랑한다면 나의 마음을 보호해주기 위해 너희의 행동을 조정할 것이다."

산상수훈에서 예수님은 구약의 율법보다 더 엄격하게 보이는 무서운 말씀들을 선언하셨다. 사실 예수님께서 묘사하신 행동들은 어떤 죄인도 그대로 따라 할 수 있으리라고 생각조차 하지 못할 불가능한 일들이다. 그러나 예수님께서는 이러한 명령들을 죄인들에게 주시지 않았다. 이러한 명령들은 완전히 새로운 본성을 갖게 되고 또 초자연적인 은혜에 접근할 수 있게 된 새로운 언약의 자녀들에게 주셨다. 예수님께서는 단지 새롭게 된 자녀들이 가질 수 있게 된 것들을 묘사한 것이다. 기억하라. 옛 언약은 외면적인 언약이었다. 그것은 죄인들을 견제할 목적으로 설계된 시스템이었다. 그러나 새 언약은 본성이 새롭게 되어 책임감을 가지고 자신들을 다스릴 수 있고 성령님을 통해 절제의 능력을 받을 수 있게 된 자녀들을 위한 내면적인 언약이다. 예수님이 말씀하신 행동들은 새 언약의 자녀들이 자신들에게 부여된 의로움 가운데에서 행할 더 높은 능력이 있다는 증거다.

성령 안에서 행하는 법을 배우는 일이 도전적이라는 사실은 분명하다. 그러나 이 도전은 우리가 율법을 지키려고 노력할 때 직면하는 종류의 도전과는 다르다. 우리가 죄로부터 자유로운 삶을 살기 위해 하나님의 은혜의 통로에 붙어 있으려면 우리에게 죽음을 선포하고 우리의 절제를 발휘해야 하기 때문에 도전이 된다. 그러므로 어떤 의미에서 그리스도의 법은 그냥 '교통의 흐름에 맞춰 흘러가는 일'보다 더 어렵다. 그러나 그 보상은 끝이 없다. 왜냐하면 그곳에 바로 왕국이 임하기 때문이다. 왕국을 지배하는 법은 그리스도의 법이요 사랑의 법이지 율법을 지켜야 하는 법이 아니다. 우리가 사랑으로 행할 때 사랑의 왕국이 우리의 삶에 드러난다. 바울의 가르침은 곧 "너희에게 사랑이 없다면, 아무것도 갖지 못한 것과 같다"[21]이다. 율법에는 생명이 없다. 당신은 율법을 기가 막히게 지키며 살 수 있다. 그러나 왕국의 생명을 당신의 삶에 드러나게 할 수는 없을 것이다. 율법에는 생명이 없기 때문이다.

예수님과의 관계가 지속되고 있다고 생각하지만 사람들과의 관계에서 사랑이 드러나지 않는다면, 당신이 무엇을 가지고 있는지 알 수 없다. 당신이 사람들과 마음이 교통하는 관계를 맺지 못하고 친밀감을 형성할 수 없다면, 누가 누구를 속이고 있는 것인지 생각해보라. 당신이 하나님을 모른다면, 당신은 하나님을 자신과 비슷하게 여길 것이다. 당신이 하나님을 높인다면 당신은 하나님과의 관계 안에서 스타가 될 것이다. 우리가 하나님을 몰라서 하나님의 사랑도 알지 못하고 그분의 사랑이 어떻게 작동되는지도 모른다면, 우리는 두려움에 사로잡혀 하나님으로부터 돌아서고 그분과의 관계는 이미 우리가 배운 대로 율법을 지키는 구약의 언약으로 전락하게 된다.

그럴 때 우리 자녀들에게 무엇을 가르치게 되는지 상상이 가는가? 우리는 우리가 이미 알고 있는 것을 가르칠 것이다. 우리는 진심이 서로 교류되는 관계를 가르치지 않을 것이다. 자녀들에게 친밀감을 가르치지 못할 것이다. 우리가 율법을 지키며 산다면 '우리'의 반쪽을 받은 자녀들에게 그 반쪽을 어떻게 조절할 수 있는지 가르치지 못할 것이다. 이제 알겠는가? 율법과의 관계를 유지하는 것이 얼마나 매력이 없는지 말이다. 당신의 청소년 자녀에게 물어보라. 그 자녀가 당신이 어떤 삶을 살고 있는지 알려줄 것이다.

사실 우리는 영향을 줄 수 있는 모든 사람에게 우리가 이미 알고 있는 것을 전하고 있다. 그리고 그 결과에 따라 율법이 지배하는 관계 또는 사랑에 기반을 둔 관계의 문화가 발전된다. 오직 한 문화만이 존중을 장려한다. 오직 한 문화에서만 하나님이 우리에게 주신 정체성이 충만하고 정확하게 인정되기 때문이다. 우리가 옛 언약의 노예가 아니라 새 언약의 자유로운 자녀들이라는 믿음이 강하게 공유되지 않는다면 존중의 문화가 세워질 수 없다. 우리가 누구인지, 누구를 따라 함께 걷고 있는지 그 진리를 붙들기 위해서라면 어떤 일이든지 용감하게 행해야 한다. 그래야 하나님의 은혜를 실제 생활에서 맛보며 살 수 있다. 그럴 때에만 생명, 사랑, 그리고 자유 곧 하나님의 왕국을 창조하여 주변 사람들에게 전수할 수 있다. 우리는 언제나 우리가 알고 있고 가지고 있는 것을 전해준다. 우리가 알고 있는 것이 두려움이고 통제하는 것이라면 우리의 삶에서 이런 것들을 언제나 보이게 될 것이기 때문에 우리는 반드시 자신에 대해, 죄에 대해, 그리고 십자가의 능력에 대해 핵심적인 문제를 짚고 넘어가야 한다.

교회는 세대와 세대를 이어 율법과의 관계를 유지하려고 노력해왔다. 당신은 늘 그런 것은 아니라고 말할 수 있다. 그러나 누군가가 율법을 깼을 때 어떤 일이 일어나는가? 그것이 당신이 어떤 사람인지 알 수 있는 진단지, 곧 바로미터다. 당신이 지키기 위해 살고 있는 그 무엇인가를 다른 사람이 범했을 때 무슨 일이 일어나는가? 그때 모든 것이 드러난다. 그때 당신이 무엇과 관계를 맺고 살아왔는지 알게 된다. 아들이 당신에게 F학점을 받은 성적표를 가져왔을 때 어떤 일이 일어나는가? 당신이 그 일로 인해 미칠 지경이라면 율법이 당신에게 얼마나 중요한지를 보여주는 증거다.

죄가 드러날 때 공황상태에 빠진다면 율법이 우리에게 중요하다는 증거다. 나는 많은 교회의 문화에서 율법이 중요시되고 또 핵심에 자리 잡고 있다는 증거를 충분히 가지고 있다. 이제 이 증거를 보고 두려움에 근거한 우리의 반응이 우리가 설교하는 그리스도의 메시지와 서로 모순이라는 사실을 인정할 때가 되었다. 성경은 우리에게 두 가지 선택이 있다고 분명하게 가르치고 있다. 우리는 율법을 지키는 종교적 문화를 만들거나 아니면 우리의 관계를 지켜주는 사랑의 문화를 이루어나갈 수 있다. 그리고 이 선택에서 오직 하나만이 그리스도께서 죽으심으로써 우리와 맺은 언약이다.

Chapter 4

DEARLY LOVED CHILDREN OF LIGHT

사랑스러운 빛의 자녀들

우리는 너무 자주 자녀들에게 풀어야 할 문제 대신 외워야 할 답변을 준다.[22]

_로저 르윈, 자연과학 이론가

"너희가 전에는 어둠이더니 이제는 주 안에서 빛이라 빛의 자녀들처럼 행하라."[23] 바울은 이 말씀을 통해 진리에 대한 통찰을 예리하게 드러내며 놀라운 선포를 하고 있다. 많은 크리스천은 이 구절의 전반부에 나타난 계시에만 주의를 한다. 우리가 믿기로는 인간의 '본성'(nature)이 어둡기 때문에 신약성경이 의미하는 어둠에서 빛으로의 전환이 쉽지 않다. 우리는 "만물보다 거짓되고 심히 부패한 것은 마음이라 누가 능히 이를 알리요마는"[24]이라는 말씀에 너무 오랫동안 머물렀기에 우리가 "빛의 자녀"라는 진리로 나아가는 데 실패했다. 그렇다. 우리는 전에는 어둠이었지만 그 본성은 완전히 변했다. 죄에 대한 두려움은 제거되어야 하며, 우리의 범죄가 무력하게 되어야 하늘의 통치가 우리를 통해 이 땅에 임할 것이다.

죄를 짓는 것은 일종의 공격으로 매우 불쾌하고 무례하며 참을 수 없는 일이다. 사람들이 규칙을 어기면 그것은 인간 본성에 대한 공격으로 참을 수 없는 일인 것이다. 이 세상은 죄로 인해 공격당했다. 신문의 머리기사들을 생각해보라.

"할리우드(Hollywood)에서 인기 상승 중인 여배우가 감옥에 가다."

"아닙니다. 그녀는 감옥에 가게 되지 않을 겁니다."

"그녀는 감옥에 다시 가게 될 겁니다."

"그녀는 감옥에서 하나님을 만났습니다."

"그녀는 감옥에서 하나님에 대한 믿음을 저버렸습니다."

"돈 아이무스는 라디오 방송국에서 일하는 사람인데, 인종차별적인 언사로 악명 높았다. 우리는 그를 해고해 공개적으로 규탄할 것이며, 그를 해고하는 방법에 대해 전국적으로 여론 조사를 할 예정입니다."

"교사가 학생을 성희롱하다."

"경찰관이 법을 어기다."

사람들은 이런 종류의 뉴스를 좋아한다. "신문에 실어라. 읽어보아야겠다. 좀 더 무례하고 참을 수 없을 만한 일들이 소개되지 않으면 신문을 안 살 것이다." 어떤 사람이 범법을 하면 사회가 공격당한(offended) 것이다. 우리는 죄인들을 감옥에 가두고 그들을 범죄자(offenders)라고 부

Chapter 4 사랑스러운 빛의 자녀들 / 109

른다. 우리 사회에는 죄를 짓고 있는 죄인들로 가득 차 있기 때문에 법의 준수를 강조하고 있다. 심지어 법 없이도 살 수 있다는 사람도 어찌되었든지 법과 관계가 있는 것이다. 어떤 사람들은 법을 어김으로써 법과 관계가 있다는 것을 증명한다. 그들은 "나를 막을 수 없을 것이다"라는 메시지를 전하고 있다. 그러나 사랑과 관계를 맺지 않는다면 법의 구속에서 살 수밖에 없다.

법이 많다 보면 판사도 많이 필요한데, 사람들은 판사 노릇하기를 좋아한다. 신문이나 방송은 우리의 심판 기술을 연마시켜준다. 얼마나 많은 사람이 매일 저녁 TV를 보며 심판하고 또 역겨워하는지 상상해보라. 이제는 그중 얼마나 많은 사람이 크리스천들일지 생각해보라.

이런 세속 문화 속에서 살아가는 신자들로서 우리는 원수의 전략과 계획에 대해 잘 알아야 한다. 범죄가 얼마나 우리에게 어려움과 상처를 주는지 알아야 한다. 당신은 자신이 받은 상처 때문에 사랑을 보류하는 것을 정당화시킨다. 만약 당신이 법을 어겼다면, 나는 당신을 향한 사랑을 거두어들이게 된다. 왜냐하면 실패한 사람은 사랑받을 자격이 없고 벌을 받아야 하기 때문이다. 사실 형벌이란 대부분의 경우 사랑을 철회하는 것처럼 보인다. 그리고 내가 사랑하기를 그만두었을 때 불안이 그 자리를 대체하게 되어 두려움의 영에 의해 범죄한 사람에 대한 반응과 행동이 결정된다.

두려울 때 우리는 통제하고 싶어 한다. 보통 죄를 지은 사람들에게 우리가 보이는 반응은 우리가 여전히 책임지고 있고 통제하고 있다고 느끼도록 하기 위한 조치들이다. 가정과 교회 그리고 정부가 전형적으로 취하는 일련의 조치들을 우리는 형벌이라고 부르는데, 삶의 환경을 여전히 책임 있게 운영하고 있다는 점을 증명하기 위해 범죄자들에게 형벌을 준다. 이런 일련의 과정과 조치들을 통해 우리는 범죄자들이 변할 수 없고 자신들의 행동에 책임질 수 없는 사람들이라는 사실을 더욱 굳게 믿게 된다. 이 모든 일을 없애기 위해 예수님께서 돌아가셨다. 예수님께서는 온 세계에 완전히 새로운 다른 길을 소개해주셨다.

하나님의 마음에 맞는 사람

다윗은 비록 구약시대에 살았지만 율법보다 하나님과의 관계를 더 소중히 여겼다. 그가 율법을 범했을 때 어떤 일이 일어났는지 사무엘하를 살펴보자. 사무엘하 11장을 보면 다윗은 전쟁터에 갔어야 했지만 그냥 궁에 머물기로 했다. 그 대신 전쟁터에는 요압을 보냈다.

> 저녁때에 다윗이 그의 침상에서 일어나 왕궁 옥상에서 거닐다가 그곳에서 보니 한 여인이 목욕을 하는데 심히 아름다워 보이는지라[25]

다윗은 "저게 누구지?"라고 하며 주변 사람들에게 알아보라고 했고, 사람들은 "우리아의 아내입니다"라고 보고했다. 히타이트 출신의 우리아는(개역개정 성경에서는 헷 사람이라고 함 – 역주) 다윗 왕의 유능한 부하였다. 그는 다윗의 핵심 막료 중 한 사람이었으며 다윗의 친구였다. 사무엘하 11장 4절은 다음과 같이 기록하고 있다. "다윗이 전령을 보내어 그 여자를 자기에게로 데려오게 하고 더불어 동침하매."

밧세바에 대해 자세한 것은 모를지라도 그녀가 아름다운 여인이었다는 것은 알 수 있다. 어떻게 확신할 수 있는가? 그녀가 결혼한 사람을 보면 알 수 있다. 우리아는 별과 같은 존재였다. 그는 자신과 걸맞지 않은 여인과 결혼하지 않았을 것이다. 다윗이 그녀를 데리고 오게 하여 자신의 방에서 동침했다. 다윗이 그녀를 강간한 것이라 해도 과언이 아니다.

위에서 소개한 구절을 계속해서 보면 "그 여자가 그 부정함을 깨끗하게 하였으므로 자기 집으로 돌아가니라"라고 했으며, 그 결과 다윗은 얼마 지나지 않아 밧세바가 임신했다는 소식을 들었다.

이 일은 그냥 어떤 주말에 벌어진 일이 아니다. 몇 달이 걸렸다. 임신했다는 증거로 임신 진단용 도구에 파란 줄이 나오기 전의 일, 그러니까 양성인지 음성인지를 구분할 수 없던 시절의 일이었다. 밧세바는 자신이 임신한 것을 왕에게 전할 수 있을 만큼 분명해질 때까지 기다렸다고 나는 확신한다. 그렇기 때문에 최소한 몇 달이 걸린 것이 확실하다.

왕은 이 사실을 알고 다음과 같이 이야기했을 것이다. "우리아는 어디 있는가? 가서 우리아를 데려오라. 약간의 휴가를 주자꾸나. 오, 우리아! 다시 보게 되어 반갑네! 자, 내 앞으로 가까이 오게 하라. 우리아, 당신은 정말 멋진 친구요. 이리로 가까이 오시오. 나는 당신을 사랑하오. 당신이 이 전쟁을 위해 수고를 아끼지 않아 참으로 감사하오. 이제

가서 아내와 함께 좀 쉬어야 하지 않겠소. 그녀가 최근에 음식을 많이 먹기 시작했다고 들었소. 그녀가 스트레스가 많고 무언가가 좀 쌓인 것 같소. 가서 아내를 위로해주시게나." 다윗은 자신의 죄의 결과를 숨기기 위해 우리아가 아내와 동침하도록 부추겼다.

그러나 우리아는 그렇게 하지 않았다. 다윗은 다시 "이봐, 가서 좀 쉬어. 아내랑 잘 지내보란 말이야"라고 했다. 그러나 우리아는 왕궁의 입구 계단에서 잤다. 그는 집에 가지 않았다. 우리아는 "부하들은 전쟁터에서 자고 있는데, 어찌 내가 집에 가서 아내와 함께 편한 침대에서 잘 수 있겠는가? 나는 집에 가지 않을 거야"라고 했다.

다윗은 생각했다. '제기랄! 이런 사람이 있을까. 이럴 줄은 몰랐는걸. 이번에는 술을 먹여 취하게 만들어보자. 술을 먹여 취한 다음에 정신을 잃게 하고 나서 그를 통해 내 죄를 감추어보자.' 그리고 바로 실행에 옮겼다. "우리아! 이봐, 자네, 여기 포도주가 있는데, 내가 가지고 있는 것 중 최고의 포도주지. 내가 자네의 빈자리를 채워줄 테니, 걱정하지 말고. 여기 있네, 친구여. 내가 왜 자네에게 이 큰 컵을 주었는지 아는가? 그 컵은 명예를 상징하지. 그래, 바로 그거야!"

그러나 그때도 우리아는 침대에서 자지 않고 종들의 숙소에서 잤다. 다윗은 초조했다. '좋았어. 이제 시간이 없군. 우리아가 아내와 동침하지 않았는데, 이제 곧 밧세바가 해산을 하겠지.' 그는 결국 극단적인 결정을 내렸다. "이봐, 우리아, 이 편지를 요압에게 전해주게." 그것은 우리아를 죽음으로 몰아넣으라는 내용의 편지였다.

이 일은 그저 어떤 주말에 일어난 일이 아니다. 이 일은 다윗이 일시적인 정신 이상 때문에 저지른 일도 아니다. 다윗의 악한 의도를 실행으로 옮긴 것이다. 요압은 우리아를 최전선으로 보내놓고서는 나머지 군대를 철수시켰다. 우리아는 살해당한 것이다. 전령이 돌아오자 요압이 말했다. "다윗 왕에게 가서 이번 전쟁에서 정말 좋은 병사들을 잃었다고 해라. 만약 왕이 화를 낸다면, '우리아가 죽었습니다'라고 말하라."

전령이 그 소식을 전했다. "우리는 좋은 병사들을 잃었고, 그리고 우리아가 죽었습니다." 다윗 왕이 말했다. "그렇다. 좋은 사람들도 죽는다. 가서 요압에게 전하라. '선한 사람들도 전투 중에 죽을 수 있다. 전쟁이란 것이 그렇지 않은가. 내일 그 성을 정복하라.' 요압이 이 일을 좋아할 것이다. 그는 죽이는 것을 좋아하지."

당신은 이 이야기를 알고 있다. 그런데 드디어 이 일이 다루어져야 할 때가 되었다. 선지자 나단이 왕에게 와서 그의 죄를 직면시켰다. 그래서 다윗 왕은 7일 동안 바닥에 앉아 회개를 했고 밧세바가 출산한 그 아이는 나단이 예언한 대로 죽었다. 이제 사무엘하 12장 24절을 읽어보자. "다윗이 그의 아내 밧세바를 위로하고 그에게 들어가 그와 동침하였더니 그가 아들을 낳으매 그의 이름을 솔로몬이라 하니라 여호와께서 그를 사랑하사."

그랬다. 주님께서는 그 아이를 데리고 가셨다. 그러나 여기서 무언가가 이해가 되지 않는 구석이 있다. 이 이야기 중에 '구약의' 형벌을 어디에서 찾아볼 수 있는가? 그 죄에 '딱 맞는' 형벌 말이다. 사울 왕 때와 달리 왕국이 그의 대에서 끊어지지 않았다. 또한 원수의 공격으로 망하게 되었거나 포로로 끌려가지 않았다. 다만 그의 가족은 다윗의 일로 영원히 상처를 받았다. 그러나 우리는 보통 다윗이 우리아와 밧세바에게 한 일이 얼마나 잘못된 것인지 체감하지 못한다. 왜냐하면 하나님께서 다윗을 그분의 "마음에 맞는 사람"이라고 하셨기 때문이다. 우리 중 누가 다윗을 현대의 목회자와 비교할 수 있겠는가?

다윗 왕을 미국 대통령에 빗대어보면 이해하는 데 도움이 될 것이다. 빌 클린턴이 다윗 왕의 경우와 제일 비슷할 것이다. 비록 빌 클린턴은 사람을 죽이거나 친구의 아내와 결혼하지 않았지만 말이다. 빌 클린턴의 스캔들 때문에 상처받았는가? 빌 클린턴이 벌을 받을 것이라는 생각에 즐거운 적이 있었는가? 이제 한 남자 안에 살아 있는 죄에 대한 당신의 자연적인 반응이 무엇인지 알 수 있을 것이다.

성경에는 이런 사실과 관련해서 언급할 다른 예들이 있다. 법과 규칙이 정의에 대해 갖고 있는 기대와 어긋날 만한 예들이다. 아비가일의 경우를 생각해보라. 아비가일은 결국 남편의 말에 불순종하는 아내였다. 남편인 나발이 거절한 일을 아비가일은 행했다. 그녀는 대노한 다윗에게 주려고 남편의 재산을 축냈다. 다윗은 나발을 죽이려고 하고 있었다. 그녀는 이 위기를 잘 넘겼지만 규칙에 따르면 반항적이고 불순종하는 아내가 되어버렸다. 그렇지만 결과는 어떠했는가? 하나님께서는 그의 불량한 남편을 죽게 하셨고 아비가일은 다윗의 아내가 되었다.[26]

베드로도 있다. "베드로야, 너는 나를 부인하게 될 것이다."

"무슨 말씀입니까? 그런 일은 없을 겁니다. 저는 당신을 부인하지 않을 겁니다."

"닭이 울기 전에 그럴 것이다."

"어림도 없습니다."

우리 모두 알듯이 베드로는 주님을 부인했다. 그러나 예수님이 이 일에 대해 어떻게 하셨는지도 우리는 알고 있다.

"베드로야, 네가 나를 사랑하느냐?"

"예."

"베드로야, 네가 나를 사랑하느냐? 베드로야, 내가 전에 정말 중요한 것이라고 말한 것들을 돌봐주겠느냐? 베드로야, 네가 나의 보호자와 같은 삶을 살겠느냐?

"예, 주님. 그렇고말고요."[27]

간음하다 현장에서 잡힌 여인에게 예수님은 어떻게 하셨는가? "가서 다시는 죄를 범하지 말라."[28] 와우! 이건 정말 기록할 만한 일이다. 그러나 그 현장에 있던 사람들이 그녀의 일에 대해 기록하려고 했던 그런 종류의 것은 결코 아니다.

무엇이 다른가?

하나님께서는 왜 이런 사람들을 우리와 다르게 대하셨을까? 왜 다윗 왕과 베드로는 그들이 마땅히 받아야 할 처우와는 다른 대접을 받았을까? 왜 그들은 그들과 비슷한 실수를 하거나 아니면 오히려 더 경미한 일을 저지른 사람들보다 더 좋게 된 것일까? 예를 들어 사울과 다윗 왕의 차이는 무엇인가? 사울 왕은 사람들을 죽여야 자신이 산다고 해서 그들을 죽이지는 않았다. 베드로와 유다의 차이는 무엇인가? 베드로는 예수님을 세 번 부인했지만 유다는 한 번만 배신했다. 이런 상황이기 때문에 진짜 차이가 무엇인지를 아는 것이 정말 중요하다. 그 차이는 죄의 성질에 있지 않다. 오히려 죄를 지은 다음에 무슨 일을 했는지가 중요하다. 그것은 바로 회개다. 그러나 회개도 진심이 통하는 관계를 중요하게 여기고 그런 관계가 맺어진 조건 아래서만 그 효과를 발휘한다.

회개했다고 해서 이미 어긴 법을 만족시킬 수 없다. 회개는 율법과의 관계를 중요하게 여기는 환경 아래서는 소용이 없다. 규칙과 법에 매인 환경에서 회개는 다른 뜻을 지닌다. 이런 상황에서 회개란 다른 사람들에게 당신을 벌줄 수 있는 권리를 기꺼이 주겠다는 뜻이다. 내가 당신을 처벌할 수 있어야 당신의 회개가 성립된다. 그리고 당신이 그런 실수를 하게 된 그 마음 상태는 결코 다루어지지 않는다. 왜냐하면 관계와 사랑의 문제가 결코 고려되지 않기 때문이다. 율법이 지배하는 문화에서 회개하는 사람들을 향한 일반적인 태도는 보통 다음과 같다. "당신은 자신의 의지로 이 환경에 항복했습니다. 그러나 범법자로 스스로 인정했으니 나는 당신을 결코 신뢰할 수 없을 것입니다. 당신의 범죄 사실은 정말 오랫동안 제 기억 속에 남아 있을 겁니다. 내가 당신 때문에 얼마나 놀라고 무서웠으며 상처를 받았고 불쾌했는지를 잊기 전까지는 당신을 신뢰할 수 없습니다." 이러한 태도가 바로 우리가 보통 '회복의 과정'이라고 부르는 체제의 근간이다.

그러나 진정한 회개는 선물이다. 그것은 당신의 선택이 아니다. 또한 당신의 부르심이 아니다. 그것은 관계를 통해 흘러나오는 선물이다. 율법에는 회개의 자리가 없다. 오직 형벌뿐이다. 만약 당신이 우리의 규칙을 어긴다면, 당신은 그 값을 치러야 한다. 이게 바로 작동 원리다. 율법의 체제 안에 살고 있는 사람들의 염려를 완화시키려면 그 값을 치러야 한다. 당신은 죄를 저질렀다. 그렇기 때문에 감옥에 가야 한다. 이런 원리를 교회에서도 행하게 되면, 자신도 이 세상의 통치의 한계에 매이게 된다. 누군가 범법했을 때, 이 세상의 정부가 해줄 수 있는 가장 최고의 행동은 "당신들이 안전하다고 여길 수 있도록 우리가 그들에게 충분히 벌을 주었습니다"라고 말하는 것이다.

선물인 회개를 통해 진정으로 회복될 수 있다. 실제로 이 선물은 죄로 인해 상처받은 관계를 치유하기 위해 절대적으로 꼭 필요하다. 진정한 회개는 하나님과의 관계에서 변화시켜 주시는 하나님의 은혜를 접할 때만 가능하다. 다윗은 땅 바닥에 엎드려 7일 동안 하나님께 회개를 했다. 사울도 자신이 범한 죄로 인해 사무엘에게 회개하려고 했다. 다윗이 그 땅바닥에서 일어났을 때 그는 다른 사람이 되었다. 그것을 어떻게 알 수 있는가? 그는 다시는 그런 범죄를 짓지 않았다. 또 다른 밧세바가 생기지 않았다.

그렇다면 무엇이 진정한 회복인가? '회복'이라는 말의 고전적인 의미는 왕가의 혈통 중 왕좌에서 멀어진 사람을 찾아 왕으로 등극시킨다는, 곧 명예로운 자리에 올린다는 뜻이다. 그러나 제왕을 다시 권위와 권력의 자리로 돌려놓는다는 이미지가 교회에서 죄를 범한 지도자들을 다루는 데에는 적용되지 않는 것 같다. 실패한 지도자들은 대부분 교회를 떠나거나 교단을 떠나 새롭게 시작한다. 그 말은 자신이 다시 죄를 범하지 않을 것이라고 믿고 두려워하지 않는 사람들을 찾았다는 뜻이다.

그러나 하나님께서 회개한 자들을 회복시키실 때는 왕족의 일원을 왕이나 왕비로 올려 통치권과 그 명예를 새롭게 세워주시는 것처럼 보인다. 그런 회복을 맛본 신자라면 "나는 이제 다시 하나님의 자녀가 되었어요"라고 말할 수 있는 것이다. 신자들의 회복에는 언제나 관계의 회복이 뒤따른다. 회복이란 십자가로 규정되는 것이며 십자가 사역이 이룬 것은 바로 관계의 회복이다. 요한은 예수님이 우리의 죄를 위한 화목 제물이 되셨다고 선포한 다음에, "하나님이 이같이 우리를 사랑하셨은즉", 곧 하나님께서 율법과의 관계가 아닌 우리와의 관계를 기꺼이 지켜주시려 하신다면, "우리도 서로 사랑하는 것이 마땅하도다"(요일 4:11), 곧 하나님이 우리를 사랑하신 똑같은 방법으로 서로를 사랑해야 한다고 결론을 맺었다.

천국 통치의 기본 강령은 하나님 그리고 이웃과의 사랑의 관계를 배양하고 보호하는 비법을 배우는 것이다. 그렇게 하지 못한다면 우리가 살고 있는 이 사회에 천국의 통치를 비추어 보여줄 수 없다. 더 쉽게 상처 주고 흠집 낼 수 있는 더 엄격한 법을 갖게 될 것이고 더 자주 심판하게 될 것이며 우리는 공격당하고 상처받아 오히려 가혹하게 심판하는 판사로 이름을 날리게 될 것이다.

예수님은 이 땅의 통치 모델에 매이게 만드는 율법, 특별히 이 모델이 죄를 대하는 태도로부터 자유로울 수 있는 열쇠를 우리에게 주셨다. 나는 사도적이고 선지자적인 환경이 늘 천국의 핵심적인 가치를 새롭게 인식하게 해주고 더 깊이 신뢰하게 해주어서 이 땅에 실현될 수 있도록 해주므로 매우 중요하다고 생각한다. 교사나 목회자가 이끄는 환경 가운데서 우리가 최선으로 할 수 있는 것은 하나님의 백성을 이 땅의 방식으로 대하고 통치하는 논리와 행동을 정당화시켜 주는 것뿐이다. 특별히 "우리는 처벌받을 수 없다"라는 이 장의 핵심적인 원리를 포함해서 하늘의 핵심적인 가치들을 교회와 가정에서 실행하기 시작할 때, 이런 문화들이 진정으로 바뀔 수 있다고 나는 믿는다. 사람들은 완전히 다른 방식으로 생명과 삶을 경험하게 될 것이다.

빛의 충만함

하늘의 회복이 어떤 것인지 보여줄 수 있는 이야기를 하나 하겠다. 하루는 친구에게서 전화가 왔다. 그 친구는 목회자요 교사인데, 내가 개인적으로 아는 능력 있고 탁월한 교사 중 한 사람이다. 그 친구는 "일이 생겼네. 한 예배 인도자가 자신의 부도덕한 관계를 아내에게 고백했다네. 4년 정도 되었다고 하더군. 상대는 아내의 가장 친한 친구였어. 그는 그 상대방 부부가 중고등부 사역자로 고용되어 왔을 때 멘토의 역할을 해주었다네. 결국 그는 아내에게 고백했고 내일 휴가를 떠나려고 하네. 우리는 뭘 어떻게 해야 할지 모르겠어. 이 친구는 그냥 평범한 예배 인도자가 아니야. 이 친구는 정말 대단해. 이 친구 덕분에 우리 교회의 예배는 한 단계 업그레이드되었다네. 지난 4년 동안 우리 교회 안에 기름부음도 증가되었지. 우리는 사역학교도 시작했는데, 이 친구 부부가 학교 운영을 책임지고 있어. 올해가 세 번째 해라네. 이 부부의 지도력 덕분에 놀라운 사역이 일어났다네."

내 친구 목사는 무언가를 알고 있기 때문에 나에게 전화를 건 것이다. 율법과 관계를 맺고 있으면서 법을 어기면 어떤 일이 일어나는지, 또한 진리가 드러나면 무슨 일이 일어날 것인지를 알고 있었던 것이다. 그 교회에서는 이 예배 인도자를 '회복의 과정'을 밟게 하였다. 그러나 내 친구는 자신이 아는 회복의 과정과 벧엘교회에 있는 회복의 과정이 다르다는 것도 알고 있었다. 그래서 그는 내가 먼저 이 부부를 만나서 앞으로 어떤 과정을 밟아야 할지 지도를 해달라고 부탁했다.

나는 "우리 부부가 만나 보겠네"라고 대답했다. 아내 쉐리와 나는 이틀 후에 이 부부를 만났다. 그들이 문을 열고 들어올 때 그 아내는 마치 일주일 내내 운 사람처럼 보였다. 남편은 고속도로를 타고도 8시간이나 걸린 여행 내내 차 뒤에 달려 끌려온 사람처럼 보였다. 그는 수치로 인해 완전히 깨어져 있었다. 그는 자신이 규칙을 어겼기 때문에 벌을 받아야 한다고 생각했다. 아내는 정신이 온전치 못했고, 그 마음은 산산이 부서져 있었다. 지금까지 남편에 대해 가지고 있었던 신뢰가 무너진 것이다. 이 사실을 알기 전까지의 그녀의 인생은 전혀 의미없는 것이 되었고 영원히 변하게 되었다. 교회에서 해왔던 귀한 사역을 더 이상 하지 못하게 될 것이었다. 남편의 믿을 수 없는 이기심 때문에 그녀의 인생은 끝난 것이다.

그래서 우리는 먼저 같이 앉아 몇 분 동안 그들의 이야기를 들었다. 남편은 자신이 얼마나 더러운 쓰레기 같은 사람인지를 알려주려고 최선을 다했다. "자, 보세요. 이 점을 이해하셔야 해요. 나는 알고 있었어요. 다 알고 있었어요. 내가 무슨 짓을 하고 있는지 알고 있었어요. 나는 숨긴 것이죠. 제 안에는 큰 씨름이 있었습니다. 그리고 저는 평생 이런 식으로 살아왔어요. 18년 전 아내가 첫 아이를 가졌을 때도 그녀의 가장 친했던 친구와 간음을 했습니다." 그는 계속해서 그가 벌을 받아도 마땅하다는 사실을 확신시키려고 계속해서 노력했다.

마침내 쉐리가 그를 향해 대언을 했다. "하늘로부터 손이 내려와 손잡이를 잡고 스위치를 돌리자 모든 빛이 켜지는 것을 봅니다. 이것은 마치 불빛이 충만하여 모든 것이 완전히 달라지는 것과 같습니다. 주님께서 이 일을 행하실 것입니다."

그러나 그는 여전히 절망적이었다. "그렇게 말씀해주시니 얼마나 감사한지요. 그러나 저는 지금 믿을 수가 없네요. 저는 그런 영광으로부터 백만 마일 정도 떨어져 있는 것 같습니다."

우리는 두 왕국이 충돌하는 장면을 보고 있었다. 두려움과 사랑, 자유와 통제, 빛과 어둠이 말이다. 이 부부가 알고 있던 이 땅의 왕국은 빛의 자녀를 회복하는 데는 아주 심각하게 제한되어 있다. 다시 한 번 말하는데, "너희가 전에는 어둠이더니 이제는 주 안에서 빛이라 빛의 자녀들처럼 행하라"[29]라는 말씀은 진리다. 그러나 빛의 자녀는 어둠의 통치를 받을 수 없다. 공정하고 정의로우며 자본주의적이고 민주적인 어둠은 빛의 자녀들을 다스릴 수 없다.

쉐리와 나는 그들이 하늘의 자원에 영원히 접근할 수 있는 사도적 환경의 능력을 경험하게 되는 것을 목표로 삼았다. 우리는 빛이 필요한 상황에서 빛에 접근할 수 있다는 것을 인지하고 있었다. 하늘이 이 땅에 침노해 들어올 때, 자연적 인간과 자연적 관점의 한계는 무너진다.

우리는 이 사람이 저지른 일이 그의 진정한 정체성을 보여주는 것이라고 믿지 않았다. 사도 바울은 우리가 '전에는' 어둠이더니 '이제는' 빛이라고 했다. 당신 안에 어둠이 있다고 해서 당신의 진정한 정체성이 변화되는 것은 아니다.

나는 한 친구와 함께 마운틴교회 소유의 땅을 산책하고 있었다. 우리는 새 교회를 어디에다 지을지 상의하고 있었다. 걷다가 나무판자를 밟았는데 거기 박혀 있던 못에 내 발이 찔렸다. 찔린 발을 들어보았더니 신발 바닥에 그 나무판자가 붙어 있었다. 나는 못이 내 신발을 뚫고 들어와 발을 찔렀다는 것을 분명히 볼 수 있었다. 그러나 나는 한 번도 "나는 못이야!"라고 생각해본 적이 없다. 그 대신에 나는 내 발에서 그 못을 뽑아내려고 했다. 빛의 자녀가 자신 안에 있는 어둠을 발견했을 때, 이 질문 앞에 서야 한다. "너는 어떻게 할래? 너는 무엇을 할래?"

우리는 문제에 봉착한 사람들을 도울 때 하나님께서 그들에게 바로 이 질문을 물으신다는 것을 깨달아 알도록 돕는다. 우리는 다음과 같은 메시지를 전한다. "나는 너를 통제하지 않는다. 나는 두렵지 않단다. 너는 어떻게 할래?"

몇 가지 질문을 통하여 회복의 과정을 시작했다. 우리는 빛을 가져왔다. 사도적 통치의 체제 속에 살고 있었기에 우리에게는 목회 현장에서 만난 사람들과의 관계에서 하늘로부터 빛을 가져다주는 것은 어찌 보면 당연한 일이다. 그러므로 법을 어긴 사람들과의 관계를 치유하게 된다. 죄가 드러날 때 이 점은 더욱 강하게 드러난다. 우리는 죄를 무서워하지 않는다. 죄는 아무것도 아니다. 죄는 어둠이다. 그저 스위치를 한 번 켜면 그것으로 끝이다.

나는 이런 문제에 빠진 사람들에게 늘 하는 질문을 그에게도 하였다. "뭐가 문제입니까?"

그는 마치 내가 취하지 않았나 싶은 표정으로 나를 쳐다보았다. 그는 이미 공을 들여 문제가 무엇인지를 이미 다 말했기 때문이었다. "나는 모든 것을 다 말씀드렸습니다. 나는 저속한 쓰레기 같은 자였습니다. 빛의 자녀를 사칭했지요. 뭐가 문제냐는 질문은 무슨 말씀이신지요?"

"뭐가 문제지요? 당신이 한 일이 잘못된 것이라는 것을 몰랐나요?"

"물론 알고 있었지요."

"당신의 아내나 담임 목사가 이를 알게 되면 결국 파국에 이를 것이라는 것을 몰랐나요?" 나는 의자에 앉아 그를 향해 몸을 앞으로 기울이면서 물었다.

"예, 알고 있었습니다."

"그런데도 당신은 저질렀습니까?" 나는 그의 마음을 찔렀다.

"예." 그는 내가 무엇을 하려고 하는지 혹시 내가 그를 궁지로 몰아 그의 코에 주먹을 한 방 먹이려는 것은 아닌지 도저히 알 수 없다는 표정을 지었다.

"뭐가 문제지요?" 나는 또 물었다.

"뭐라고요?" 순간 그가 눈썹을 찡그리고 입을 굳게 다물며 한 쪽에 힘을 주어 입이 삐뚤어졌다.

"어떤 남자가 가족과 자신의 인생, 자신이 사랑하는 교회, 그리고 하나님과의 관계를 파괴할 만한 치명적인 일을 하게 된 문제가 무엇일까요? 무엇 때문에 그 남자는 그 일을 저질렀을까요? 문제가 무엇입니까?"

"저도 잘 모르겠습니다." 그는 낙심한 채 답했다.

"회개하셨습니까?"

"예." 그는 단호하게 확신을 갖고 답했지만, 그의 음성에는 자신의 회개의 진정성이 테스트를 받을 준비가 되었는지는 확신하지 못하는 의심이 묻어 나왔다.

"어떤 죄로부터 회개했습니까?" 나는 그를 코너로 몰았다.

그는 내가 그를 도우려고 하는 것인지 무너뜨리려는 것인지 확신하지 못하겠다는 표정으로 나를 바라보며 "저도 잘 모르겠습니다"라고 답했다.

"제가 보기에도 잘 모르고 있는 것 같군요. 어떻게 회개해야 하는지도 모르는데, 어떻게 변화가 일어나겠습니까?"

"잘 모르겠습니다"라고 말하며 그는 자신을 내려놓았.

"저도 지금 그렇게 생각하고 있습니다!"

쉐리와 나는 이 사람을 빛의 관점에서 바라보고 있었다. 우리는 하늘의 문화와 문맥 안에서 이 문제를 해결하려고 했다. 왜냐하면 그것이 우리가 살고 있었던 문화였기 때문이다. 죄보다 하나님을 더 강력하다고 여기는 관점에서 죄와 실패를 다루는 일은 우리에게 자연스러운 일이다. 그러나 그는 자신이 어둠이라고 속고 있었다. 그는 이 세상의 방법으로 자신의 문제가 다루어질 것이라고 생각하고 있었다. 그는 이 세상의 패러다임에 동의했고, 그 정죄의 판결을 받을 준비가 되어있었다. 그러나 우리의 일은 그가 자신을 다른 관점에서 바라볼 수 있도록 해주는 것이었다. 그는 자신이 빛의 자녀라는 사실을 믿어야 했다.

"한 번만 더 묻겠습니다. 여기서 당신의 문제가 뭐라고 생각하십니까?"

"저는 정말 모르겠어요."

이때까지 나도 무엇이 문제인지 몰랐다. 그래서 나는 좀 더 탐험해 보기로 했다. "좋습니다. 그러면 저의 질문에 답해주십시오. 아내와의 관계는 어떻습니까?" 사실 나는 그가 아내와 깊은 관계를 맺고 있는 것 같지 않다는 인상을 받았다. 간음은 보통 부부가 친밀감을 유지하지 못할 때, 그 문제가 겉으로 드러난 증상이다.

"우리는 서로 관계가 없어요. 아니면 있더라도 깊지 못하지요." 그는 슬픈 마음으로 답했다.

"당신의 아내는 어떻게 해야 자신이 사랑을 받고 있다고 느끼나요?" 나는 물었다. 그가 얼마나 아내를 사랑하고 있는지 알아보고 싶었다.

"격려의 말을 들을 때이지요." 그는 아내를 쳐다보며 말했다.

그의 아내는 훌쩍거리며 "18년 동안 그는 나를 사랑한다고 말해준 적이 거의 없었어요"라고 말했다.

우리는 마침내 무언가를 발견했다. 나는 하늘의 사냥개가 짖어대는 소리를 들을 수 있었다. 나는 이 남자가 열정이 많은 사람이라는 것을 알 수 있었다. 이 사람은 교회의 사역을 멋지게 만들어놓았다. 그가 섬기고 있는 교회는 지난 몇 년간 극적인 성장을 맛보았고, 이 사람의 지도력 덕분에 활력이 넘쳤다. 그래서 나는 "당신의 아내는 말을 통해 사랑한다고 해야 사랑받고 있다고 느끼는데도 당신은 아내에게 '사랑해'라는 말을 해줄 수 없었군요. 아내는 당신이 회중 앞에서 찬양을 인도하면서 '하나님, 당신을 사랑합니다!'라고 고백하는 것을 지켜보기만 했고 말입니다. 당신의 말은 이런 뜻이지요?"

그가 내 말을 다 이해하지 못한 것 같아서 나는 이 사람이 얼마나 모순된 삶을 살고 있었는지 알게 되기를 바라는 마음에서 다시 설명해 주었다. "당신이 제가 한 말의 의미를 잘 이해했는지 한 번 봅시다. 당신은 사람들이 하나님을 찬양하고 하나님의 마음을 열정적으로 추구할 수 있도록 돕고 있어요. 하나님을 향한 놀라운 열정과 사랑을 표현하는 찬양들을 썼지요. 그러나 이 힘을 당신의 아내를 위해서는 쓰지 않았지요. 아이들에게는 어떻습니까?"

"우리 자녀에게는 물론이고 저는 어느 누구에게도 사랑한다고 말을 해본 적이 없습니다." 눈물을 흘리며 그가 말했다. "저는 이제 보니 저희 아버지와 똑같다는 것을 알게 되었습니다. 아버지도 어느 누구에게도 애정을 표현하지 않으셨습니다."

우리는 문제의 원인을 찾았다. 우리는 서로 약간 놀라며 앉아 있었다. 이 면은 이 가정 밖에서는 어느 누구도 알거나 경험해보지 못했던 숨겨진 영역이었다. 그러나 또 다른 문제에 봉착했다. 나는 그 다음에 무엇을 해야 할지 알 수 없었다. 우는 소리와 코를 훌쩍이는 소리만 들을 수 있을 뿐이었다. 침묵하며 앉아 있기만 했다. 그때 갑자기 나는 하나님의 말씀을 받았다. 나는 그 말씀이 지혜의 말씀이었는지 혹은 지식의 말씀이었는지 아니면 주님의 음성이었는지도 알 수 없었다. 내가 알 수 있었던 것은 오직 내가 그 말씀을 받기 전에는 몰랐다는 사실뿐이었다. 나는 이 말씀이 핵심이라는 확신을 갖게 되어 몸을 앞으로 기울이며 물었다. "당신이 지금 제게 말한 것은 당신이 오직 완벽하다고 생각하는 것들만 사랑할 수 있다는 뜻입니까?"

그는 나를 바라보며, 잠시 멈추었다가 말했다. "아닙니다."

"자, 제가 다시 한 번 말하겠습니다. 당신은 실패의 가능성이 하나도 없을 때만 사랑을 시도해볼 수 있다는 겁니까? 당신은 지금 완벽하기 때문에 당신을 상처 줄 가능성이 없다고 믿는 것만 사랑할 수 있다고 하시는 겁니까?"

그의 아내는 나의 질문을 정확히 간파하고 새로운 눈물을 흘리기 시작했다.

그는 마치 나에게 돌돌 말린 신문으로 코를 정통으로 한 대 맞은 것 같은 표정으로 나를 쳐다보았다.

나는 다시 물었다. "당신은 완벽하지 않다고 판명될 어떤 것에도 당신의 마음을 걸어볼 수 없다는 것이지요?"

그는 머리를 흔들었다. 그러나 곧 끄덕이기 시작했다. 그는 갑자기 말했다. "나는 속아왔습니다. 이게 바로 내 아버지에 대해 내가 싫어했던 부분이었어요. 나는 속아왔습니다." 그는 계속해서 같은 말을 되풀이했다.

그래서 나는 그의 아버지를 용서하는 시간을 몇 분 갖지 않겠느냐고 제안했다. 그가 자신의 아버지를 용서하자, 급작스러운 일이 일어났다. 그는 아내에게 몸을 돌이키고 정말 진지하게 "당신을 정말 사랑하오. 정말 미안해!"라고 고백했다.

그 순간 온 방에 모든 빛이 다 밝혀졌다. 아마도 당신도 그 자리에 있었다면 "드디어 자유롭게 되었네, 나는 드디어 자유네. 전능하신 하나님께 감사하네. 나는 드디어 자유야! 하늘이 나를 만졌네"라고 노래하고 싶어졌을 것이다.

그는 계속해서 아내에게 고백했다. "사랑해. 당신을 사랑해. 무엇이 문제였는지 나는 몰랐어." 이렇게 말하자 그의 아내의 표정이 완전히 변했다. 그녀가 천국에서나 일어날 것이라고 생각했던 일을 경험하게 되자 방의 분위기를 짓누르고 있던 절망감이 사라졌다. 그녀가 옳았다. 그런 것들은 천국에 보관되어 있다. 우리는 하늘에 보관되어 있는 것들을 이 땅으로 가져와야 했다. 얼마 안 있어 그 부부는 둥지를 틀고 사랑을 노래하는 새들처럼 되었다.

그날 아침에 두 가지 기적이 일어났다. 그 예배 인도자를 강타해 쓰러뜨렸던 회개의 은사가 그 하나였고, 회개의 순간에 아내가 남편을 기꺼이 용서한 것이 두 번째 기적이었다. 그 순간 빛들이 내려왔고, 그는 새로운 인생을 살게 되었다. 그들의 결혼생활이 새롭게 되었다. 그래서 우리는 그저 거기 앉아서 그 부부를 지켜보았다. 사실 약간 이상했지만 우리는 그냥 내버려두었다.

"갑자기 불이 켜진 것처럼 느껴집니다. 나는 전에는 볼 수 없었던 점들을 알게 되었습니다. 그 빛이 충만하다고 느껴집니다." 그 사람이 말했다. 그 순간 우리 모두는 쉐리가 모임 초반에 했던 대언이 기억났다. 우리는 그들과 함께 대화하고 기도했고, 쉐리는 다시 한 번 대언을 해주었다. 정말 아름다운 사람들과 함께했던 영광의 시간이었다.

조금 지나서 그는 "저… 제가 이런 행복을 느껴도 되는 것인지 정말 잘 모르겠습니다. 저는 지금 희망에 차있습니다. 정말 행복해요. 그러나 행복을 느끼고 있다는 사실에 죄책감이 느껴집니다." 그는 호기심 어린 표정으로 물었다. "저는 이제 새사람이 되었는데, 우리 교회 지도자들은 저를 어떻게 할까요?"

정말 좋은 질문이었다. 그 교회 지도자들은 훌륭한 사람들이기 때문에 나는 그들이 이제 이 문제에 대해 다른 생각을 갖게 될 것이라는 강한 확신이 들었다. 감사하게도 우리는 이 상황을 성공적으로 마무리할 수 있는 핵심적인 사람, 곧 그 교회 담임 목사와 좋은 관계에 있었다. 이미 언급했듯이, 그 교회의 담임 목사는 아주 훌륭하고 장점이 많은 오중적 교사였기에 하나님께서 어떤 일을 하고 계신지 이해하고 바르게 결정하고 싶은 욕구가 강한 사람이었다. 그러나 다행히도 그는 자신의 이런 성향도 잘 알고 있었고, 늘 올바르게 행동해야 하고 교회 지도자로서 또 자신의 인생에서 중요한 결정을 내리기 위해 모든 것을 다 이해하고 알아야 한다는 욕구에 집착할 때 하늘의 기름부음이 약해질 수도 있다는 사실을 잘 깨닫고 있었다. 이 목사는 자신을 사도적 사역 밑에 두어 자신의 한계를 이미 극복한 사람이었다. 그 덕분에 사역 현장에도 사도적이고 예언적인 기름부음이 흘렀다. 그렇기에 그는 나에게 전화를 걸어 도움을 청했던 것이다. 그는 여기서 어떤 일이 일어날지 이미 알고 있었다.

이 부부는 집으로 돌아갔고 나는 얼마간 소식을 듣지 못했다. 교회 사역자들과 배낭여행을 다녀왔기 때문이었다. 우리는 3박 4일의 일정으로 다녀왔다. 내가 말하는 배낭여행이란 그저 2마일을 걷는 하이킹이다. 우리는 3일 동안 80마리의 송어를 먹어치웠다. 사실 크루즈 여행과 비슷했다. 1년 전에 트리니티 알프스에 있는 6개 호수 주변을 38마일 정도 걸으며 그 송어들을 잡았다. 우리 교회 사역자들은 그 여행을 '대니의 죽음의 행진'이라고 불렀다. 지금은 바로 이 여행을 배낭여행이라고 부른다. 여행에서 돌아오자마자 나는 샤워를 하려고 했다. 그런데 씻으러 가는 도중에 전화가 울렸다. 나는 집에 있을 때는 전화를 잘 받지 않는다. 모르는 번호면 더욱 그러한데 이 전화도 내가 모르는 번호였다. 그러나 어떤 이유에서였는지 나는 그 전화를 받았다. "여보세요?"

그 전화는 내 친구 목사의 전화였다. "대니, 이 친구야! 내가 자네에게 여러 번 전화했었네."

"그랬구나. 배낭여행을 좀 다녀왔지."

"시간 좀 있나? 내가 자네에게 보냈던 부부 일로 몇 가지 질문이 좀 있네."

그 친구가 내 땀 냄새를 맡을 수 없을 거라는 생각에 나는 "좋아. 괜찮아"라고 했다.

"잘 됐네!" 그는 마치 내가 그렇게 말할 줄 이미 알았다는 양 대답했다. "지금 우리는 장로 회의 중인데 스피커폰으로 자네와 통화를 하려고 하네. 우리는 지금 상황을 파악하려고 노력하고 있어. 우리는 자네가 그 부부와 함께 나눈 몇 가지 생각을 들었네. 그 생각들에 대해 좀 더 자세하게 이야기할 수 있을까?"

"좋아." 나는 수락했다. 집에 오는 길에 내내 생각했던 샤워는 미뤄야 할 판이었다. 내 친구 목사는 먼저 교회의 위원회에서 고민하고 있는 방안들을 알려주었다. 그 방안들은 기본적으로 다음과 같이 세 가지로 요약될 수 있었다.

1. 전체 회중에 이 일을 알리고 그 지도자들이 회복되도록 기도하게 한다.

2. 이 부부에게 몇 달 동안 일을 하지 못하게 하고 부부 관계의 회복을 위해 노력하게 한다.

3. 3개월에서 6개월 후에 그들의 진전을 보고 그 결과가 긍정적이라면 서서히 사역을 맡긴다.

이런 방안들은 '땅에서 하늘로'의 모델로 내가 아는 한 대부분의 교회가 이런 방법을 시도한다. 이는 이 땅에서 신뢰와 신용을 다시 세우고자 하는 최선의 방법으로, 먼저 사람들을 안심시키고 그 다음에 지도자의 삶을 돌보는 방법이다. 인정하기 어렵지만 담임 목사의 기름 부음이 사람들에게 초점 맞추어져 있다면 사람들의 필요와 생각이 그 환경을 지배하게 된다. 다시 한 번 이야기하지만, 이는 공명정대함을 실현하거나 혹은 사람들의 마음에 안전감을 주기 위해 이 지상에서 할 수 있는 최선의 방법이다.

몇 주 전에 이 부부가 내 사무실을 방문했을 때, 나는 이런 상황을 다루는 '하늘에서 땅으로'의 모델에 대해 나누었다. 이 부부는 내가 말하는 개념과 과정에 대해 고무되었지만, 교회의 지도자들이 받아들이는 것은 거의 불가능하다고 생각했다. 내 친구 목사도 내가 그 부부와 나누었던 방법을 좀 더 이해하고 싶다고 했다. 전화상으로 표현하지 않았지만 그 친구는 "나는 자네가 그 부부에게 가르쳐준 방법을 이해한다네. 나도 자네의 입장에 서고 싶어. 나 또한 이 문제를 하늘의 빛 가운데에서 처리하고 싶지, 이 땅의 어둠의 방법으로 접근하고 싶지 않아. 그렇지만 나는 단지 그 방법이 성경적으로 어떻게 옳은지를 확신할 수 없을 뿐이네"라고 말하는 것 같았다. 무엇인가를 성경적으로 옳다는 사실을 증명해야 하는 필요는 바로 그 친구 목사의 지붕, 곧 그를 교사로서 은사를 발휘하게 해주는 분명한 초점이었지만 동시에 리더로서 역할을 하는 데 자신의 능력을 제한시키는 한계였다. 그는 자신의 이 한계를 깨닫고 자신과는 다른 기름부음의 관점을 통해 하나님의 방법으로 덕을 세우고자 했다.

그는 "우리는 우리의 결정을 도와줄 지혜가 필요하네"라고 했다.

그래서 나는 말을 하기 시작했다. "좋습니다. 제 생각은 이렇습니다. 지난 4년간 한 사역자를 통해 당신의 회중은 하나님의 마음으로 깊이 나아가게 되었고, 하나님께서는 당신들에게 기름 부어 주시고 축복해주셨지요. 더 많은 사람이 당신 교회에서 배양되던 자유에 끌려 은혜를 받게 되었습니다. 저는 지난 4년 동안 생명과 활기가 넘치는 새로운 사역들이 탄생되어 축복받았던 것으로 알고 있습니다. 그런데 그 기간 내내 그 리더는 엄청나게 큰 거짓말을 하며 이중적인 삶을 산 쓰레기 같은 사람이었지요. 여러분은 그의 사례비를 올려주었고 더 높은 자리를 주어 그의 영향력은 점점 더 커졌고요.”

"자, 이제 그 사람은 지금까지의 인생 중에서 영적으로 최고조의 상태에 있게 되었습니다. 일주일간의 휴가로 그는 완전히 다른 사람이 되어 돌아왔습니다. 그는 집으로 가 자녀들을 불러 앉히고 그들의 눈을 바라보며 '나를 용서해다오. 나는 그동안 너희들을 향한 사랑을 유보해 왔었단다. 정말 미안하다. 나는 이제 오직 너희만을 사랑한다. 너희를 매우 사랑한다'라고 고백했지요. 그는 자녀들에게 처음으로 그들을 사랑한다고 말했습니다. 그리고 언제라도 그 사랑이 희미해지는 것 같거든 이야기해달라고 부탁했습니다. 그의 가정이 빛으로 가득 찼습니다."

나는 계속했다. "이 남자는 회개했습니다. 그는 변화되었습니다. 그러나 당신들은 그가 지난 4년간 숨겨왔던 것 때문에 그가 벌을 받아야만 한다고 생각하고 계시죠. 만약 당신들이 그렇게 한다면 교회를 위해서는 차라리 그가 자신의 죄에 결박된 채 쓰레기 같은 사람으로 남아있는 것이 오히려 좋지 않았을까요? 이 사실에 대해서 어떻게 인정하고 처리하시렵니까? 이 사람은 벌을 받거나 해임되거나 안식년을 갖거나 휴가를 가야 한다거나 근신에 처하거나 그런 종류의 것들을 받을 필요가 없습니다. 이 사람에게 필요한 것은 이 빛 된 삶을 유지해 나가는 책임 있는 행동입니다. 그리고 그는 자신이 어지럽힌 것들을 깨끗하게 정리할 필요가 있습니다."

그들은 "좋습니다. 당신의 견해에 또 다른 질문이 생겼습니다. 그가 책임지는 행동 중 하나로 회중 앞에 서서 자신의 과오를 밝히는 것에 대해서는 어떻게 생각하십니까?"라고 물었다.

나는 이 질문에 다음과 같이 답했다. "네. 제가 제대로 이해했는지 한 번 봅시다. 이 일은 마치 그가 1갤런짜리 페인트 통을 들고 가다가 떨어뜨려서 장로님들, 상대방 부부, 당신들과 그의 아내와 가족 모두 그 페인트를 뒤집어쓴 것과 같습니다. 그런데 지금 여러분은 그가 저지른 일을 깨끗이 처리하라고 지금 그에게 500갤런의 페인트와 수류탄을 주려고 하십니다. 저도 사람들이 자신이 어지럽혀 놓은 것들에 대해 책임을 져야 한다고 전적으로 동의합니다. 그런데 저는 이미 문제가 있는데 왜 더 큰 문제를 일으키려고 하시는지 그 이유를 잘 모르겠습니다. 저는 지금 이 문제는 꽤 수월하게 정리되고 치유될 수 있다고 생각합니다. 이게 제 생각입니다."

수화기 건너편은 매우 조용했다. 그중 한 사람이 다른 것에 대해 질문을 하나 했지만, 그것으로 끝이었다. 나는 "여러분을 축복합니다. 저는 가서 샤워를 좀 해야겠네요"라고 했다.

이 일은 2006년 8월에 있었던 일이다. 3개월 뒤에 나는 벧엘교회에서 주최한 리더십 축제에서 내 친구 목사를 만났다. 그는 "그 부부가 얼마나 잘 지내고 있는지 자네는 믿지 못할 거야. 모든 식구가 마치 죽음에서 부활한 것 같다네. 그 가정에 부어주신 빛과 부요함은 정말 숨을 멈추게 할 정도야"라고 했다. 그는 또한 "우리는 자네가 제안한 그대로 이 일을 처리했다네. 정말 놀라워. 정말 일이 되더라니까"라고도 했다. 내가 이 책을 쓰고 있는 지금은 그 일이 있은 지 거의 2년이 지났는데, 그들은 더욱더 강건해지고 있다.

마귀는 우리를 망하게 하려고 노력하고 있다. 그리고 '땅에서 하늘로'의 모델은 마귀의 계략이 교회 안에서 이루어지도록 해준다. 우리가 파괴적이 되려고 하는 게 아니다. 그러나 사도적 통치하에 흘러나오는 기름부음과 계시에 연결되어 있지 않은 교사나 목회자, 행정가나 전도자일 경우에는 이 땅의 한계에 매이게 된다.

이제 내가 이야기하려는 점을 잘 이해하기를 바란다. 나는 교회 안에서 크리스천들 사이에 벌어진 파괴적인 행동들을 다루는 일에 있어 "비밀을 집안에서만 유지하라"라는 방법을 지지하지 않는다. 어떤 사람이 감옥에 가야 할 정도의 일을 벌였다면 사역자들을 보내 그 사람을 상담하게 하지 마라. 위버빌에서 담임 목사로 사역하는 동안 나는 아동학대 방지위원회(Child Protective Services)에 5명을 보고하고 또 그들의 소재를 알려주었고, 그중 두 사람은 교도소에 투옥되었다. 나는 교회가 어떤 사람이 책임감 있는 행동을 할 수 있게끔 도와주지 못하거나 그 사람이 회복될 수 있는 프로그램을 제공하지 못할 경우 공권력을 의지해야 한다는 입장에 아무런 문제가 없다고 본다. 성경에서 분명하게 가르쳐준 대로, 우리는 회개하지 않는 사람들에게는 선명한 기준을 가져야 한다. 그러나 회개하는 사람에게 대가를 치르게 하는 일도 그만두는 법을 배워야 한다.

나는 회개하는 사람들에게 '감옥에 가지 않아도 되는' 특혜를 주자고 말하는 것이 아니다. 그러나 그들이 벌을 받게 하여 더 깊은 죄인의 삶에 묶이게 하기보다 빛의 자녀로 더 높은 정체성을 가지고 삶을 책임지고 살아갈 수 있도록 도전하자는 것이다. 하늘이 우리의 실수를 찾아내 직면케 하시는 일은 마치 주님께서 욥을 만나셨던 일과 같다. "너는 대장부처럼 허리를 묶고 내가 네게 묻는 것을 대답할지니라."30) 빛 가운데에 행하는 일은 겁쟁이들은 할 수 없는 일이다. 빛 가운데에 행하기 위해서는 하나님의 사랑에 대한 깊은 믿음과 우리를 변화시켜 주시는 하나님의 은혜의 능력이 필요하다.

교회의 징계 문화는 사람들의 생각, 곧 사람들이 지도자들에 대해 생각하는 바와 실패한 사람들에 대해 생각하는 바를 보호하기 위해 세워졌다. 사람들에게 안전감을 주고 그들의 기대에 맞추는 것을 가장 중요하게 생각하고 실수하는 사람들은 하나님의 자녀가 아니라 죄인들이라는 점을 분명하게 믿는다면, 징계는 하나님의 왕국의 방식으로 진행되지 않을 것이다. 왜냐하면 왕국의 문화에서 가장 주된 관심은 "나라가 임하시오며 뜻이 하늘에서 이루어진 것같이 땅에서도 이루어지이다"이기 때문이다.

벌을 주는 가장 큰 목적은 사람들의 염려를 줄여주려는 것이다. 우리는 그것을 정의라고 부른다. 그러나 그런 태도는 단지 리더들이 자신들이 원하는 대로 있어 주기를 바라는 두려운 마음에서 온 것일 뿐이다. 다윗과 베드로의 삶에서 이미 살펴본 것처럼, 하나님의 공의는 인류를 당황하게 만든다. 그것은 우리가 율법과의 관계를 보호하고자 하는 노력을 그만둘 때만 이해할 수 있다. 그리스도 안에 있는 생명의 법과의 관계를 보호하기 시작할 때 우리는 두려움을 완화시키는 것이 아니라 깨어진 관계를 회복하고 생명과 사랑이 다시 흐르는 것을 목표로 삼아야 한다. 그리고 그 일을 이루는 데는 오직 한 과정만이 있을 뿐이다. 우리는 죄와 사람을 향한 두려움을 버려야 하며, 회개하는 사람들을 처벌하는 일을 그만두어야 한다.

우리를 자유롭게 하려고 예수님께서 자유를 주셨다.[31] 그분은 우리가 율법의 노예라는 멍에를 벗어버릴 수 있는 길을 여셨고, 먼저는 하나님과의 관계 그리고 우리 가족들과 우리가 영향을 주고받고 사는 사람들과의 관계를 유지하는 삶을 살 수 있는 길을 주셨다. 자녀들은 우리에게 가장 크게 영향을 받는다. 그리고 우리가 모델로 삼는 것은 그들의 삶을 통해 정확하게 우리에게 반영된다. 우리의 자녀들이 자신들의 죄 때문에 벌을 받을 필요가 없게 될 때, 그리고 그들이 실패했을 때 최우선으로 삼아야 할 것이 벌을 받으려는 것보다 관계들을 회복시키는 것이 될 때, 그들은 우리의 문화에서 관계들을 가장 중요하게 여기기 시작할 것이다. 이것이 사람들로 하여금 사랑과 자유의 삶을 살 수 있도록 가르치는 방법이요, 우리가 신뢰와 친밀감의 능력을 배우는 법이다.

Culture of Honor

나는 회개하는 사람들에게 '감옥에 가지 않아도 되는' 특혜를 주자고 말하는 것이 아니다. 그러나 그들이 벌을 받게 하여 더 깊은 죄인의 삶에 묶이게 하기보다 빛의 자녀로 더 높은 정체성을 가지고 삶을 책임지고 살아갈 수 있도록 도전하자는 것이다.

Chapter 5

FREEDOM PRACTICE
-DEVELOPING A WEALTH MINDSET

자유 연습
– 부요한 마음 개발하기

나는 하나님께 속하지 않는 생각은
하나라도 품을 수 없다.

_빌 존슨, 벧엘교회

장남인 레위가 '벧엘기독교학교'에서 8학년을 마치자 어느 고등학교로 진학할 것인지 문제가 되었다. 누나인 브리트니는 공립학교에 들어갔지만 나중에는 홈스쿨을 하게 되었다. 그러나 레위는 홈스쿨을 원치 않았다. 왜냐하면 미식축구를 하고 싶어 했기 때문이었다. 그래서 공립학교에 가도 되느냐고 우리에게 물었다.

이제 공은 가족들에게 넘겨졌다. 이 일은 가족 전체에게 영향을 미치는 일이었다. 아이를 학교에 데려다 주고 데리고 오는 교통편 제공 문제부터 아이를 어느 정도까지 신뢰할 수 있는지의 문제까지 많은 것을 고민해야 했다. 또한 우리 집 막내인 테일러의 결정에도 선례가 될 것이었다. 우리가 제일 염려했던 것은 레위가 지금까지 경험해보지 못했던 자유와 선택을 공립고등학교에서 맛보게 될 것이라는 점이었다. 전과는 달리 모든 문제를 잘 선택해야 했다. 벧엘기독교학교에는 레위가 다닐 때 총 학생 수가 145명이었고, 그중 중학생은 40명, 그리고 8학년 학생들은 15명에 불과했다. 그런데 그가 가고 싶어 하는 학교는 신입생만 500명이었고 전체 학생 수는 1,800명으로, 우리 부부가 자랐던 작은 마을 위버빌 인구의 절반에 해당하는 숫자였다. 큰 학교에 적응해야 하는 문제를 넘어서 우리 가족의 핵심적인 가치들을 같이 붙들고 있는 기독교학교에서 마치 음악전문 채널인 MTV에 나오는 해변과 같이 지나치게 자유분방해 보이는 공립학교로 옮겨야 했던 것이다. 우리도 오즈의 마법사의 도로시가 토토에게 더 이상 캔자스에 있는 것 같지 않다고 말했던 상황에 봉착했던 것이다.

레위의 결정으로 인해 쉐리와 나의 인생에는 새로운 문제가 대두되었다. 우리는 레위가 자신의 결정의 결과로 인해 우리를 실망시키지 않을 것이라고 믿을 수 있는가? 우리는 진정으로 그를 신뢰하는가? 우리는 공립학교로의 탐험 때문에 수많은 영향을 받을 텐데, 이것을 기꺼이 수용할 것인가? 우리는 그 탐험을 14살짜리 소년과 함께할 것인가?

먼저 우리는 그가 공립학교에 가겠다고 하는 것이 부모로서 좀 두렵다고 솔직히 털어놓았다. 우리는 우리가 두려울 때 통제하려고 들 수 있음을 알려주었다. 그리고 나서 그가 제안한 탐험에서 우리를 어떻게 보호해줄 생각인지 물었다. 이제 곧 신입생이 될 아들은 자신이 이 대화와 결정을 통해 얼마나 큰 책임을 갖게 되는지 깨닫게 되었다. 그는 잠시 생각하더니, "저는 현명하게 대처할 거예요. 그리고 저는 부모님의 마음을 아프게 하지 않을 거예요"라고 대답했다.

이럴 수가! 그의 대답은 옳았다. 그래서 우리는 그를 믿었다.

아들의 고등학교 생활은 30도가 넘는 뜨거운 캘리포니아 레딩의 여름 오후에 열린 미식축구 연습으로 시작되었다. 레위는 연습에 동참한 70명의 학생 중 최종 선발명단에 들기 위해 정말 열심히 했다. 게임 시즌이 돌아왔을 때, 학교 코치는 신입생들이 대학 경기를 참관해야 한다고 했다. 코치는 대학 선수들의 경기를 보여줌으로써 고등학교 경기를 어떻게 해야 할지에 대해 배우기 원했던 것이다.

코치가 대학생 경기를 참관해야 한다고 공지한 날, 레위는 집에 와서 이렇게 말했다. "코치님이 이번 주 금요일 저녁에 대학생 형들 경기를 보면 좋겠다고 했어요. 가도 되지요?"

쉐리의 눈을 쳐다보았을 때 나는 쉐리가 무슨 생각을 하는지 알 수 있었다. 아내도 나와 똑같은 생각을 하고 있던 것이다. 우리는 우리가 고등학교 때 미식축구 경기를 보러 가서 저지른 일들이 생각났던 것이다. 사실 그 일들은 경기와는 아무런 상관이 없었다. 우리는 몸을 돌려 레위를 보았다. 우리는 우리가 저질렀던 사춘기 시절의 실수를 그도 할 것이라고 생각할 수는 없었다. 그러나 여전히 금요일 저녁 경기에서 많은 것이 레위를 유혹할 가능성이 크다는 사실이 두려웠다. 그래서 나는 "아들아, 우리는 좀 두렵단다. 그러나 너는 갈 수 있어"라고 말했다.

"야호! 나도 간다." 아들은 타이거 우즈가 이글을 잡고서 한 것처럼 공중에 팔을 돌리며 소리 질렀다. "정말이에요? 가도 되지요? 정말 좋아요."

아들이 우리가 두렵다고 한 말을 들었는지 확신할 수가 없었다. 레위는 동료들과 함께 대학 경기를 보러 갈 수 있다는 사실에 흥분했다. 나는 경기장에 데려다주면서 10시에 데리러 오겠다고 말했다. 시간이 되어 경기장으로 들어가 현대 기술(技術)의 선물인 휴대전화로 아들을 찾았다. 우리 아들은 자신이 있겠다고 한 장소에 있었다. 나는 아무것도 아닌 것을 가지고 걱정했다는 사실에 위안을 받았다. 그는 내 트럭에 뛰어올라 그날 밤 배운 모든 것을 이야기했다. 그런데 거의 다 대학생 선수들의 헬멧과 유니폼이 얼마나 멋져 보였는지에 대한 것이었다.

우리는 집에 도착해서 트럭에서 내렸다. 집으로 들어가는 중에 레위는 다가와서 내 팔을 잡으며, "아버지, 저를 믿어주셔서 고마워요"라고 했다.

"무슨 말을, 레위. 오늘 밤 우리를 보호해줘서 고맙다, 아들아."

"고맙기는요."

우리의 힘

레위는 우리와의 관계에서 자신이 얼마나 큰 책임을 지고 있는지를 알고 있었다. 레위는 '우리' 가운데서 그의 역할을 자신 말고는 누구도 할 수 없음을 알고 있었다. 그는 자신이 자유를 가지고 나갈 때마다 '우리'의 무게를 느끼고 있었다. 그는 자신이 하고 싶은 것을 무엇이든 할 수 있는 자유가 있다는 사실을 알고 있다. 따라서 그의 마음은 자신이 다스려야 한다. 그리고 부모와의 관계를 지키고 싶은 것이 그의 마음이기 때문에 자신의 결정이 우리에게 어떤 영향을 미칠 것인지 고민하면서 결정을 내린다.

이것이 바로 자유를 연습하는 것이다. 바울은 이를 고린도 교인들에게 "모든 것이 내게 가하나 다 유익한 것이 아니요 모든 것이 내게 가하나 내가 무엇에든지 얽매이지 아니하리라"[32]라고 언급했다. 자유는 개인적인 책임의 문제를 야기한다. 우리는 책임감을 갖고 자유를 행사하지 않으면 그 자유를 잃어버리게 된다. 자유를 함양시키는 유일한 방법은 선택할 수 있는 많은 대안을 다루는 방법을 배우고 경험하는 것이다. 많은 선택을 관리하는 것은 우리의 삶을 더욱 풍성하게 만든다.

도둑은 와서 빼앗고 죽이고 망하게 한다고 예수님은 말씀하셨다. 우리에게 제한을 주고 우리가 선택하지 못하게 하고 자유롭게 사는 것을 두려워하게 만드는 것은 바로 마귀다. 그러나 예수님께서는 우리가 "생명을 얻게 하고 더 풍성히 얻게 하려고"[33] 오셨다. 예수님은 우리에게 제한이 없는 자유로운 선택의 삶을 주시려는 생각으로 충만하시다.

풍성함, 자유, 그리고 선택은 모두 부흥이 일어나는 문화를 원하는 우리가 정복해야 할 영혼의 상태다. 부요한 마음(wealth mindset)을 개발하고 확장하는 것이 이 땅에 하늘을 성공적으로 소개하고 머물게 하는 지름길이다. 부요함을 연습하는 것은 풍요로움을 실천하는 것이다. 하늘의 자원들에 대해 청지기가 되는 법을 배우고 싶다면 먼저 부요함에 대한 마음 자세를 배워야 한다.

부요함은 자유를 창조한다

부요함을 이야기할 때 많은 신자가 실수하는 것은 부요함을 이 세상의 부(富)와 동일시한다는 것이다. 돈이 우리를 부요하게 해준다는 생각은 마치 미식축구의 공을 잡으면 전미 미식축구리그(NFL)에서 뛰는 쿼터백이 된다고 말하는 것과 같다. 부와 돈은 외적인 조건이고 부요함은 내적인 실재다. 우리 내면은 언제나 겉으로 드러나게 된다.

너무 오랜 세월 동안 교회는 신자들에게 부는 모든 악의 근원이라고 믿게 하고 확신시켜왔다. 그러나 이것은 종교적인 오류다. 이런 가르침 아래에서는 가난할수록 더 영적인 사람이 된다. 가난하고 약하며 교육을 적게 받은 낮은 계층의 크리스천들이야말로 하나님께서 하늘에서 반기신다고 생각하는 것이다. 그러나 이것은 당신의 자녀가 사회복지 시스템에서 지원을 받아야 간신히 생계를 유지하고, 고등학교 중퇴자가 되어야 기뻐하는 것과 같다. 나는 최근에 미국 교회가 사람들로 하여금 능력 있는 삶과 위로자로서의 삶보다는 캐딜락 승용차와 안락한 삶을 추구하게 만드는 또 다른 극단인 '축복 신학 혹은 번영 신학'으로 기울어진 것을 잘 알고 있다. 그러나 부요한 마음은 돈이나 우상 숭배에 대한 것이 아니다. 그것은 자유에 관한 것이다.

하나님과 아브람

부요한 마음에 대한 이해를 돕기 위해 나는 하나님께서 아브라함을 이끄신 여정을 제시하려고 한다. 이 여정에서 아브라함은 '아브람'으로 시작했지만, 하나님께서 그의 삶을 통해 의도하신 위대함을 완전하게 맛보게 하심으로써 마지막에는 '아브라함'이 되었다. 그가 이 여정을 시작했을 때, 아브람은 이미 부자였다. 그는 소유와 땅이 많았고 자신의 부를 잘 관리하고 있었다. 그의 외면은 이미 내부와 잘 어울렸다. 그러나 하나님께서는 그를 그 다음 단계로 올리시기 위해서 아브람을 내면으로부터 넓히실 강력한 지침과 단계들을 도입하셨다.

아브람의 여정을 소개하면서, 나는 이와 같은 과정을 당신의 삶에서도 받아들이라고 도전하고 싶다. 이는 우리가 하늘과 관계를 맺으면서도 여전히 갖고 있는 세상적인 사고방식과 마음 자세 그리고 한계들을 직면하게 한다. 우리는 그 방해 요소들을 잘 알지 못하기 때문에 하나님 안에서의 우리의 삶을 너무나도 쉽게 또 자주 제한한다.

창세기 12장을 보면 하나님과 아브람의 첫 직면 장면이 나온다.

> 여호와께서 아브람에게 이르시되 너는 너의 고향과 친척과 아버지의 집을 떠나 내가 네게 보여줄 땅으로 가라 내가 너로 큰 민족을 이루고 네게 복을 주어 네 이름을 창대하게 하리니 너는 복이 될지라 너를 축복하는 자에게는 내가 복을 내리고 너를 저주하는 자에게는 내가 저주하리니 땅의 모든 족속이 너로 말미암아 복을

얻을 것이라 하신지라[34]

이는 마치 "안녕! 처음 만나네?"라고 말하는 것과 같다. 하나님께서는 아브람의 삶을 자신이 생각하는 꽤 괜찮은 삶에서 상상할 수도 없는 삶으로 변화시키시겠다는 것을 분명히 하셨다. "아브람아, 네 안에서 이 땅의 모든 족속이 복을 얻을 것이다."

신약성경에서 사도 바울은 우리에게 똑같은 약속을 확인시켜 주었다. 바울은 갈라디아서에서 우리가 그리스도 안에 있으면 곧 아브라함의 자손이요 아브라함에게 주신 약속대로 유업을 이을 것이라고 했다.[35] 당신의 삶을 통해서도 이 땅의 모든 족속이 복을 받게 될 것이다. 이는 당신의 DNA에 새겨진 것으로, 가장 높으신 하나님의 자녀로서 또 당신의 정체성 안에 담겨져 아버지의 이름으로 지니고 있는 것이다.

새로운 자유의 4가지 핵심

창세기 12장에서 하나님께서 아브람과 시작하신 여정에는 4가지 핵심적인 영역이 있다. 첫 번째는 아브람의 이름이다. 우리는 아브라함의 뜻이 '열방의 아비'라는 사실에 초점을 맞추지만, 그 전에 아브람의 뜻이 '존귀한 아버지'(exalted father)라는 뜻임을 알아야 한다. 존귀한 아버지는 그저 평범한 아버지가 아니다. 아브람은 그저 평범한 남자가 아니었다. 그의 이름 자체로 그는 일반적인 아버지보다 더 많은 책임을 기꺼이

지겠다는 뜻임을 알 수 있다. 하나님께서 새롭게 하고자 했던 사람은 바로 '존귀한 아버지'였다. 이와 비슷하게 오늘날 일어나고 있는 기름부음과 부흥을 이해하고 유지하고 싶어 하는 자라면 하나님께서 우리에게 평범한 사람들보다 더 높은 수준의 책임을 지라고 요구하신다는 사실을 이해해야 한다. 이러한 책임감을 이해해야 우리는 "하나님이 계획하시고 지으실 터가 있는 성"[36])까지 기꺼이 따를 수 있다.

아브람의 두 번째 영역은 하나님께서 첫 번째로 그에게 말씀한 것과 연관이 있다. 이것을 하나님께서 당신에게 개인적으로 말씀하고 계신 것처럼 받기 바란다. 하나님께서는 "아브람아, 네 고향을 떠나라"라고 하셨다. 다시 말해서 "네 땅을 떠나라. 네 영토를 떠나라. 나는 네가 안전하다 느끼고 영향을 끼치는 삶의 영역의 한계를 떠나길 원한다"라고 하셨다.

하나님께서 오실 때, 우리가 듣는 반복적인 메시지는 우리의 안전지대를 떠나라는 것이다. 우리가 안전지대를 떠나야 하는 이유는 하늘의 부요함에 연계되려면 반드시 하나님 외에 다른 것을 의지해서는 안 되기 때문이다. 나는 최근에 워싱턴 주의 스포캔에서 열린 영성 집회에서 말씀을 전했다. 하이디 베이커도 연사 중에 있었다. 그녀는 설교 중에 북미 교회의 교인들에게 우리는 너무나도 자주 하나님께서 응답하지 않으실 때 활용할 '비상 계획이나 차선책 혹은 현실적 대안'(Plan B)을 갖고 있다는 사실을 상기시켜 주었다. 우리는 하늘의 뜻을 좇아 하늘의 자원을 활용하기보다 자신의 안전과 편리를 위해 우리의 자원을 사용한다. 이때 하늘의 역사는 중단된다. 부요한 마음은 하늘로부터 이 땅으로 내려오는 흐름에 참여하도록 준비시켜 주는데, 이 마음은 하나님께서 우리의 모든 필요와 욕구를 돌보실 것을 앎으로써 먼저 그의 나라를 구하라는 그리스도의 명령을 받아들이는 것이다.

아브람의 여정에서 눈여겨보아야 할 세 번째는 "너는 너의 가족을 떠나라"라는 선언이다. 흥미롭게도 아브람이 하나님께 순종했을 때, 하나님께서는 그에게 가족을 데리고 가게 하셨다. 하나님께서 무슨 말씀을 하실 수 있었겠는가? "내가 너희 가족을 산산조각 내겠다"라고 하셔야 했을까? 어쨌든 가족은 우리가 태어난 환경이다. 우리는 자라면서 함께한 사람들을 통해 정체성을 갖게 되며, 그 정체성은 한 번 세워지게 되면 바뀌거나 확대되기가 매우 어렵다.

이는 다음과 같은 상황이다. 당신이 다섯 형제자매 중 막내라고 해보자. 성인이 되었지만 식구들은 모두 당신을 '막내 조이'로 생각하고 있다. 가족 모임에 가면 사람들은 당신을 잡고 머리를 문질러 헝클어뜨리며, "우리 막내 조이는 어떻게 지냈어? 잘 지냈지, 조이?"라며 지나간다.

"그런데 아버지, 저는 이제 IBM의 CEO에요."

"아들아, 나도 안다. 그러나 우리한테 너는 언제나 막내 조이란다."

당신을 잘 아는 사람들 사이에서 당신은 특정한 정체성을 갖게 된다. 당신이 그들 주변에 있게 되면 "하하, 이것 좀 보라지. 너는 우리가 네 삶에 씌어놓은 상자로부터 벗어나지 못할 걸"이라는 방식으로 대우받는다. 이런 정체성은 매우 안전하고 편안할지 모른다. 당신은 가족들에게 존경받을 수도 있다. 그러나 실제로는 오직 우리 각자를 설계하신 하나님만이 우리의 진정한 정체성과 부르심을 아신다. 그리고 하나님께서 의도하신 사람이 되기 위해 우리는 가족이 우리에게 품고 있는 기대를 넘어설 필요가 있다.

주님께서 아브람에게 "너는 너의 육체적이고 지리적인 한계를 떠나라. 그리고 너의 권위의 한계들을 벗어버리라. 너의 안전지대, 네가 가장 익숙하게 지내고 있는 사람들과의 관계를 통해 세워진 정체성을 떠나라"라고 하셨다. 주님은 우리에게도 동일하게 말씀하신다. 마지막으로 하나님께서는 "네 아버지의 집을 떠나라"라고 우리에게 말씀하신다.

아버지의 집을 떠나는 문제에 관해 나는 이 장(章)의 나머지 부분을 할애하고자 한다. 아버지의 집에서 우리는 아버지의 정체성을 이어받고, 보호를 받으며, 특별히 아버지의 사회적·경제적 신분에 따라 환경이 좌우된다. 예를 들어 당신의 아버지가 시간당 15불을 받는 노동자라고 가정해보자. 어머니는 가정주부로 4명의 자녀를 기르며 집에서 이베이(E-Bay) 경매 사이트를 통해 인터넷 사업을 하신다. 부모님의 수입을 다 합치면 1년에 5만 불 정도가 된다. 이런 환경에 처해 있다면 당신은 특정한 사회적·경제적 계층에 속하게 되고, 세계와 자원을 바라보는 그 계층의 렌즈를 갖게 된다.

우리에게는 사회적·경제적으로 동일한 계층에 속한 동반자들이 있게 마련이다. 그들은 우리가 옳다고 생각하는 것을 같이 옳다고 믿고, 우리가 가치 있다고 여기는 것을 똑같이 인정한다. 우리는 우리가 세상을 바라보는 방식과 같이 행동하는 사람들, 곧 이웃과 부모님의 친구들, 친한 친구들, 그리고 다니는 학교의 일원들에 둘러싸여 있다. 이 사람들이 모두 우리가 의식하지 못하는 중에 문화적 영향력과 함께 '정상'(normal)이라는 기준을 만들어내기 때문에 우리는 다른 것들을 생각해볼 이유가 별로 없다. 우리 모두는 다른 계층에 속한 사람들을 심판하거나 조롱하며 우리가 속한 계층이 옳고 그 계층에 속한 사람들의 세계관이 진리라는 믿음을 붙들고 있다. 우리는 대부분 우리가 지닌 관점 말고 이 세상을 바라보는 더 많은 시각이 있다는 사실에 마음과 눈이 열려 있지 않다.

다음에 제시하는 것을 통해 자신이 이 세상을 바라보는 방식이 무엇인지 깨닫고, 새로운 정체성, 곧 진정한 정체성에 의거해 어떻게 사물을 바라보아야 할지를 알게 되기 바란다. 나는 당신이 사물을 바라보는 방식에 딴죽을 걸어보려고 한다. 왜냐하면 당신이 통치자로 부름 받았기 때문이다. 당신은 왕자와 공주로 부름 받았다. 당신은 귀족이다. 당신은 당신이 상상하는 것을 사람들이 들었을 때 미쳤다고 할 정도보다 훨씬 더 부요하다. 그러나 당신 스스로를 부요한 사람이라고 생각하지 않는다면 당신은 자신의 정체성, 역할, 책임, 그리고 자원들을 제대로 다룰 수 없을 것이다.

통치자로의 소명

잠언 28장 16절을 보면 "무지한 치리자는 포학을 크게 행하거니와 탐욕을 미워하는 자는 장수하리라"라고 언급한다. 이를 나는 다음과 같이 표현하고 싶다. "자신을 관대한 사람이라고 생각하지 않는 왕자는 자신의 권력으로 다른 사람들을 공포에 떨게 할 것이지만, 폭력으로 얻을 수 있는 이득이나 다른 사람들을 통제하는 것을 혐오하는 사람은 영속할 유산을 세우게 될 것이다." 왕자가 거지처럼 생각할 때, 그는 오직 생존에만 강하게 집착하며 살아가게 될 것이다.

거지는 인생에 있어 한 가지 강력한 교훈을 배운다. 그것은 바로 이 지구에서 살아남는 법이다. 가난한 사람들의 사회적·경제적 세계관은 일상 생활용품과 식량 등이 고갈될 것에 대한 두려움에 지배되어 있다고 할 수 있다. 그리고 자녀 중 음반을 내거나 프로 운동선수가 되거나 복권이 당첨되었다면 생존의 왕자라고 할 수 있다. 그럴 경우 놀라운 자원을 갖게 되지만, 다른 사람들의 유익을 위해서라기보다 자신을 보호하는 데 그 자원을 활용할 것이다. 왜냐하면 그 자원은 그런 용도라고 믿는 것이 자연스럽기 때문이다. 그는 기회주의자다. 그가 알지 못하는 것이 있다면, 그 자원을 잘못 사용해서 주변 사람들을 누를 수 있다는 것이다. 자신의 삶뿐만 아니라 간혹 주변 사람들의 삶까지 망가뜨리고 만다. 그의 세계관은 어떻게 번영할지가 아니라 어떻게 생존할지에 맞추어 형성되었기 때문이다.

신자로서 우리는 거치처럼 생각하고 살 위험성이 있다. 우리의 사고 방식이 새롭게 되지 않으면, 우리가 받은 큰 힘과 책임을 남용함은 물론 우리가 그러고 있다는 것조차 깨닫지 못할 것이다.

가난, 중산층, 그리고 부요함

　우리 모두는 각자 아버지의 집에서 물려받은 계층적 세계관에 묻혀 있다. 이러한 한계들을 이해하고 우리가 현재 어떻게 생각하고 있는지 또한 어떻게 사고해야 하는지를 규정하기 위해 나는 이 세 계층의 사회적·경제적 세계관을 소개하려고 한다. 세 계층의 세계관이란 빈곤층의 렌즈를 통한 세계관, 중산층의 렌즈를 통한 세계관, 그리고 부유층의 렌즈를 통한 세계관을 뜻한다. 나는 각각의 세계관과 경험이 얼마나 그리고 어떻게 다른지 보여줄 것이다.

　이러한 비교를 통해 나는 당신이 갖고 있는 세계관이 어떤 것인지를 알게 되기를 바란다. 당신은 또한 당신이 속하지 않은 다른 두 세계관도 옳지 않다는 이유를 알게 될 것이다. 그래도 괜찮다. 이 부분을 읽는 모든 사람이 당신처럼 행할 것이기 때문이다. 무엇이 옳고 그른지를 토론하려는 것이 아니다. 나는 단지 당신이 왕 중의 왕의 자녀로서 부요한데 실제에서는 다른 많은 사람처럼 그 부요한 마음으로 당신의 인생을 바라보고 있지 않다는 사실을 알게 될 기회를 주고 싶을 뿐이다.

　밑에 나오는 표는 루비 K. 페인 박사가 쓴 《가난의 구조에 대한 이해》(Understanding a Framework of Poverty)라는 책에서 인용한 것이다. 이 책은 텍사스 주의 도심에 있는 한 학교에서 교육 시스템의 실패의 원인들을 진단하고 처방하기 위한 목적으로 연구하여 얻어낸 결과물이다. 페인 박사는 중산층 출신의 교사들이 자신의 반에 있는 빈곤층 출신의 학생들을 더 잘 이해할 수 있게 되기를 바랐다. 박사는 교사와 학생들의 세계관과 인생 경험이 완전히 다르기 때문에 교사들이 자신과는 다른 사회적·경제적 계층 출신의 학생들을 잘 가르칠 수 없다고 주장한다. 그래서 페인 박사는 교사들에게 다른 계층의 가치관, 세계관, 신조, 그리고 동기들을 알려줄 도표를 만들어 교사들이 한계를 '넘어서'(step outside) 자신들이 알지 못하는 다른 계층 사람들의 관점을 이해할 수 있도록 도왔다.

그 책에서 페인 박사는 계층 간의 경험과 세계관의 차이가 어떻게 다른지를 묘사했다. 그녀의 분석은 통찰력이 넘치며 계층 간의 차이를 이해하는 데 큰 도움이 된다. 그녀는 우리가 같은 환경을 공유하면서 얼마나 다른 세상에 사는지 아주 잘 묘사했다. 이 도표는 각 계층의 사람들이 다양한 삶의 영역에서 가장 가치 있게 여기는 것들을 잘 보여준다. 다시 한 번 말하지만 이 부분을 읽어가면서 당신이 가장 중요하게 여기는 것들을 앎으로써 도전을 받고, 또한 다른 계층의 관점들도 주의 깊게 살펴보기를 바란다. 이 도표를 먼저 소개하고 나는 몇 가지 주제를 골라 우리가 왜 '아버지의 집'을 떠나 우리의 새로운 '아버지의 집'에 자신을 맞추어야 하는지 설명할 것이다.

〈 가난을 이해하는 틀 – 루비 K. 페인 박사[37] 〉

	빈곤층	중산층	부유층
소유	사람	물건	동일한 목표, 가게, 유산
돈	써버려야 할 것	관리해야 할 것	유지하고 투자해야 할 것
성격 / 인격	즐기기 위한 것 유머가 제일 중요	습득과 안정을 위한 것 성취가 제일 중요	네트워크를 위한 것 재정적·정치적·사회적 연계가 제일 중요
사회생활의 강조점	좋아하는 사람들의 사회적 수용을 강조	자기 관리 및 자기 충족을 강조	배타성을 강조
음식	양이 가장 중요	질이 가장 중요	멋있게 보이는 것이 중요
옷	개인적 스타일과 개성의 표현	질과 동료들의 인정 그리고 상표가 중요	예술적 감각과 표현 그리고 디자이너가 중요
시간	현재가 제일 중요	미래가 제일 중요	전통과 역사가 제일 중요
교육	구체적이고 현실적이기보다 추상적이라 생각함	성공의 사다리를 올라가고 돈을 버는 데 중요하다고 생각함	인맥을 만들고 유지하는 데 필요한 전통이라고 생각함
인생관	운명을 믿으며 변화시킬 힘이 없다고 생각함	선택을 믿으며, 좋은 선택을 통해 미래를 변화시킬 수 있다고 생각함	노블레스 오블리주 (고귀한 신분에 따른 윤리적 의무)
언어	생존을 위한 것	협상을 위한 것	인맥을 위한 것

가정 구조	모계중심	부계중심	돈을 가지고 있는 자 중심
세계관	지역에만 관심	국가적 관심	국제적 관심
사랑	선호도에 따른 조건적	성취에 따른 조건적	사회적 신분과 인맥에 따른 조건적
동력	생존, 관계, 오락	일, 성취	재정적·정치적·사회적 인맥

나는 음식과 인생관, 세계관, 그리고 동력의 영역에 좀 더 초점 맞추려고 한다. 먼저 이 영역들에 대한 각 계층 간의 차이점을 좀 더 명확하게 살펴본 뒤, 크리스천인 우리가 천국의 관점을 소유하기 위해 어떻게 변화해야 할지를 알아보고자 한다. 위의 표에서 언급된 14가지 영역 모두 각각 그 자체로 더 깊이 살펴보고 싶을 만큼 흥미롭다. 이 중 4가지를 심층적으로 살펴보는 것을 통해 나머지 영역에 대해 독자들 스스로가 살펴보고 비교해보게 되길 바란다.

음식에 관하여

	빈곤층	중산층	부유층
음식	양이 가장 중요	질이 가장 중요	멋있게 보이는 것이 중요

나는 재밌게 접근하기 위해 먼저 음식을 골랐다. 이와 같은 일상생활의 영역을 통해서 잠시라도 자신에 대해 웃어볼 수 있다. 음식에 연계되어 있는 방식은 기본적인 욕구들을 채우는 모든 자원에 접근하는

우리의 방식을 단적으로 보여준다.

빈곤층의 의식을 가지고 레스토랑에 간다면 어떨지 그림이 그려진다. 우리는 음식을 많이 먹고자 식당에 간다.

"외식을 한다면 식당에 가서 배 터질 때까지 가득 채워오고 싶어."

"헤이, 밥! 우리는 오늘 밤에 브라운 베어 식당에 가기로 했어. 우리는 거길 좋아하지. 어떤 음식을 시키든지 양을 많이 주거든. 대단한 곳이야!"

"뷔페에 가기로 했어. 뷔페에서는 9.99불이면 많은 음식으로 배를 채울 수 있지. 내가 들어가는 순간 식당 주인은 후회할걸? 장담한다고!"

우리의 주된 관심이 생존이라면, 음식과의 관계는 사재기요, 축적의 문제다. 언제 다시 먹게 될지 확신할 수 없다고 믿으면 실제와 상관없이 마치 그렇게 될 것인 양 음식을 쌓아두려고 한다. 생존을 최우선시하는 믿음 체제 안에서는 양이라는 필요를 채울 수 있는 곳을 찾게 되는 것이다. 뷔페 말이다.

그 대상이 음식이든 다른 것이든지 간에, 내가 무언가를 축적해두어야 한다는 강박관념을 갖고 있을 때, 정말 나보다 더 못하다는 생각이 드는 사람들에게 관대할 수 없다. 내 친구 중에 웨이트리스들이 있다. 웨이트리스 친구들은 대부분 '주일 오후 손님들'이 다루기 제일 힘들다고 말한다. 일요일 오후에 오는 손님들은 아주 전형적인데, 요구가 많고 짜증을 많이 내며 팁에 대해서도 매우 인색하다는 것이다. 불행하게도 빈곤층 의식에 찌든 크리스천들이 예배 후에 점심을 먹으러 가서는 지역 주민들에게 천국을 보여주지 못하고 있다.

나는 우리가 교회에서 헌금할 때도 빈곤층 의식이 작동되는 것을 종종 본다. 다음의 말을 한 번 들어보라. "오늘 우리는 아프리카에서 굶주리고 있는 아이들에 대한 비디오를 볼 것입니다. 이 아이들은 우리보다 훨씬 어려운 상황에 있습니다. 우리는 슬픈 노래 음악을 틀고 비극적인 장면을 보여줄 것입니다. 여러분은 이것을 보고 돈을 주는 것이 두렵기보다 돈을 움켜쥐고 있는 것에 대해 죄책감을 느끼게 될 것입니다. 여러분의 관대함에 감사드립니다."

중산층들은 자신들이 원할 때마다 먹을 수 있다. 그들은 자신들의 자원 때문에 더 많은 선택권을 갖는다. 그러므로 양으로 인해 식당을 고르지 않는다. 중산층들은 다음과 같은 식당을 추천한다.

"오, 당신도 거기 가봐야 해요. 닭으로 만든 코돈 블루요리는 세상에서 제일 맛있어요. 정말 맛있습니다. 또한 립 아이 스테이크도 제가 지금까지 먹어본 것 중에 최고예요. 그 집에는 이런 소스도 있어요. 매우 매우 좋아요. 약 50불정도 해요. 약간 비싸지만 정말 맛있어요. 꼭 한 번 가보셔야 해요."

"오, 예! 그 가게 처음 열었을 때 가보았는데요. 지금은 좀 지저분해졌어요. 그래서 저희는 좀 더 깨끗한 식당으로 가요. 거긴 음식 맛도 좋아요."

음식의 가치는 질에 의해 결정된다. 음식이 맛이 없다면 중산층들은 그 식당에 가지 않는다. 그러나 음식이 맛있기만 하면 돈을 더 지불하더라도 기꺼이 가며 다음에 또 찾는다. 그들은 자신들이 돈을 소비할 수 있는 장소를 선택할 수 있기에, 맛과 서비스의 질이 좋지 않다면 발

길을 끊을 것이다. 그리고 친구들이나 친척들에게 그 집을 소개하지도 않을 것이다.

이러한 계층적 관점은 신자들이 교회를 선택하는 문제에도 똑같이 드러난다. 중산층들은 자신들에게 선택권이 있다는 사실을 안다. 그들은 어느 교회라도 참석할 수 있다. 그렇기 때문에 경험의 질이 떨어진다면 그 교회에 가지 않는다. 그들은 이렇게 생각한다. '목사님의 설교는 어떠한가? 유치부는 어떠한가? 그 교회의 유년 주일학교 프로그램은 좋은가? 주차하기는 편한가? 우리가 가면 교회 사람들은 친절하게 맞아주고 성심성의껏 도와주는가? 교회 사람들은 우리가 어떤 교회라도 선택할 수 있고 우리의 돈을 허비하지 않는 것과 우리가 교회와 지역에 잘 정착할 수 있도록 돕는 것이 그들의 일인지를 알고 있는가? 그 사람들은 우리가 이 동네에 많은 사람을 알고 있다는 것을 아는가? 그들은 우리가 다른 데로 갈 수 있다는 것을 알고 있는 거지, 그런 거지?'

부자들은 우리 대부분에게 좀 낯설다. 그들은 원하기만 하면 언제라도 최상 품질의 음식을 먹을 수 있다. 그렇기 때문에 음식도 예술이라고 이해한다. 무언가를 보여주어야 하는 것이다.

"밥상이 차려졌을 때 나에게 감명을 줄 수 없다면 내가 좋은 식당에 온 건지 확신할 수가 없어. 우아하고 스타일이 있으며 아름다워야 내가 후원해줄 만하지. 먹을 때가 되면, 나를 위해 무언가 좀 해봐. 나를 놀라게 해봐!"

부자들에게 음식을 제공하는 사람들은 모두 어떻게 차려 입을지 경쟁한다. 부자들이 다니는 식당들에는 요리사가 없다. 대신에 주방에서 일하는 예술가들과 창조적인 조각가들이 있다. 만약 가난한 사람이 부자들이 다니는 식당에 가면 맛있는 부분이 '잡초'로 덮여 있다는 사실에 놀랄 것이다. 그가 그 이슬비처럼 볼품없는 음식이 자신의 주급에 맞먹는다는 것을 알게 된다면 분노할 것이다. 이처럼 자신이 속한 계층의 관점에 따라 자원에 대한 태도가 좌우된다. 우리가 가진 게 없다면 우리는 기본적인 욕구를 채우는 것 외의 것을 기대하지 않는다. 그러나 우리가 필요한 것보다 많이 갖고 있게 되면, 심지어 매일 먹는 음식도 아름다워야 한다고 생각한다.

부유한 계층의 관점을 지닌 신자들은 하나님과의 관계에 있어서도 구원보다 더 많은 것을 기대한다. 구원은 좋은 것이며 천국에 갈 것이 분명하기 때문에 충분히 행복하지만, 부요한 마음을 가진 신자들은 이 땅에서의 삶이 어떨지를 잘 인지하고 있다. 이 땅에서도 우리가 다 소진할 수 없는 더 많은 공급, 아름다움, 능력, 그리고 기쁨이 있다는 것을 알기에, 날마다 온종일 그런 상태로 살려고 한다. 그것보다 덜한 것은 우스꽝스러울 뿐이다.

인생관에 관하여

	빈곤층	중산층	부유층
인생관	운명을 믿으며 변화시킬 힘이 없다고 생각함	선택을 믿으며, 좋은 선택을 통해 미래를 변화시킬 수 있다고 생각함	노블레스 오블리주

가난은 무기력을 낳는다. 사람들이 자원이 매우 부족한 환경 가운데에 살게 되면 정말 그 한계에 실제적이고 직접적으로 부딪힌다. 그들은 선택의 폭이 줄어들기 때문에 피해자라고 느끼게 된다. 가난한 자들의 삶은 더 강력한 외부 세력들에 의해 좌우된다. 그 결과 그들은 다소 미신적이 되어 통제할 수 없는 힘이 자신들의 삶을 결정한다고 믿는다. 그들은 소위 말하는 운명을 믿는다. 운명이 자신들의 의지와 상관없이 주어지고 던져진 것이며 일어난 것이라고 생각하는 그들은 주어진 환경에서 최선을 다해 적응하는 것이 자신들이 해야 할 일이라고 믿는 것이다. 운명을 믿는 것은 마치 야간에 전조등을 끄고 운전하는 것과 같다. 이런 상황에서 일어나는 일에 대해 스스로 할 수 있는 것이 별로 없기에 무엇이 그들의 차를 치든지 간에 단지 차가 전파되는 것만을 막으려고 최선을 다할 수밖에 없다.

운명은 가난한 자들에게는 가혹하다. 외부의 세력이나 힘이 모든 권력을 쥐고 있고, 정작 그들에게는 아무런 힘이 없다고 생각하기 때문이다. 가난한 사람들은 자신의 인생에 노예가 된다. 무기력감은 자연히 염려를 낳고, 운 좋게 상황이 바뀌기만을 희망함으로 위로를 찾는다. 로또복권을 사는 사람들은 부자들이 아니다. 그들의 힘으로 바꿀 수 없는 삶의 조건으로부터 기적적으로 구원받기 원하는 가난한 사람들이 복권을 산다. 그들이 태어난 환경에서 보면 인생이란 생존이다. 그들이 아는 모든 사람도 같은 관점을 갖고 있다. 그나마 젊은 사람들은 그 상황에서 탈출할 수 있다는 희망을 가질 수 있다. 그러나 나이 든 사람들은 잔혹

한 가난으로 희망이 산산조각 났기 때문에 자신의 삶을 바꿀 수 없다고 믿는다. 그들은 이런 압제로부터 벗어난 재능 있고 '축복받은' 몇몇 사람을 알고 있지만, 대부분의 사람은 몇 세대를 걸쳐 세습된 한계에 발목이 잡혀 있다.

신자들이 하나님 안에서 삶을 가난한 자들의 시각으로 바라본다면, 그들은 초자연적인 삶이 아닌 자연적인 삶을 살게 되어 하늘의 간섭을 기대할 수 없는 자연적인 세상의 문제에 사로잡혀버린다. 그런 사람들은 하나님이 자신의 절망적인 상황에 대해 무엇인가를 해줄 능력이 있지만 아무것도 하지 않으셨다고 비난하기를 배운다. 그들이 무기력한 복음을 경험하기 때문에 하늘은 땅과 흡사하고, 하나님은 자신들과 같으며, 그들의 삶은 이미 다 정해졌다고 믿는 신학을 만든다. 흔히 말하는 운명은 다른 말로 '하나님의 뜻'이라 불리며, 한계로 가득 차고 무기력한 삶은 '겸손' 그리고 '인내'라고 불린다. 그들은 우리가 이러한 덕목들을 따라 살아야 하며, 이것이 성경에 나온 모델이기 때문에 진리임에 틀림없다고 여긴다.

각 세대마다 주어진 당첨금이 큰 로또복권이 있다면 그것은 바로 휴거다. 하나님의 능력이 충분치 않거나 그분이 자신들의 환경을 바꾸지 않기로 하신 것이 명백하기에, 그들에게 희망을 주는 것이 있다면 바로 하나님께서 이런 모든 환경으로부터 그들을 구원하실 계획을 세우셨다는 생각이다. 능력 있다는 개념은 빈곤층의 사람들을 곤란하게 만든다. 왜냐하면 하나님을 믿는 삶은 초자연적인 것이 아니라 그저 자신들이 지금까지 경험했던 삶과 더 가깝기 때문이다.

중산층의 사람들은 권력이나 힘과 좀 더 관계를 맺으며 살아간다. 그들은 자신의 인생과 삶의 질을 그들이 선택할 수 있다는 사실에 영향을 받는다. 선택할 수 있다는 것은 자유를 의미하며, 그들은 자원에 접근할 수 있기에 그 자원으로 환경을 바꿀 수 있는 힘을 갖게 될 것을 기대한다. 문제가 생겼을 때 중산층들은 앞으로 나아가고자 하는 그들의 욕구로 인해 시스템을 바꾸거나 대부분의 한계를 변화시킬 수 있게 되리라 기대한다. 중산층들은 꿈은 이루어질 수 있다고 믿는다. 그들은 계속해서 현명한 선택을 하고 도덕적으로 살고 건강하다면, 자신들이 원하는 것은 무엇이든지 가질 수 있다고 믿는다. 그들은 자신들이 자유롭게 살며, 그 자유를 지키기 위해 힘을 유지하는 것이 옳다고 믿는다. 실제로 전쟁과 경제를 지탱하는 것은 주로 중산층들이다. 그들은 자유를 지키기 위해서는 목숨을 바칠 수도 있고 아니면 자신들이 낼 세금의 양도 결정할 수 있다.

그러나 중산층들도 한계를 경험한다. 그들이 접근할 수 있는 돈에는 한계가 있다. 곧 그들의 환경을 바꿀 수 있는 힘에 한계가 있는 것이다. 그들이 자신의 삶의 환경을 바꾸고 삶의 질을 높이기 위해 의지할 수 있는 영향력이 큰 영역은 정치, 미디어, 그리고 교육이다. 이런 자원들이 고갈되면 위의 영역 중 새로운 영역으로 진출하게 되고, 그렇게 되면 그 다음 세대가 그 한계를 돌파하려고 노력할 수 있게 된다. 새로운 로비, 새로운 캠페인 혹은 새로운 전문 기술이 성취를 통해 성공적인 삶으로 이끌 것이다.

미국 크리스천의 대부분이 중산층의 관점에 사로잡혀 있다. 우리는 환경을 지배하고자 노력하는 사람들로 유명하다. 다른 사람들도 우리처럼 생각하게 만들려는 것도 큰 유혹이다. 물론 우리는 사람들을 사랑하며, 그들을 위해 최선을 다한다. 사람들이 예수님을 알게 되기 원하고, 우리가 갖고 있는 것을 그들도 갖게 되기를 바란다. 사람들이 우리 교회에 와서 우리가 누리고 있는 삶의 질을 모든 사람이 누리게 되기를 바란다. 우리는 복음이 방송을 꽉 채우고, 모든 학교에서 가르쳐지며, 주지사들이 복음을 법적으로 공인하기를 바란다. 아마도 중산층 신자들이 서로 동의하는 유일한 것은 바로 복음이 사회와 정치에 만병통치약이 되기 바라는 비전이다. 정치적 운동으로서의 크리스천들의 연대는 한때 대단한 생각처럼 보였고 현재까지도 일부의 사람들은 그렇다고 생각한다. 우리 대부분은 방송에서 러쉬 림바우나 오프라 윈프리나 보노가 하나님 혹은 예수님을 한 번이라도 더 언급하기를 바란다.

부유한 사람들은 결핍과 제한이 없는 존재로 살아간다. 그들이 갖고 싶어 하는 것을 어느 누구도 갖지 못하게 할 수 없다. 부자들은 원하는 것을 얻는 데 익숙하다. 그들은 무엇을 요구하든지 그것을 얻는다. 이런 상황으로 인해 소수만이 경험하는 풍요의 마음이 형성된다. 다 쓸 수 없을 정도로 풍성하게 소유하며 그런 실재에서 살기 때문에 부유한 계층의 사람들에게는 일종의 의무감이 자리 잡는다. 그들은 자신들의 인생 가운데서 노블레스 오블리주를 실현해야 한다고 생각한다. 이 용어는 불어로 귀족이나 상위 계층에 태어난 사람들은 그렇지 못한 사람들에 대해 자신의 명예에 걸맞게 관대해야 된다는 개념이다.

부유한 자들의 마음에는 관대함이 있다. 그들은 주변 환경을 풍요롭게 하고 다른 사람들에게 힘을 실어 주어야 한다는 책임감을 오히려 특권으로 생각한다. 부자들은 자신이 살고 있는 사회와 세대를 장기적으로 유익하게 만드는 일에 자신의 삶을 헌신하는 것을 자신에게 주어진 소명이라고 생각하는 것처럼 보인다. 그들은 조상들이 누린 명예로운 순간들을 기억하고 후손들을 위해 가족의 유산을 세우려고 산다. 부자들은 번영이라는 것이 영속한다면 확장되어야만 한다고 이해하고 있다.

우리 크리스천들이 부유한 계층의 세계관을 개발하기 시작한다면, 사도들과 선지자들이 보는 것들을 우리도 보게 될 것이다. 확실히 제한이 없는 하늘의 자원을 보고, 그것에 연결될 것이다. 이런 자원들은 우리의 유산이다. 우리가 하나님의 왕가에 입양되었기 때문에 그 유산을 받을 수 있게 된 것이다. 이런 정체성을 갖게 되면, 주변 사람들이 유익을 얻을 수 있도록 이러한 방대한 자원을 사용하는 일을 의무이자 책임이라고 받아들이게 된다. 우리가 갖고 있는 자원이 무제한적이며 우리가 부름 받은 일이 얼마나 중요한 것인지를 믿으면, 우리가 구하는 것은 무엇이든지 받을 것이라는 약속[38]을 알게 되고 실제로 체험하게 될 것이다. 초자연적인 일이 우리 삶에 일어날 것이며 그동안 우리 기독교 문화의 많은 부분을 차지해왔던 염려가 사라질 것이다. 그 염려는 우리가 믿으며 살고 있다고 고백하는 성경의 면면을 채우고 있는 실제들을 경험하지 못해서 생기는 것이다.

이제 우리가 아버지의 집을 떠나 새로운 아버지의 집으로 들어가면 자동적으로 우리 아버지들이 살았던 삶과는 다른 삶을 경험하게 된다는 것을 알게 되었을 것이다. 앞서 살았던 분들의 유산을 이해하고 또 감사할지라도 우리는 과거가 재현되는 것을 원치 않는다. 우리는 사도행전에 나온 초대교회로 돌아가게 해달라고 기도하지 않는다. GE의 사장이 "좋습니다. 우리는 초를 켜고 살았던 영광스러운 시대로 돌아가야 합니다. 초를 가져오십시오. 과거로 돌아갑시다"라고 말하는 것을 상상할 수 있는가?

세계관에 관하여

	빈곤층	중산층	부유층
세계관	지역에만 관심	국가적 관심	국제적 관심

우리 모두는 세계관을 갖고 있다. 이는 우리가 살아가는 범주라 할 수 있다. 인터넷과 위성방송은 국제적 문제에 대한 우리의 인식을 넓혀 주었지만, 세계관에 있어서 각 계층은 여전히 자신들의 주된 관점을 유지하고 있다.

빈곤층 사람들은 삶을 지역적으로 바라본다. 자원들이 부족하기에 그들은 삶의 직접적인 영역을 넘어서는 부분까지 신경 쓸 겨를이 없다. 이웃, 동네, 마을 혹은 도시의 일정 지역 정도만이 가난한 사람들이 인식하고 투자할 수 있는 범주다. 자신들이 이익을 주고받을 수 있는 곳에 국한되는 것이다.

중산층들은 자신의 국가까지 신경을 쓴다. 왜냐하면 그들은 국가의 경제와 정치 상황이 자신의 삶에 영향을 미친다고 느끼기 때문이다. 그들은 선거, 국가적 뉴스, 그리고 경제적 예상 등에 많은 관심을 갖는다.

중산층들이 다니는 교회는 "가서 투표하라"라는 캠페인을 벌이며 후보자들이 누구인지 알린다. 기도의 초점도 나라의 사회적·정치적 문제에 맞춰져 있다.

부유층들은 국제적으로 생각한다. 그들의 삶은 국제적인 일들을 염두에 두고 있다. 그들은 일정 지역에서 일어난 일들이 다른 나라의 경제에 어떤 영향을 미칠 것인지를 잘 알고 있다. 부유한 자들은 '큰 그림'을 이해하고 있으며, 우리가 살고 있는 지역이나 국가뿐만 아니라 전 세계적 공동체가 성공해야 한다고 생각한다.

이러한 부요한 자들의 세계관을 가진 신자들은 여행을 다닌다. 그들은 거시적인 영향을 미치려고 자신의 삶을 투자한다. 나는 랜디 클락이야말로 신자들에게 부요한 자들의 세계관을 경험할 수 있는 길을 제시하는 사람 중 최고라고 생각한다. 다른 나라들을 돌아다니며 그곳의 신자들을 만나고 기적과 치유 사역을 함으로써 하늘이 이 땅을 만지는 것을 보는 일을 하는 사람들은 무언가가 다르다. 이런 경험을 통해 우리는 삶에 대해 제한 없는 기대감을 갖게 될 것이며, 복음과 교회 그리고 하나님의 왕국이 전 세계적 실재라는 사실을 알게 될 것이다. 이는 그리스도께서 우리에게 주신 "온 천하에 다니며 만민에게 복음을 전파하라"[39]라는 명령을 실제적으로 실행하는 방법이다. 이런 일을 통해 하늘의 뜻과 자원들이 전 세계를 위해 계획되었다는 점을 알게 되고, 우리가 전 세계적인 사역을 위한 파트너로 부름 받았다는 세계관으로 확장될 것이다.

동력에 관하여

	빈곤층	중산층	부유층
동력	생존, 관계, 오락	일, 성취	재정적·정치적·사회적 인맥

당신에게 삶의 동기를 부여해주는 것은 무엇인가? 아침에 일찍 일어나는 이유는 무엇인가? 우리는 계층마다 다른 동력이 있음을 알 수 있다. 각 그룹에 속한 사람들은 인생을 통해 이루고자 하는 것에 근거해 핵심적인 가치관을 갖게 된다. 각 계층의 사람들을 몰아가는 힘은 그들이 세상을 어떻게 바라보고 자원들과 어떻게 관계를 맺는지에 그 뿌리를 두고 있다.

빈곤층 사람들은 생존을 위한 일상생활에 대한 관심이 결정에 영향을 미치는 나침반이 된다. 자신들이 무기력하다고 강하게 믿고 있기에 그들은 대부분 고통을 피할 수 있는 길을 찾고자 한다. 그들은 매일 탈출구를 찾아 즐거움을 추구한다. 왜냐하면 그들의 인생에는 너무나도 많은 아픔이 있기 때문이다.

가난한 자들에게 사람들과의 관계가 가치 있으려면, 이를 통해 사랑과 사회적 연계를 얻을 수 있어야 한다. 가족과 친한 친구들이 그들이 살아가는 세상이며, 삶의 상당 부분을 차지한다. 이웃들과 관계를 맺는 것이 자연스러우며 매우 소중하다. 그들이 생존에 필요한 자원들이기 때문이다. 그러나 불행하게도 제한된 자원과 생존을 위한 욕구 때문에 그 관계는 손상을 입고 남용되기도 한다.

오락은 가난이라는 가혹한 실재로부터 탈출할 수 있는 환상적인 길을 열어준다. 기술과 유머 혹은 음악 등으로 다른 사람들을 즐겁게 해줄 능력이 있으면, 같은 빈곤층 중에서도 가장 이상적인 자리를 차지할 수 있다. 오락과 즐거움을 주는 사람들을 높이 평가하기 때문에, 이 그룹에서 오락거리와 엔터테이너들이 계속 나오는 것이다.

신자들에게 생존과 고통으로부터의 탈출이 동력이 된다면, 그들은 계속되는 혼돈 속에서 살게 된다. 이혼, 반항적인 십대 자녀들, 가정 폭력, 그리고 재정적인 소용돌이가 가정의 문화가 된다. 염려와 두려움으로 인해 이런 가정환경에서는 성장하고자 하는 모든 시도가 좌절된다. 이런 동력으로 움직이는 교회들은 갈등과 투쟁의 전통을 세우는 것 대신에 성장과 진보가 가능한 환경을 만들려고 애쓴다. 내전을 수십 년간 겪은 나라들에서는 이런 교회들이 정부 세력들과 싸우다가 회복이 불가능해지기도 한다. 생존이 동력이 되는 교회는 한때 자원이 많고 풍성했다는 증거가 잔해로 남을 뿐이다.

중산층의 동력은 성취할 수 있는 능력이다. 그러므로 이 그룹을 '일하는 계층'(working class)이라고 부르기도 한다. 중산층들은 사회를 더 낫게 만드는 일에 기여하는 것을 가치 있다고 여긴다. 이들에게는 일하지 않는 것보다 부끄럽고 무례한 것은 없다. 열심히 일해서 생계를 유지하는 것이 이 계층의 가치 체계에서 최우선의 자리를 차지한다. 그들은 물질을 중요하게 여기며, 미래를 계획하고 목표를 성취하는 것을 우선시하기 때문이다. 성공의 다리를 올라가기 위해 중산층들은 좋은 교육을 받고 성품을 완성시키기 위해 노력하며, 심지어 언어까지도 그들을 움직이게 하는 동력이 된다.

중산층 부모들은 자녀들이 연봉을 많이 받는 직업을 갖게 하기 위해 양질의 교육을 시키려고 노력한다. 자녀들이 좋은 직업을 갖게 되면 고리가 완성된다. 그 자녀들은 이제 자신의 자녀들이 좋은 직업을 보장해줄 수 있다고 여지는 명문 학교에 들어갈 수 있도록 더욱 애를 쓴다. 사랑은 이러한 시스템을 통해 전수된다. 아이가 실패하여 그 고리를 완성하지 못하게 되면, 부모들은 자신이 좋은 부모라고 생각하려고 노력하지만 자녀의 실패로 인해 가정 내 관계는 혼란을 겪게 되고 때로는 깨지게 된다.

성취에서 동기부여를 받는 중산층 신자들은 하나님의 뜻을 성취하고자 열심히 일한다. 그들은 하나님께서 교회를 통해 '좋은 교육'을 제공해주셨기에 우리가 하나님 왕국의 성공적인 일꾼들이 되기를 기대하신다고 생각한다. 중산층 교회의 계획과 목표를 보면 일과 성취라는 가치로 가득 차있다. 그들은 '하나님을 위해서' 더 많이 이룰수록 사역이 더 성공적이라고 생각한다.

중산층 교회는 기업과 같다. 또한 좋은 사업가들과 사회에서 성공한 사람들이 지도자가 된다. 교인들은 성공한 사람들을 중심으로 모인다. 그리고 아무렇지도 않게 세상과 다를 바 없는 기준을 따라 산다. "○○○ 집사는 크게 성공한 크리스천 지도자들로부터 인정과 존경을 받으니까 우리의 지도자로 세웁시다." 우리가 성공한 사람들에 대해 환호하느라 우리의 관심을 불러일으키지 못하는 사람들을 제대로 대접하지 못했기에 때문에 이러한 관점이 우리의 환경으로 스며들어왔다. 우리는 결국 하나님께서 우리 모두를 사랑하신다는 것을 알지만, 실제로는 성공한 사람들만을 사랑하신다고 생각하게 된다. 그리고 이런 메시지는 중산층 전체의 문화로 인해 강화된다.

부유한 사람들을 움직이게 하는 동력은 다른 계층의 사람들이 이해하기가 힘들다. 그들은 아침에 일어나 세상을 변화시키는 다른 사람들과 관계를 세우고, 이것을 견고하게 하기 위해 일한다. 부자들은 소수의 정책 결정자들이 전 세계의 정치와 경제 그리고 사회 전반을 움직이는 것을 잘 이해하고 있다. 그래서 그런 사람들과 관계를 맺으려 하고 가능한 한 그들과 친해지려고 노력한다.

부자들은 직장에서 일하면서 일생을 보내지 않는다. 아이들을 교육할 때도 직장을 잡기 위한 교육을 시키지 않는다. 대신에 자녀들을 세상을 변화시키고 있는 사람들의 자녀들이 다니는 학교에 보낸다. 부유한 사람들은 관계와 인맥 때문에 움직인다. 이들은 자신이 알고 있는 것 때문이 아니라 그들이 누구를 알고 있으며 누가 그들을 알고 있는지에 따라 성공 여부를 결정한다.

부유한 사람들이 이렇게 서로 간의 관계를 보호하고 발전시키다 보면 전 세계가 어떻게 돌아가고 있는지를 알게 된다. 정치, 경제, 그리고 사회 전반의 세계적인 지도자들이 자신과 비슷한 사람들과 시간을 보내는 데는 다 이유가 있다. 세상의 대부분의 자원을 자신들이 좌지우지하고 있다는 것을 아는 이들은 그 지배 계층과 거기에 속한 사람들을 보호하려고 한다. 다른 계층의 사람들은 알 수 없는 길과 방법들을 그들은 알고 있다. 그들은 제한이 없는 삶을 살고 있으며, 자신들의 세대뿐만 아니라 다음 세대들까지 그 자유를 유지하려면 어떤 성품을 가져야 하고 또 어떤 책임을 져야 하는지 잘 알고 있다. 부유한 자들은 자녀들이 무제한적으로 자유로운 삶을 살아가는 비밀을 이해하고 조절할 줄 알며 또 잘 보호하여 다음 세대에 넘겨줄 수 있도록 자신들이 아는 모든 것을 가르친다.

관계의 힘을 알아 이를 최우선으로 두는 신자는 성장하고 부흥하는 사람들과 관계를 맺으려 시간과 정력을 들이며, 자녀들도 똑같이 하도록 훈련시킨다. 그런 사람들은 하나님의 기름부음이 쏟아지고 있는 곳에 있으려고 희생을 마다하지 않는다. 전 세계에 걸쳐 일어나는 하나님의 이적과 기사를 공부하고 경험하려 한다. 그들은 하나님을 위해 '사역'하는 것에 만족하지 않고, 자신의 삶을 통해 주위 사람들의 삶에 하나님의 무제한적인 자원이 부어질 때까지 쉬지 않는다. 부요한 마음을 가진 신자들은 전 세계에 걸쳐 사도적이고 예언적인 지도자들과 마음을 나누고, 이런 지도자들이 성공할 수 있도록 자신의 정력과 자원 그리고 시간을 하나님께 드린다. 이들은 하나님의 영광을 아는 지식이 물이 바다를 덮음같이 이 땅에 가득하게 되기 위해서 교회는 하나 되어 넘쳐나야 한다는 사실을 잘 알고 있다.

무제한적인 자원을 가진 자들은 그 자원을 자신들만을 위해 쓰지 않고 정말 중요한 것들, 예를 들어 사람, 문화적 유산, 그리고 아름다움 등에 투자한다. 그들은 존중받을 만한 명예로운 가치와 목적을 구한다. 그래서 부요한 마음을 가진 사람들은 명예로운 문화를 만들어낸다. 신자의 생활에 필요한 모든 덕목이 그렇듯이 명예와 존중은 일종의 개념이 아니라 실천해야 할 덕목이다. 부요한 사고를 가진 신자라면 '친절을 기분 내킬 때 가끔 베풀어서는' 안 된다. 이는 삶에 배어 있어야 한다. 그리고 이런 사람들은 그들이 만나는 모든 사람이 가치 있는 목적을 가지고 있으며, 그들 모두에게 존중해주어야 할 명예로운 영역이 있음을 알게 된다. 우리는 하늘의 자원을 우리에게 풀어주신 십자가를 통해 모든 사람 안에서 이런 면들을 보는 법을 배워야 한다.

빈곤층과 중산층의 동기로는 하나님께서 그분의 아들을 우리에게 보내주신 사실을 제대로 이해할 수 없다. 그분께서는 그저 우리가 불쌍하거나 우리에게 무엇을 원해서 예수님을 보내주신 것이 아니다. 우리가 그럴 만한 자격이 있어서는 더더욱 아니다. 하나님께서 우리 가운데 오셔서 우리와 같이 되셔서 우리를 존중해주셨고 최고로 높여주셨다. 그런 후 그분은 또한 죽으심과 부활을 통해 그보다도 더 큰 명예를 주셨다. 곧 그분은 우리가 그분과 하나 될 수 있는 길을 열어주셨다. 하나님에게서 이러한 놀라운 선물을 받은 우리는 우리를 명예롭게 해주신 그분을 닮아 사람들을 사랑이 많으시고 관대하신 하나님을 아는 믿음의 세계로 초청해야 한다. 그들로 우리가 경험한 것들을 맛보게 해주는 것이야말로 우리의 최고의 명예가 아니겠는가?

빌 존슨의 말을 들어보라. "우리는 사람들에게 하나님과의 만남을 빚지고 있다." 우리는 그들에게 이 명예 또한 빚지고 있다. 명예는 사람의 됨됨이에 따라 주어진다. 이것은 많이 가진 사람이라고 해서 심지어 필요하다고 해서 주어지는 것이 아니다. 우리가 만나는 모든 사람이 그리스도께서 그분의 삶과 죽음 그리고 부활을 통해 명예롭게 하신 자들이다. 그 사람이 영원의 관점에서 자신이 어떤 사람인지 모른다고 해도 우리는 이미 알고 있다. 우리가 부요한 마음 자세와 명예에 대해 인식하고 있다면, 우리는 그들을 그에 따라 대할 것이다.

나는 당신이 부요한 마음 자세를 가진 신자들이야말로 하늘이 이 땅에 임하게 하는 데 가장 중요한 역할을 한다는 점을 알게 되기를 바란다. 이러한 생각을 갖게 되면 우리의 삶에 직접적으로 영향을 미치는 환경을 무제한적인 관점으로 바라볼 수 있도록 훈련되며, 우리는 그리스도의 전 세계적인 몸과 우리의 전(前) 세대와 또 다음 세대에도 연결된다. 이를 통해 과거의 속박은 철폐되고 우리 자녀들을 위한 유산을 만들 수 있다. 하늘 아버지의 집을 위해 육체적인 아버지의 집을 떠나는 것은 결코 건너지 못할 그런 큰 간격이 아니다.

우리의 자녀들이 태어나면서부터 하나님 왕국의 제한이 없는 자유 속에서 살아갈 수 있도록 훈련된다면, 어떤 삶을 살 수 있을지 상상할 수 있는가? 천국의 제한이 없고 변혁시키는 자원을 끌어오며 또 내보낼 수 있는 것을 배워 세상을 이롭게 하겠다는 꿈을 꾸는 세대가 일어나는 것을 상상할 수 있는가?

창세가 12장 1-3절은 다음과 같이 말하고 있다.

> 여호와께서 아브람에게 이르시되 너는 너의 고향과 친척과 아버지의 집을 떠나 내가 네게 보여줄 땅으로 가라 내가 너로 큰 민족

을 이루고 네게 복을 주어 네 이름을 창대하게 하리니 너는 복이 될지라 너를 축복하는 자에게는 내가 복을 내리고 너를 저주하는 자에게는 내가 저주하리니 땅의 모든 족속이 너로 말미암아 복을 얻을 것이라 하신지라

Chapter 6

THE TOP PRIORITY OF LEADERSHIP

리더십의 최고 우선순위

사랑 안에 두려움이 없고

온전한 사랑이 두려움을 내쫓나니 두려움에는 형벌이 있음이라

두려워하는 자는 사랑 안에서 온전히 이루지 못하였느니라

_요일 4:18

토마스 제퍼슨은 "자유민들을 이끄는 것이 제일 어렵다"라고 말한 것으로 유명하다. 이는 교회 지도자들이 가장 수긍할 만한 사실이다. 그들은 바로 자유의지를 가진 사람들을 이끌라고 부름 받았기 때문이다.

불행하게도 많은 교회 지도자가 자유로운 사람들을 이끌기 위한 어려움을 극복하지 못했다. 자유로운 사람들을 지도하려면 그들이 자유를 얻을 수 있는 환경과 함께 그 자유를 유지할 수 있는 통치 시스템도 세워야 한다. 일반적으로 말해 교회는 이 둘을 성공적으로 세우지

못했다. 교회 밖의 사람들은 교회 안에 들어오면 자신들의 자유를 지킬 수 있으리라고 기대하지 않는다. 교회 안에 들어오는 사람들은 대부분 자신의 고통을 제거하기 위한 것이라면 무엇이든지 포기할 의사가 있다. 이 사람 중 많은 이가 하나님은 자신들을 통제하기 원하는 주인이라는 점을 배우게 되는데, 이런 일을 볼 때마다 나는 교회 지도자들이 자유의 복음을 제대로 이해하고 있는지 의심스럽다. 통제하시는 하나님의 이미지는 종종 지배적인 교회 지도자들의 이미지로 대변되곤 하는데, 이는 복음이 아니다.

어떻게 하면 교회 지도자들이 규칙들이 아닌 자유를 만들어낼 수 있을까? 어떻게 하면 우리는 사람들의 문제와 연약함을 다루면서도 그들의 지고지순함을 끌어낼 수 있을까? 어떻게 하면 다른 사람들로 하여금 삶의 가장 궁극적인 이유와 원래의 본성대로 살아가게 할 수 있을까? 크리스천 리더요 부모요 또한 고용인으로서 당신은 당신이 지도하고 있으며 혹은 같이 살고 있는 식구들 또는 데리고 있는 사람들의 꿈과 소명을 이끌어내는 것이 당신의 책임임을 인정하여 그 방법을 배우려는 의지가 있는가?

자유로운 사람들을 이끄는 것을 잘 보여주는 예를 들어보겠다(필자의 다른 책인 《우리가 몰랐던 천국의 자녀양육법》(*Loving Our Kids On Purpose*)을 읽은 사람이라면 이 예화를 이미 보았을 것이다). 내 딸 브리트니가 14살 때의 일이었다. 대부분의 또래 아이처럼 브리트니는 설거지에 대해서 내 아내 쉐리와는 생각이 완전히 달랐다. 그래서 다음과 같은 대화를 종종 들을 수 있었다.

쉐리가 "브리트니, 설거지할 시간이야"라고 하면 딸은 "좀 있다 할게요"라고 대답한다.

그 좀 있다가 하겠다는 것이 20분이 넘어가면 쉐리는 다시 한 번 불을 뿜는다.

"브리트니, 설거지를 다 끝내놓았어야 할 시간인데."

그러면 브리트니는 다음과 같은 말대꾸를 늘어놓는다. "엄마가 말한 대로 지금 숙제하고 있어요." 아니면 "지금 전화 통화중이에요! 정말 좀 있다 할게요"라는 식이다.

저녁마다 벌어지는 이런 신경전이 몇 달을 끌었다. 두 사람 다 마치 이런 신경전을 주고받지 않으면 그 다음날을 맞을 수 없는 것처럼 보였다. 수차례나 브리트니는 설거지를 하겠다고 말로는 약속을 했지만, 번번이 아내가 아침에 일어나서 해야 했다. 아내가 못 견뎌 하는 몇 가지가 있는데 부정, 생선회, 벌레, 공포 영화, 그리고 설거지가 안 된 더러운 그릇들이었다. 아내는 정말로 아침에 일어나 설거지를 해야 하는 상황을 참지 못했다.

결국 불상사가 일어났다. 어느 금요일 밤 브리트니가 우리보다 늦게 잤는데 설거지를 깜박했다. 토요일 아침에 이를 알게 된 쉐리가 딸과 '가벼운 대화'를 갖게 되었다. 나는 그 '가벼운 대화'를 집 안의 반대편에서도 들을 수 있었다. 브리트니와 대화를 끝낸 쉐리는 나에게 와서 어떤 일이 있었는지를 말해주려고 했다. 나는 이미 다 들었노라고 했다. 잠시 후에 브리트니의 친구인 레베카가 와서 브리트니의 방에서 놀게 되었다. 쉐리와 내가 설거지 문제로 이야기를 하려고 브리트니를 찾았는데, 그 아이는 우리에게 말도 하지 않고 레베카와 함께 그녀의 집으로 가고 있었다. 쉐리는 눈에 쌍심지를 켜고 나를 쳐다보았다. 갑자기 그녀의 머리가 화염에 싸이고 머리꼭지가 열려 용 한 마리가 그 머리에서 나오는 것처럼 보였다. 그 용은 나를 쳐다보며 말했다. "어쩔 거예요?"

"나 말이야?" 나는 정색을 하고 되물었다.

"그래요!" 그 용이 말했다. "당신 딸을 어떻게 할 거냐고요."

"그러니까 지금 이 문제를 나보고 해결하라는 말이지? 내 말이 맞아?"

"그래요!" 용은 불을 뿜으며 대답했다.

그래서 나는 부엌으로 달려가 설거지를 했다.

우리 집에서 설거지는 그릇들을 싱크대에서 식기세척기로 옮기는 것을 말한다. 내가 그것을 옮기는 데 약 6분이 걸렸다. 대략 6분 정도 말이다.

브리트니와 레베카는 화장을 하고 머리에 장식용 머리인 포니테일을 달고 돌아와서는, "엄마, 아빠, 레베카와 쇼핑몰에 다녀와도 돼요? 레베카 엄마랑 같이 갈 거예요"라고 물었다.

나는 그 용을 다시 보게 될까 싶었는데, 쉐리는 자신의 손을 입으로 가져다 물었다. 이는 나보고 일을 처리하라는 사인이었다. 나는 "사랑하는 브리트니야. 내가 네 대신 설거지를 했단다"라고 말했다.

"그런 게 어디 있어요! 내가 하려고 했는데! 정말!" 브리트니는 발을 거의 땅에서 떼지 않으면서 약간 발을 굴러 뛰는 시늉을 했다. 당시 벌어진 일이 마음에 안 든다는 것을 표현한 것이다.

레베카는 이런 신경전에 약간 혼란스러운 듯 쳐다보다가 결국 브리트니에게 다음과 같이 물었다. "너 지금 문제가 생긴 거지? 그런데 어떻게 그걸 알 수 있지? 아무도 소리를 지르지 않았는데도 말이야."

브리트니가 말했다. "아빠는 지금 설거지를 다른 허드렛일과 바꾸자고 하시는 거야!"

"내 딸아, 너는 어떤 일과 바꾸고 싶니? 쓰레기 헛간 일을 해줄래? 아니면 닭 축사 일은 어떨까?"

"좋아요. 한 번 보고 나서 결정해도 되지요?"

"물론이지. 무엇을 할지 네가 결정할 수 있어." 이렇게 나는 아이가 결정할 수 있는 권한을 주었다. 나는 딸아이 스스로가 나를 상대해서도 자신의 뜻대로 결정할 힘이 있다는 것을 느끼게 해주고 싶었다. 그렇게, 아이는 어떤 일이 좋을지 보러 나갔다.

당시 우리 집의 상황과 환경을 잘 모르는 분들이 많을 것 같아서 설명을 하겠다. 쓰레기 헛간은 위버빌에만 있는 독특한 문화이다. 쓰레기통을 밖에다 두면 개나 고양이 혹은 너구리 등이 쓰레기들을 파헤쳐 놓는다. 그래서 조그만 헛간을 만들어 쓰레기통을 보관해둔다. 그 헛간의 문에는 창문을 달아 놓는데, 그 창문을 통해서 나는 쓰레기를 버려야 할 때를 가늠한다. 이것은 정말 힘들고 싫은 일이라 나는 언제나 우리 아이 중 한 명과 이 일을 바꾸게 되기를 기다린다.

브리트니가 헛간의 문을 열자 수천만 마리의 파리가 그녀의 주변과 얼굴에 꼬였다. "아우, 역겨워!"

레베카는 그런 브리트니를 보며 물었다. "야, 지금 여기에서 뭐하고 있는 거야?"

브리트니는 파리 한 마리를 때려잡더니 눈을 굴렸다. 그런 후 닭장을 향했다. 닭장에 갔을 때쯤 이미 꽤 화가 나 있던 브리트니는 닭장에 들어가자마자 닭들을 발로 차며, "멍청한 닭들아, 저리 가!"라고 소리쳤다. 딸은 닭장의 악취 때문에 완전히 정신이 나갔다.

집에 들어온 딸은 나에게 "닭장이요"라고 했다.

"좋았어, 브리트니! 고맙다." 닭장 일을 하지 않아도 된다는 생각에 나는 신이 났다. 그러고 나서 나는 물었다. "자, 그럼 오늘 할래, 아니면 내일 교회 다녀와서 할래?"

"내일 해도 되요? 정말이죠? 오늘은 레베카와 쇼핑몰에 다녀와도 되는 거죠?"

"그럼, 네가 원한다면."

"내일 할게요. 아빠! 고마워요. 정말 고마워요."

당신은 다음과 같이 생각할지 모른다. '뭐라고? 죄를 지은 아이를 그냥 보내준다고? 죄인이라면 적당한 벌을 받아야지, 그냥 내보내준다고? 먼저 고통스럽게 교훈을 배우게 하지 않은 채 아이들이 자유를 누리고 혜택을 보게 그냥 둔단 말이야? 예수님께서 죄를 용서해주시기 위해 피를 흘리셔야 했다는 것을 모르세요? 그러면 이 아이가 어떻게 교훈을 배울 수 있겠어요?'

잠깐 기다려 보라. 이것이 끝이 아니다.

그래서 그들은 쇼핑몰로 갔고 신나게 놀다 왔다. 그 다음 날 아침 우리는 교회에 다녀왔는데, 돌아올 때 비가 쏟아졌다. 역시, 예수님은 나를 사랑하신다. 그날 브리트니는 최대한 내 눈에 띄지 않으려고 노력했다.

나는 딸에게 말했다. "브리트니, 사랑하는 내 딸아! 내 고무장화를 신을래, 아니면 지금 신고 있는 예쁘고 작은 슬리퍼를 신고 나갈래?"

"고무장화요."

"내 우비를 입을래, 아니면 네가 지금 입고 있는 예쁜 스웨터를 입고 나갈래?"

"아빠 우비요."

"삼지창을 쓸래, 아니면 삽을 쓸래?"

"아마 둘 다 필요할 것 같은데요."

딸아이는 밖으로 나갔다. 그 아이는 무려 3시간이 지난 뒤에 삽과 삼지창을 끌며 들어왔다. 흠뻑 젖은 이마 위에 지푸라기를 달고 왔다. 뒷문에서 딸을 만난 나는 필요한 게 없는지 물어보았다.

"다 끝냈어요."

"대단한 걸! 정말 무척 고맙다."

"뭐라도 고맙겠지요." 아이는 샤워를 하러 들어갔다.

그 주에 나는 쉐리가 "브리트니야, 설거지해라"라고 말하자 브리트니가 "알았어요. 바로 할게요"라고 답하는 것을 들었다.

그 순간 나는 자리에서 일어나면서 말했다. "브리트니, 내가 대신 해줄까?" 내가 막 소파에서 일어났을 때 딸아이는 멀리서 뛰어오면서 소리 질렀다. "내 일에 손대지 마세요!"

나는 웃으면서 말했다. "나는 단지 도와주려 했을 뿐이야. 원하기만

하면 언제라도 네 일을 대신해줄 수 있어."

이처럼 우리는 개인의 책임감을 일깨우는 방법으로 사람들을 자유로 이끌 수 있다. 그러려면 우리는 사람들을 믿어야 한다. 이제껏 내가 사람들을 믿어주었을 때마다 그들이 지혜로운 선택을 하는 것을 보았고, 정말 좋은 사람들을 얻게 되었다는 사실이 놀랍다. 사람들은 신뢰받기를 원하고 자유롭기를 원한다.

안전지대를 만들라

자유로운 사람들을 이끄는 것이 왜 힘들까? 자유로운 사람을 이끄는 문제는 지난 수세기 동안 철학자들과 신학자들이 논쟁해온 질문과 연관이 있다고 할 수 있다. 이는 우주를 이끄시는 하나님께서 우리를 창조하실 때 자유의지를 주셨다는 사실에 기인한다. 하나님께서는 자유의지를 가진 우리를 신뢰하셨다. C. S. 루이스는 이 사실에 대한 핵심을 《순전한 기독교》(Mere Christianity)에서 다음과 같이 제시했다.

하나님은 자유의지를 가진 존재들을 창조하셨습니다. 자유의지를 가졌다는 것은 옳은 일을 할 수도 있고 그른 일을 할 수도 있다는 뜻입니다. 자유의지를 가졌으면서도 그릇 행할 가능성은 전혀 없는 존재를 상상하는 이들도 있지만, 저로서는 그런 존재를 상상할 수가 없습니다. 선해질 수 있는 자유가 있다면 악해질 수 있는 자유도 있는 법입니다. 악을 가능케 한 것은 바로 이 자유의지입니다. 그렇다면 하나님은 왜 사람들에게 자유의지를 주셨을까요? 악을 가능케 하는 것도 자유의지이지만, 사랑이나 선이나 기쁨에 가치를 부여하는 유일한 것 또한 자유의지이기 때문입니다. 자동기계-기계적으로 움직이는 피조물들-의 세계는 창조의 가치가 없습니다. 하나님이 가장 고등한 피조물들에게 주고자 하시는 행복은 사랑과 즐거움의 절정에서 자유로우면서도 자발적으로 하나님과 연합하며 이웃과 연합하는 데서 생겨나는 행복으로서, 거기에 비하면 지상에서 남녀가 나누는 가장 황홀한 사랑조차 물탄 우유처럼 싱거울 것입니다. 바로 이런 행복을 누리기 위해 인간은 자유로워야 하는 것입니다.

물론 하나님은 인간들이 자유를 잘못 사용할 때 어떤 일이 벌어질 것인지 잘 알고 계셨습니다. 그러나 그분은 위험을 감수할 가치가 있다고 생각하신 것이 분명합니다.[40]

자유로운 사람들을 지도하는 일은 위험하기 때문에 어렵다. 그 위험은 자유를 잘못 사용할 수 있는 위험을 의미한다. 그러나 하나님과 달리 교회를 이루고 있는 우리는 그 위험이 감수할 만한 가치가 있다는 사실을 이해하지 못한다. 남용된 자유가 가져올 재앙이 자유가 진정으로 꽃 피웠을 때 얻을 수 있는 보상보다 더 위협적으로 보이기 때문이다. 이 두려움은 자유롭다고 알려진 사회들에서는 전염성이 강하다. 자유 진영의 수호자라고 하는 미국에서 이 두려움은 널리 퍼져 있다. 신자들인 우리가 우리 문화에 만연된 두려움을 이겨내고 하나님과 사람들에 대한 신뢰를 회복시켜 나가려면 좀 더 강력한 무엇인가에 연결될 필요가 있다. 우리는 또한 자유에 대한 하늘의 가치를 우리의 믿음 체계 안에 더 깊이 받아들여야 한다.

　루이스가 지적한 것처럼 자유의 온전한 가치 곧 자유의 온전한 목적은 사랑이다. 우리가 원래 의도된 대로 자유를 활용해서 사랑할 때, 우리의 자유와 주위 사람들의 자유는 보호되고 풍성해질 것이다. 리더로서 우리는 많은 일을 이루어야 하기에, 현실을 제대로 인식하고 규정하며 생산적인 목적을 달성한다. 그러나 하늘의 우선순위는 매우 분명하다. "사랑이 없으면 그저 시끄럽기만 하다."[41] 목적을 성취하는 과정에서 사랑을 잃어버린 지도자들은 어쩌면 이 땅에서 중요하게 여기는 것들을 이룰 수는 있을 것이다. 그러나 더 높고 고귀한 하늘의 목적을 이루려면, 사랑과 자유를 배양하고 보존해야 한다. 자유가 없이 사랑을 가질 수 없기 때문이다.

　하나님은 사랑이시며, 그분의 왕국은 자유의 왕국이다. 그렇기에 성경은 "주는 영이시니 주의 영이 계신 곳에는 자유가 있느니라"[42]라고 선언했다. 이 구절이 의미하는 바는 하나님께서 나타나시면 사람들이 자유를 경험한다는 뜻이다. 이런 경험이 일어나지 않는다면, 우리는 이상하게 생각해야 한다. 왜 더 많은 곳에서 자유가 일어나지 않는가? 리더들을 포함해서 많은 사람이 우리 인생을 향한 하나님의 목적을 잘못 알고 있기 때문에 그렇지 않은가?

　나는 우리 인생을 인도해 가시는 하나님의 목적과 그에 따른 교회 지도자들의 목적은 우리가 누구인지 또 왜 여기에 살고 있는지를 발견할 수 있는 '안전지대'(safe place)를 만드는 것이라고 제안하고 싶다. 안전지대는 자유가 남용될지도 모른다는 것에 대해 두려워하지 않고 친밀한 가운데 서로 신뢰와 사랑을 실천하고 쌓아가는 장소다. 안전지대는 자유가 사랑을 통해 표현될 때 자라난다. 사랑의 정수는 안전(safety)이요, 연계(connection)다. 사람들이 안전하다고 느끼지 못해 진정한 자신이 될 수 없고 주변 사람들과 연결되어 있다는 느낌을 갖지 못한다면, 그가 사랑받고 있다고 말하기 어렵다.

하나님께서 우리에게 원하시는 것을 이해하지 못하고 믿지 못한다면, 하나님과 또 그분의 사람들과의 관계에서 안전지대를 경험하지 못할 것이다. 내 경험상 신자들은 물론이거니와 대부분의 사람은 하나님께서 우리를 줄 세우기 원하시고, 우리가 그 줄을 지키며 착하게 살기를 원하신다고 생각한다. 하나님께서 인내하고 계신다는 사실을 믿고 있지만, 사람들의 생각 속에서 그분은 여전히 분노 폭발 직전이시다. 대부분의 사람에게 하나님은 예측할 수 없고 엄격하며 무서운 분이다. 그러나 하나님께서 이사야 선지자를 통해 해주신 말씀을 생각해보라. "산들이 떠나며 언덕들은 옮겨질지라도 나의 자비는 네게서 떠나지 아니하며 나의 화평의 언약은 흔들리지 아니하리라 너를 긍휼히 여기시는 여호와께서 말씀하셨느니라."[43] 산들과 언덕들이 옮겨지겠는가? 산들이 없어지는 것을 볼 것이라고 상상할 수 있는가? 산들이 없어지려면 무엇이 필요한지 알 수 있는가? 작은 폭력, 그 무서운 것보다 더한 것이 필요할 것이다.

하나님께서는 그분이 예측할 수 있는 분이라고 말씀하신다. 하나님은 우리를 향한 하나님의 입장을 우리가 완전히 확신하기를 원하신다. "나의 자비와 화평의 언약은 결코 떠나지 않을 것이다." 하나님은 예수님이 이 땅에 오셔서 우리에게 주신 자유를 찾게 하는 진리에 대해 우리가 확신을 갖기를 원하신다. 이러한 생각과 기대감 그리고 안전감은 우리가 어디에 있든지 간에 우리를 자유롭게 해준다.

당신이 하나님을 향해 어떤 생각을 갖고 있든지, 당신의 입장을 입증하기 위해 어떤 말씀에 근거하든지, 당신이 다른 현실을 세우기 위해 무엇을 하든지 하나님의 자비와 화평의 언약은 당신에게서 철회되지 않는다. '화평'(peace)은 문자 그대로 샬롬(shalom)을 뜻한다. 이 단어에서 몇 가지 강력한 의미가 도출된다. 스트롱 히브리어사전을 찾아보면, 다음과 같은 뜻이 나온다.

> 07965 샬롬(shaw-lome')
> 1. 안전한(safe), 만족스러운(well), 행복한(happy), 우호적인(friendly)
> 2. 건강(health), 번영(prosperity), 평화, 화평(peace), 좋음, 성공(well)

샬롬(shalom)의 첫 번째 뜻이 '안전한'(safe) 혹은 '안전'(safety)이라는 점을 유념해보라. 하나님과 맺은 우리의 언약은 안전지대(safe place)다. 이 힘으로 인해 인류는 안전한 가운데에 꽃을 피우게 된다. 그렇기 때문에 샬롬은 '건강'(health)과 '온전함'(wholeness) 등의 뜻도 갖게 되는 것이다. 하나님의 임재는 우리 안에 있는 가장 깊은 곳에서 가장 좋은 것을 자극한다. 그러므로 하나님의 언약은 우리를 재앙으로 몰고 가는 것이 아니라 평안을 가져다준다.[44] 하나님의 약속은 평화와 행복, 안전과 온전함을 가져다주며 우리에게서 결코 떠나지 않는다. 그분께서 나타나실 때, 그분의 임재야말로 최고의 안전지대다.

이는 복음이다. 가서 기뻐하라. 주님께서 오실 때, 그분은 화평의 왕으로 오신다. 그분은 가시는 곳마다 안전지대를 허락하신다. 얼마나 많은 사람이 하나님을 무서운 분이라고 생각하는지 나는 자주 놀란다. 사람들은 정말 그렇게 생각한다. 그러므로 벧엘교회의 리더들은 주요한 임무 중 하나로 하나님의 진정한 본성과 우리를 향한 일관된 입장을 정기적으로 선포해야 한다고 이해하고 있다. 우리가 이 진리를 선포할 때마다 잘못된 생각들이 뿜어져 나오는 것을 직접적으로 느낄 수 있다. 빌 존슨이 회중에게 "하나님께서 우리를 보시고 기뻐하십니다"라고 선포하면 이곳저곳에서 반신반의하는 웃음이 터지는 것을 참으로 많이 보았다. 마치 사람들은 "히히, 나는 전에는 하나님이 그러시다는 것을 생각해본 적도 없는 걸"이라고 말하는 것 같다. 나도 말씀을 전할 때 똑같은 말을 한다. "하나님께서 우리를 보시고 기뻐하십니다!" 그럴 때면 어떤 사람들의 눈에서 혼란을 읽을 수 있다. 그들은 마치 구약성경을 꺼내 들고 "성경의 이 부분을 보면 안 그렇다고 하는데요"라고 외치는 것 같다. 아니다. 하나님께서는 우리를 보시며 기뻐하신다. 처음부터 끝까지 말이다. 그리고 당신도 이 진리를 믿을 수 있다.

이 진리는 예수님께서 새로운 언약을 주신 이후로 당연한 것처럼 여겨졌다. 이미 2000년이 되었으며, 우리는 이제 그 진리를 더 깊이 알아가고 있다. 우리에게 안전지대가 필요한 것은 하나님께서 우리를 그런 존재로 지으셨기 때문이다. 에덴동산이 바로 그러한 장소였다. 우리는 자유가 필요한 존재로 지음 받았다. 우리는 안전할 때, 행복할 때,

온전하다고 여길 때, 그리고 평화를 누릴 때 최선을 발휘한다. 평화나 안전이 깨질 때, 우리의 육체는 점점 우리의 최선을 감추고 최악을 발휘하게 된다. 이런 과정은 다음과 같이 일어난다.

하나님께서 우리 뇌에 작은 편도체를 만드셨다. 이 편도체는 아몬드 모양으로 뇌의 측두엽 깊은 곳에 위치해 있다. 이 내분비기관은 특별히 두려움과 관계된 감정을 결정하는 중요한 기관이다. 누군가에게 협박을 받거나 예상치 못했던 일이 생기거나, 안전하지 못할 때, 이 편도체는 깨어나 심장을 뛰게 하며 이런 메시지를 몸에 보낸다. "반응하라. 방어하라. 사라져라. 싸워라. 도망가라." 이런 반응을 보일 때, 우리는 우리의 최악을 드러내는 셈이다. 무서워하는 사람은 최고의 창조성을 발휘하지 못한다는 사실을 증명하기 위해 로켓을 만드는 과학자가 필요한 것은 아니다. 물에 빠져 죽고 말 것이라고 두려워하는 사람 옆에 있어본 적이 있다면, 그 사람 곁에서 떨어져 있는 것이 좋다는 것을 알 것이다. 로프를 던지거나 막대를 건네서, 당신을 마치 부표라고 생각해서 잡지 못하도록 해야 한다. 당신을 잡고 늘어졌다고 해도, 그 사람은 나중에 정말 미안해할 것이다. 무서워 떠는 사람들은 팀이나 가족이나 교회 혹은 그 주변에 있는 사람들에 대해 생각하지 못한다. 두려움은 인간이 탐험하기에는 아주 위험한 감정이다. 대부분의 사람은 이를 잘 극복하지 못한다.

우리는 불안할 때 두려움에 따라 행동하므로 스스로 위험에 빠지게 된다. 우리를 인도하고 있는 지도자들이 두려움에 지배당하고 있다면 어떨지 상상해보라. 사실 크리스천 지도자들뿐만 아니라 대부분의 지도자는 꽤나 긴장하고 있다. 이는 부모들도 마찬가지다. 자녀들을 데리고 어딘가 가야 할 때, 많은 부모들이 "이제 가야 돼!"라고 성난 듯 말한다. 만약 당신이 주일 오전 예배를 준비하고 있는 목사라면, 아마 꽤나 초조할 가능성이 높다. 중요한 일이 진행되고 있고 그 결과가 당신에게 영향을 미치게 된다면, 당신은 꽤 긴장하고 있을 것이다. 이는 모든 사람의 공통적인 현상이다.

물론 '긴장'(uptight)을 지칭하는 다른 말은 곧 '두려움'(fear)이다. 그리고 문제는 우리가 내면으로부터 무서워할 때 그 두려움을 밖으로 드러낼 가능성이 다분하다는 사실이다. 신자이든 아니든 사람들은 본성적으로 창조적이며 영적이다. 우리는 영적인 매개체로서 원하기만 하면 그 영(a spirit)을 우리 주변에 드러내 분위기를 자아낼 수 있다. 그러나 우리는 내면에 있는 것을 그대로 외부에 재생산할 수 있을 뿐이다. 우리의 생각과 감정이 두려움에 휩싸일 때 그 감정을 숨기고 있다고 생각할지 모르지만, 실제로는 우리 삶에 이미 허락한 그 염려에 가면을 씌울 수는 없다.

불행하게도 너무 많은 사람이 긴장하고 초초해하는 지도자들 밑에서 살아가고 있다. 우리 대부분은 어려서부터 지도자들은 안전하지 못해서 우리에게 상처를 줄 수도 있다는 사실을 삶으로 익혀왔다. 때때로 우리는 권위를 가진 사람이 우리를 아프게 할 것이라고 배운다. 아주 어렸을 때부터 최근에 이르기까지 권위자들에 대한 경험에 의해 궁극적인 최종의 권위이신 하나님으로부터 우리가 무엇을 기대할 수 있을지에 대한 개념이 빚어진다. 우리가 배운 감정이 두려움이라면 권위를 가진 사람들 앞에서 우리의 편도체가 내내 무슨 일을 할지 상상해보라. 하나님 앞에서는 어떨까? 우리는 이러한 상황 가운데서 과연 온전하고 자유로우며 건강하게 살아갈 수 있을까?

답은 간단해 보인다. 우리는 그렇게 되지 못할 것이다. 그러나 우리의 상황들이 변화된다는 것이 복음이다. 하늘, 곧 사랑과 자유의 왕국이 이 땅을 침노하고 있다. 사랑은 우리를 지배하는 두려움을 직접적으로 대적한다. 사랑과 두려움은 서로 원수다. 이 두 영은 함께할 수 없다. 사랑과 두려움은 빛과 어둠이며, 생수와 짠물이고, 축복과 저주다. 그리고 둘 중 하나가 이겨야 한다. 사랑은 두려움을 내쫓는다.[45] 그뿐만 아니라 든든함과 안전 그리고 샬롬, 곧 화평을 준다. 바로 이런 면들이 사도적 사역 환경 가운데서 열매로 맺히는 것을 나는 보았다. 그곳에서는 두려움이 사람들의 삶에서 떠나간다. 예배를 통해 그리고 새롭게 알아가기 시작한 교회의 형제자매들과의 교제 안에서 자유가 자라간다. 하나님이 안전지대다.

첫 번째 장에서 이미 언급한 대로 안전지대를 만들어주는 것이야말로 부흥을 위한 문화의 초석이다. 우리 중 기적과 표적과 이사(異事)들이 일어났고 지금도 계속해서 일어나고 있는 점을 볼 때, 무언가가 이미 세워졌다고 할 수 있다. 곧 교회가 하늘의 샬롬을 소유하고 삶을 통해 실현하고 있는 건강한 사람들과 그들 간의 관계로 가득 찬 가죽 부대가 되었다. 2장에서 설명한 것처럼 리더십의 구조가 바로 세워져 사람들의 삶 가운데서 천상의 일이 실재가 되고 은혜가 지속적으로 흐르게 되었고, 사도적 리더십이 견지하는 핵심적인 가치관과 진리들이 실현되고 있다. 리더가 하나님의 선하심을 정기적으로 선포하는 사역은 결코 작지 않다. 리더들이 하나님은 선하시며 화나지 않으셨고 기분이 좋으신 상태라고 믿는다면, 사람들도 이를 믿고 따를 것이다.

지도자들이 최우선적으로 하나님의 집을 안전지대로 만들어야 한다는 점을 이해하게 되면, 사람들은 삶에서 하나님의 언약이 얼마나 신실하고 안전한지 경험하게 될 것이고, 그럴 때 사람들의 잠재력, 기름부음, 그리고 창조력이 개인적으로는 물론 교회 안에서도 표출될 것이다. 지도자들이 사람들로 하여금 사랑받고 있다고 느끼고 안전하다고 여기며 진정한 자기 모습대로 살아갈 자유를 경험할 수 있는 환경을 만든다면, 이 세상을 하나님의 왕국으로 변화시킬 수 있다. 그러면 우리는 이 세상을 지배하고 있는 정사와 권세들과 싸울 수 있을 것이다.

명예 존중과 갈등

사람들이 자유로울 수 있는 안전지대를 형성하는 데 가장 중요한 핵심적인 가치 중 하나는 바로 명예를 존중해주는 것이다. 명예를 존중해준다는 것은 자신들과는 다른 사람들의 가치를 보호해주는 것이다. 이러한 핵심적인 가치가 사도적 문화의 중심에 있다. 왜냐하면 2장에서 본 것처럼 사역의 오중적 형태는 다른 사람들에게 주어진 은혜와 은사를 이해하고 존중해주며, 그것이 표현될 여지를 주는 태도 위에 세워지기 때문이다. 자유로운 사람들은 다른 사람의 명예를 존중해주지 않으면서 함께 살 수 없으며, 그 반대로 명예는 오직 주변 사람들의 자유를 지켜주어야 한다는 진리를 개인적으로 책임 있게 행하는 강한 사람들에게만 주어진다. 우리는 개인의 삶뿐만 아니라 공동체 가운데서도 진정한 자신이 되어야 한다.

아마도 익히 알겠지만 높은 수준의 자유로 인해 갈등이 일어날 수 있다. 우리의 편도체의 범위를 넘어 살아가는 사람들을 만나기 때문이다. 그런 사람들의 명예를 존중해주어야 한다는 사실을 핵심적으로 받아들이지 않으면, 우리는 다른 방식으로 살아가는 사람들에 대해 불편함을 느끼게 되고 그들의 자유를 제어하려고 한다. 십대 자녀들을 둔 부모의 경우가 전형적인데, 십대들이 자신들의 자유를 탐험하려고 할 때 부모들은 지레 겁을 먹는다. 그 두려움은 자녀가 부모들은 그렇게 하지 않았거나 다시는 그렇게 하지 않을 행동들을 하고 있다는 사실에 기인한다. 그 싸움은 부모들로부터 독립하여 자신만의 자아를 세우기 위해 달라지려고 하는 자녀들과 자녀들을 자신처럼 만들려는 부모 사이에서 벌어지는 줄다리기다. 부모의 삶의 양식으로부터 자녀들이 멀어질수록 부모들은 더 간섭하여 자녀들의 선택을 제한하려는 경향이 있다. 그 결과 갈등이 일어난다. 그러나 십대 청소년들과 부모들이 사랑과 신뢰를 바탕으로 서로를 존중할 때, 부모들은 두려움 때문에 결정하지 않고 자녀들의 자유는 지켜질 수 있다.

분명하게 말하지만, 다르게 살아간다는 것은 부도덕한 삶을 산다거나 하나님의 관계를 범하는 삶을 의미하는 것이 결코 아니다. 실제로 많은 크리스천의 삶의 방식은 서로 다르다. 사람들이 자유 속에서 행하기 시작할 때, 그들이 말하는 것이나 행동하는 것을 보면 마치 주변 사람들의 동의는 신경 쓰지 않는 것처럼 보인다. 이럴 때 우리 크리스천 문화에서는 반발이 생긴다. 다시 한 번 강조하지만 내가 무례한 사람들이나 남들을 배려하지 않는 사람들이나 밉살스러운 사람들을 옹호하는 것이 아니라, 자유로운 사람은 다른 사람들을 바로잡으려고 하는 일에는 좀처럼 관심을 두지 않는다는 점을 지적하려는 것이다.

음악의 스타일이나 음주의 문제 혹은 너무 기독교적인 용어들을 쓴다든지, 현재 진행되고 있는 성령의 은사들의 문제까지, 실제적으로 자유 때문에 많은 차이가 나며 이로 인해 기독교 안에도 균열이 있다. 우리가 선호하는 패러다임을 다른 사람들이 존중해주지 않을 때, 우리의 편도체는 저항한다. 그래서 최악의 모습을 보여준 채 관계를 끝내고 만다.

당신이 보았듯이, 명예를 존중해주는 문화로 인해 안전지대가 만들어지기도 하지만 큰 갈등도 일어난다. 문제는 갈등이 생길 때 그 갈등을 통해서도 다른 사람들의 명예를 존중해주는 법을 배울 것인지에 달렸다. 갈등 자체가 나쁘고 악한 것이 아니다. 사실 한 가지 갈등이 없어졌다고 해도 삶에는 또 다른 갈등이 생기게 마련이다. 때로 우리는 갈등이 없는 평화를 바라지만, 진정한 평화는 언제나 승리의 결과로 온다. 나는 싸움 없는 승리를 생각할 수 없다.

Culture of Honor

우리에게 안전지대가 필요한 것은 하나님께서 우리를 그런 존재로 지으셨기 때문이다. 에덴동산이 바로 그러한 장소였다. 우리는 자유가 필요한 존재로 지음 받았다. 우리는 안전할 때, 행복할 때, 온전하다고 여길 때, 그리고 평화를 누릴 때 최선을 발휘한다.

Chapter 7

KINGDOM CONFRONTATION

하나님 왕국의 직면상담

여호와께서 말씀하시되 오라 우리가 서로 변론하자

너희의 죄가 주홍 같을지라도 눈과 같이 희어질 것이요

진홍 같이 붉을지라도 양털 같이 희게 되리라

사 1:18

불명예스러운 면들을 효과적으로 직면(confrontation)하지 않는다면 다른 사람들의 명예를 존중해주는 문화를 만들 수 없다. 은혜가 흐르는 분위기를 유지하려면, 존중과 직면이라는 관계의 두 가지 요소를 효과적으로 다룰 줄 알아야 한다. 이번 장을 심도 있게 읽어보라. 당신의 희망이 성취되는 데 큰 도움이 될 것이다.

바울은 갈라디아 교인들에게 우리가 성령 하나님의 내적인 역사를 통해 사랑과 자유 가운데 살아가라고 부름 받았다는 점을 특별히 강조했다. 이 시대를 보면 이 개념은 전혀 새롭지 않다. 그러나 우리도 갈라디아 교인들처럼 이 사실을 받아들이는 데 어려움이 있어 보인다. 이미 우리가 왜 형벌받지 않을 것인지, 이에 대한 믿음이 신자의 삶에 얼마나 기초적인지 살펴보면서 바울이 말한 바를 다루었다. 이번 장의 취지에 맞도록 우리를 성인이 된 상속자라고 가르친 부분을 다시 한 번 살펴보자.

> 내가 또 말하노니 유업을 이을 자가 모든 것의 주인이나 어렸을 동안에는 종과 다름이 없어서 그 아버지가 정한 때까지 후견인과 청지기 아래에 있나니 이와 같이 우리도 어렸을 때에 이 세상의 초등학문 아래에 있어서 종노릇하였더니 때가 차매 하나님이 그 아들을 보내사 여자에게서 나게 하시고 율법 아래에 나게 하신 것은 율법 아래에 있는 자들을 속량하시고 우리로 아들의 명분을 얻게 하려 하심이라 너희가 아들이므로 하나님이 그 아들의 영을 우리 마음 가운데 보내사 아빠 아버지라 부르게 하셨느니라 그러므로 네가 이후로는 종이 아니요 아들이니 아들이면 하나님으로 말미암아 유업을 받을 자니라[46]

우리는 더 이상 종이 아니라 아들이다! 우리가 생명을 얻고 살아가기 위해 후견인이나 청지기(외적인 통제)는 필요하지 않다. 우리는 살아계신 하나님의 능력 있고 자유로운 아들들이다.[47] 그리고 종으로서 한계 속에서 사는 것보다 능력 있는 부요한 사람으로 자유 속에서 살기 위해서는 더 많은 것이 필요하다.

'매트릭스'(The Matrix)라는 영화를 기억하는가? 모피어스를 처음 만났을 때 네오는 "너는 노예야. 다른 모든 사람처럼 너도 얽매인 채 태어났지. 냄새도 맡을 수 없고, 맛도 보지 못하고, 만지지도 못하는 감옥 안에서 태어났어. 너의 마음의 감옥이지"라는 말을 들었다. 모피어스는 그 감옥에서 나올 수 있는 자유, 곧 빨간 알약을 주겠다고 제안한다. 그러나 네오가 '진짜 세상'(real world)에서 깨어났을 때, 온갖 종류의 선이 자기 몸에 연결되어 있었다. 모피어스는 전에는 쓰지 않던 근육들을 새롭게 구축하고 있다고 설명했다. 이는 영화의 한 장면이지만 이 세상의 요소에 얽매어 태어난 우리가 자유로운 새 생명으로 들어온 사실을 얼마나 잘 그려주는지 모른다.

종으로서의 우리는 되도록 저항하지 않고 생각과 행동에 전적으로 책임지지 않아도 되었다. 우리는 무제한의 선택의 가능성을 다룰 수 있는 도덕적 근육들을 발전시키지 않았다. 그러나 하나님 왕국의 '진짜 세상'에서는 하나님의 자녀들이 자유로울 수 있을 뿐만 아니라 왜 자유롭게 되었는지, 곧 자유의 궁극적 목적인 사랑을 왜 실천해야 하는지를 이해하고 있다. 바울은 다음과 같이 말했다.

> 형제들아 너희가 자유를 위하여 부르심을 입었으나 그러나 그 자유로 육체의 기회를 삼지 말고 오직 사랑으로 서로 종노릇하라 … 내가 이르노니 너희는 성령을 따라 행하라 그리하면 육체의 욕심을 이루지 아니하리라[48]

성령을 따라 행할 때 진정한 자유와 사랑을 이룰 수 있다. 그러므로 리더로서 우리가 자유를 감당할 수 있는 사람들을 세워 나가려면, 단지 사람들의 행동만을 바꾸려 하지 말고 영을 다룰 줄 아는 성숙한 지도력을 발휘해야 한다.

바울은 "형제들아 사람이 만일 무슨 범죄한 일이 드러나거든 신령한 너희는 온유한 심령으로 그러한 자를 바로잡고 너 자신을 살펴보아 너도 시험을 받을까 두려워하라"[49]라고 권면했다. 바울은 우리가 경계를 넘어 수렁에 빠진 사람을 만나게 될 때 어떻게 해야 할지에 대해 지침을 준 것이다. 앞 장에서 바울은 성령에 의해 이끌리는 사람들을 묘사하면서 하나님의 성품(열매)이 그들의 삶에서 나타난다고 했다. 여기서 그는 우리를 하나님의 사랑과 성품을 알고 드러내는 "성령의 사람들"이라고 표현하며, 우리가 성령의 열매 중 하나인 "온유한 심령"으로 그렇게 해야 된다고 선포한다.

우리는 또한 다른 사람들을 판단하는 대가가 얼마나 큰지 유념해야 한다. 예수님께서는 우리가 다른 사람들의 죄에 대해 내리는 판단 그대로 우리를 판단할 것이라고 하셨다.[50] 다른 사람을 판단하는 것은 자신의 얼굴에 큰 과녁을 그려놓고 원수가 나를 겨냥할 수 있도록 하는 것과 같다.

여기에서는 "온유한 심령"이 핵심적인 구절이다. 이 마음은 특별히 직면상담(confrontation)을 하는 사람들이 꼭 품어야 한다. 온유함은 실수했거나 실패한 사람들을 대할 때 우리가 꼭 견지해야 할 태도를 완벽하게 표현해주는 단어다. 온유함은 그저 좋다거나 예의 바르다는 뜻이 아니다. 온유함의 본질은 "나는 당신을 통제하고 조종할 필요가 없다"라는 신념이다. 사슴을 토닥여주려고 접근하는 것을 상상해보라. 그 사슴은 당신이 자기를 잡을 것이라고 생각해서 곧 달아날 것이다. 하나님의 마음을 아는 우리는 문제에 빠진 사람들을 직면할 때마다 통제하려고 하지 말아야 한다. 이것이야말로 가장 중요하며 가장 먼저 개발해야 될 기술이다. 이는 또한 가장 어렵기도 하다.

온유함을 기르는 일은 우리 믿음에 달려 있다. 우리가 다른 사람들을 조종할 수 있다고 믿는가? 이를 증명해볼 간단한 방법이 있다. 당신이 다른 사람들을 통제하지 못하게 되었을 때, 당신은 어떤 반응을 보이는가? 화가 나는가? 불명예스러운 일이라고 생각하는가? 그들을 처벌할 정당한 길을 찾는가? 이러한 질문들에 하나라도 "예"라고 대답한다면 당신은 여전히 다른 사람들을 통제할 수 있고, 해야 된다는 거짓을 믿고 있는 것이다. 왕국의 가르침과 가치관을 가지고 문제 있는 사람들을 도우려면, 당신은 이 부분을 회개하고 다른 사람들로 하여금 그들의 일은 그들이 처리하도록 허용하기 시작해야 한다.

각성과 부흥이 일어나면 주변의 모든 문제가 사라질 것이라는 은밀한 기대를 품은 적이 있었다. 그러던 어느 날 이런 믿음이 깨어져버렸는데, 내 주변에 있는 많은 사람이 여전히 문제를 갖고 있었기 때문이었다. 그들은 간음, 아동 학대, 중독, 거짓말, 그리고 그 이상의 것들에 빠져 있었다. '하나님께서 정말 살아계시고 그분의 왕국이 이루어지고 있다면, 왜 많은 사람이 자신의 삶을 망가뜨리고 마는 걸까?' 나는 혼자 생각했다. 이런 질문으로 고민하다 보니 전에는 생각도 못했던 방식으로 하나님의 왕국을 바라보게 되었다. 하늘은 하나님께서 모든 선택에 관여하시는 곳일까? 에덴동산은 어떠했는가? 그곳에서는 아담이 선택할 수 있지 않았는가?

그런 후 나는 하늘에도 잘못된 선택들이 있다는 점을 깨달았다. 사실 하늘에도 잘못된 선택들이 있어야만 한다. 그곳은 자유로운 곳이기 때문이다. 루시퍼는 그런 잘못된 선택이 가능하다는 것을 알았던 것이다. 빌 존슨이 다음과 같이 말하는 것을 나는 자주 들었다. "한 교회의 문화에서 은혜가 넘칠 때 사람들의 마음에 내재해 있던 죄성이 드러날 가능성이 높다." 사랑으로 수용되는 분위기 안에 살며 하나님의 무조건적인 사랑을 다른 사람들의 삶에 100퍼센트 적용할 때, 사람들의 삶에 내재되어 있거나 사람들이 혼자 씨름하며 숨기고 있던 죄악들이 겉으로 드러나게 될 것이다.

돼지 농장의 진화를 한 번 보면, 은혜의 문화를 더 잘 이해할 수 있다. 돼지들은 악취와 더러움으로 유명하다. 오랜 세월 동안 돼지 농장의 환경은 역겨웠다. 돼지들은 체온을 스스로 낮출 수 없기 때문에, 농장주들은 진흙 구덩이를 만들어 돼지들의 체온이 과도하게 올라가는 것을 방지해왔다. 돼지들은 꽤 오랫동안 이 진흙 구덩이에서 뒹구는데, 화장실이 별도로 없어서 거기에서 배설물도 배출한다. 그렇기 때문에 돼지우리 가까이에 가면 악취가 진동하고 바람이 불면 멀리까지 냄새가 퍼진다. 이 지역은 오물, 질병, 박테리아, 그리고 전염병 등이 성행한다.

그러나 최근에 돼지들을 깨끗하게 키우려는 농장주들이 나타났다. 그 사람들은 오물들로 가득 찬 진흙 구덩이가 돼지를 치는 데 필수 불가결한 것이라고 여기지 않고, 돼지들을 혐오하게 만드는 것들로부터 분리할 수 있는 시설들을 지었다. 돼지들의 체온을 낮추기 위해 진흙을 쓰지 않고 물을 쓴다. 돼지 축사 바닥에는 배수 시설을 갖추어 배설물 등도 처리한다. 돼지들도 깨끗한 환경에서 살게 되었고 애완동물들처럼 바로 배설이 처리된다. 이는 얼마 전까지만 해도 상상할 수 없는 일이었다. 그러나 사실 지금도 그리 보편화되지 못했다. 새로운 시스템을 갖추려면 돈이 많이 들기 때문에 많은 돼지 농장주는 여전히 옛날 방법을 쓰고 있다.

하늘 아버지께서는 우리의 오물들을 처리하는 새로운 시스템을 구축하기 위해서 최고로 비싼 값을 치르셨다. 사람들이 돼지를 깨끗이 치기 위해 기꺼이 돈을 지불하는 것과는 비교가 안 될 정도로 예수님의 보혈은 우리를 위한 충분하고도 값진 대가다. 예수님께서는 다음과 같이 선포하셨다. "너희는 내가 일러준 말로 이미 깨끗하여졌으니."[51] 그렇다. 우리는 깨끗하다!

그러므로 죄가 우리 앞에 모습을 드러낼 때, 그 죄를 효과적으로 처리할 수 있는 구조를 갖추는 것이 좋다. 어떤 이유에서든지 우리는 교회에 그 어떤 죄도 없어야 한다고 생각한다. 그러나 이는 옳지 않다. 우리가 죄를 어떻게 다루어야 할지 알지 못한다면, 사람들을 대하는 법을 잘 모르는 것이다. 우리는 사람들이 죄를 짓는 것을 막기 위해 불가피하게 율법의 문화를 만들었다. 이 문화가 우리에게 전해주는 메시지는 이것이다. "죄는 혼자 간직해라. 나에게 보이지 마라. 나는 그 죄를 다룰 수 없다."

기억하라. 이것은 바리새인들의 생각이었다. 그들은 죄를 무서워했다. 당대에 죄에 대한 유일한 대처법은 죄에 따라 형벌을 무겁게 만드는 것이었다. 죄질에 따른 형량이 그들의 마음과 관계 그리고 문화를 지배했다. 반면 예수님의 일행에는 의외의 사람들이 모였다. 그들은 도둑과 세리 그리고 매춘부들이었다. 당시 다른 종교 지도자들과 비교해 보면 예수님은 '라스베이거스의 예수'라고 부를 수 있다. 그분은 사람들이 만들어놓은 더러움을 조금도 무서워하지 않았을 뿐만 아니라 그분의 주변에서 그것이 드러나도록 하셨다. 예수님과 함께 3년을 보낸 사람들조차 그분이 십자가에 달리신 밤에 실수를 저질렀다. 그러나 궁극적으로 그분의 사랑과 사람들을 인도하시는 방식으로 인해 사람들은 자신의 실수와 문제들을 이겨내고 바로 서게 되었다.

은혜로운 문화를 배양하려면 사람들의 문제를 효과적으로 처리할 방법들이 있어야 한다. 사람들의 실수와 실패로 그 사람을 규정할 것이 아니라 그 쓰레기를 처리하는 환경이 필요한 것이다. 우리는 그 쓰레기를 옮기되, 다른 사람들이 우리를 조종하고 우리가 다른 사람들을 통제하는 분위기 또한 없애야 한다. 내가 앞에서 지적했듯이, 그 어느 누구도 우리를 제어할 수 없다. 우리는 다른 사람들을 조종(control)하고자 하기에 삶이 바쁘다. 그러므로 우리는 다른 사람들의 죄가 드러났을 때 자신을 다스려야 한다. 사람들과 더불어 살며 절제 안에서 자유를 유지할 수 있을 때, 우리는 능력 가운데 평화를 누릴 수 있다. 절제가 없다면 우리는 보복과 비난이 난무하는 무책임한 문화를 만들게 된다. "네가 나를 자극했어. 그때 나는 어떻게 해야 할지 몰랐지. 그만해. 너

때문에 내가 이렇게 된 거야. 네가 그렇게 하지 않았다면 나는 이렇게까지 할 필요가 없었어."

사람들은 훌륭한 지도자들이 자유 안에서 명예를 존중해주며 이끌어줄 때 힘과 능력을 되찾는다. 그런 문화에서는 죄와 불명예를 직면(confrontation)하는 것을 가치 있게 여긴다. 그들은 어지럽혀진 것들을 치우지 않으면 독소가 되어 모든 사람을 더럽힌다는 것을 알고 있다. 그러나 나는 이런 것들을 직면하는 것에 대해 더 설명할 필요를 느낀다. 직면상담에 대한 잘못된 이해로 죄로 인해 생긴 어려움 외에 다른 잡음과 혼란이 야기되기 때문이다. 이제 죄에 대한 직면이 아름답게 이루어진 성경 이야기를 하나 살펴볼 것이다. 이를 통해 당신 주변 사람들의 인생 가운데에 드러난 죄의 문제에 어떻게 접근해야 하는지, 그리고 그 관계에서 자신을 어떻게 관리해야 하는지에 대해 진리를 배울 수 있기를 기도한다.

직면상담의 목표

첫 번째로 직면상담의 목표를 규정해보자. 이런 목표에 따라 직면상담에 대한 동기부여를 받아야 하고, 또 직접 상담할 때 꼭 염두에 두어야 한다. 우리는 직면을 통해 빛으로 나아갈 수 있다. 내가 '온유한 심령'(a spirit of gentleness)으로 당신에게 다가갈 때는 당신을 위해 빛을 밝혀 볼 수 있도록 기회를 주기 위함이다. 다시 말하지만 "온유함(gentleness)

이란 내가 당신을 조종할 필요가 없다"는 뜻이다. 직면한다는 것은 당신을 압박해 무엇을 하도록 시키는 것이 아니다. 이는 당신을 사랑하기에 얼굴을 맞대고 앉아 당신이 보지 못하고 있는 것이나 당신이 무슨 일을 하고 있는지 모르거나 혹 주변에 어떤 영향을 끼치는지 알지 못하는 것을 보게 하려는 시도다. 온유함으로 나아가는 동안 염려의 수위는 낮추고, 사랑의 수위는 증진시킬 수 있다.

전통적으로 직면(confrontation)은 갈등(conflict)과 동의어처럼 받아들여졌다. 이런 단어들은 싸움과 상처라는 말들을 생각나게 한다. 너무나도 자주 다른 사람들을 돌보고 신경 써주는 사람들이 상처를 받는다. 이런 일의 원인은 바로 통제(control)하려는 잘못된 목표에 있다. 잘못된 목표는 바람직하지 않은 결과를 낳는다. 그렇기 때문에 직면의 정확한 목표를 규정하고 이해하는 것이 중요하다.

- 강해질 수 있도록 가르치기 위해 결과들(consequences)을 알려준다.
- 실패한 이후에 자신들이 어떤 사람들인지 잊어버린 것을 다시 기억하게 해준다.
- 관계적 유대를 강화시킬 수 있는 초청장을 보낸다.
- 은혜와 힘이 필요한 영역을 알게 하기 위해 전략적으로 압박을 가한다.

어떻게 하면 '강해질 수 있도록 가르치기 위해 자신이 벌인 일의 결과를 알려줄 수 있을지' 좀 더 자세히 설명하겠다. 또 다시 이야기하지만 다른 사람들을 조종(control)할 수 있다는 신념을 바꾸지 않는 한, 이 목표를 이룰 수 없다. 직면상담을 할 때는 문제를 갖고 온 내담자에게 무엇을 하게 하려는 의도가 전혀 없어야 한다. 이 상담을 통해 내담자들은 자신의 편에서 도와주고자 하는 동지를 얻을 수 있다.

두 번째로 '결과'(consequence)와 '처벌'(punishment)은 다르기에 결과만을 제시하도록 주의해야 한다. 많은 사람이 이 영역을 혼동한다. 왜냐하면 우리는 처벌(punishment)을 징계(discipline)라고 해왔기 때문이다. 우리는 모두 징계는 좋은 것이라고 알고 있다. 성경도 사랑과 징계는 연결되어 있다고 분명하게 가르쳐준다.[52] 그러나 불행하게도 우리가 말하는 징계는 처벌 같은 느낌을 준다. 이는 우리의 두려움에 가면을 씌우고 통제에 대한 욕구를 정당화시켜 준다. 징계를 받는 사람에게는 아무런 힘도 없다. 징계받는 사람은 징계를 관리·감독하는 사람에게 철저하게 순응해야 한다. 바로 이 부분이 결국 처벌인 징계와 결과를 통한 징계와의 차이다. 결과는 처벌과 다르다. 문제를 일으킨 사람에게 힘이 주어지기 때문이다.

하나님 왕국의 직면상담은 지배하는 것이 아니라 권한을 부여해주는 과정이다. 어떤 사람이 실패하여 삶에 어떤 결과가 생겼을 때, 그것을 직면하여 스스로 자신의 문제를 해결하도록 하는 것이다. 벧엘에 잘 알려진 말 중에 다음과 같은 말이 있다. "청소할 준비가 되어 있다면 맘대로 문제를 일으켜라." 이는 무책임을 조장하는 말이 아니다. 이는 오히려 누구든지 일이 생기면 개인적으로 책임을 져야 한다는 메시지다. 누구든지 자신이 어질러놓은 결과에 발목 잡히지 않는다. 어느 누구도 그 결과를 처리할 수 있다. 당신도 가능하다.

벧엘교회에서 간섭을 하게 될 때는 관계들을 소중히 여기는 사람들이 자신의 선택과 그에 따른 결과를 개인적으로 책임진다는 것을 기본으로 하여 진행된다. 이런 일은 사람들이 스스로 자유롭다는 사실을 알 때만 가능하다. 그들은 모든 것을 다 불어 없앨 수 있는 자유도 있다. 그럴 때만 그들은 자신의 실수의 결과들을 처리할 수 있으며, 그럴 때만 자신이 속한 공동체와 관계들을 존중하는 선택을 할 수 있다.

우리 마음에 맞는 결과를 내고 싶어 문제에 봉착한 사람들의 선택권을 빼앗는다면, 그들의 권한을 박탈하여 그들을 무기력하게 만들고 무책임한 희생자로 전락시키는 것이다. 무기력한 희생자들은 그 어떤 것도 소유할 수 없으며, 자신들의 환경을 변화시킬 수 없다. 그래서 직면상담을 할 때는 시작부터 권한을 부여해주는 것을 목표로 해야 한다. 상담자는 직면의 과정 가운데 문제를 일으킨 사람의 결정에 따라 어떤 결과가 생길지 지적해주고 통제와 처벌 대신에 지혜와 권한을 부여해준다.

이 책의 첫 번째 장에서 소개한 이야기를 기억하는가? 우리가 운영하는 사역자학교의 학생들이 서로 사귀다가 1학년을 마치고 2학년으로 올라가기 전 여름방학 동안 여자 친구가 임신을 했다. 나는 그들과 함께한 과정을 우리 교회 문화에서 죄를 직면하는 과정의 예로 소개했다. 나는 팀을 이룬 다른 사역자들과 함께 상담하면서 그 두 학생을 매우 존중해주었다. 우리는 당사자들이 보지 못하고 있는 점들, 곧 문제와 결과들을 알게 해주면서도 학생들과의 관계를 보호하는 것을 최우선으로 삼았다. 그들의 문제를 직면하는 과정 내내 위에서 언급한 목표들을 추구하고 또 보호했다. 우리는 직면상담을 통해 그들이 스스로 문제를 해결할 수 있도록 도와줄 때, 그 학생들이 통찰력과 지혜를 얻고 이해하게 될 줄 알고 있었다. 그 학생들에게 자신의 문제를 해결할 수 있도록 권한을 주었고, 그 과정을 통해 그들은 희망과 기쁨을 소유할 수 있었다. 또 그 과정에서 그들은 더 강해졌다.

이 학생들을 대하면서 우리는 그들이 왕 중의 왕이신 하나님의 자녀들이라는 진정한 정체성을 알려주고 확신시킴으로 직면상담의 두 번째 목표, 곧 "실패한 이후에 자신들이 어떤 사람들인지 잊어버린 것을 다시 기억하게 해준다"는 목표도 이룰 수 있었다. 율법의 문화에서는 사람들이 실패하면 당연히 벌을 받을 것이라고 생각할 뿐만 아니라 수치의 힘에 깊게 눌린다. 실패의 크기와 실패에 민감한 정도에 따라 문제를 일으킨 사람들의 마음 가운데에 수치가 깊이 뿌리 내리게 된다. 수치는 감정의 일종이 아니다. 수치는 영이다. 이 영은 사람들의 정체성을 공격한다. 이 영은 사람들에게 거짓말을 하여 그들의 실패가 그들의 본성 때문이라고 믿게 만든다. "너는 실패한 것이 아니야. 네가 바로 실패야. 너는 실수한 게 아니야. 네가 바로 실수야!"

그 두 학생은 멋진 사람들이었다. 그들은 큰 실수를 범했지만 여전히 놀라운 사람들이었다. 상담자는 직면상담을 통해 내담자들이 자신의 진면목을 볼 수 있게 해주면 좋다. 수치는 그들의 진정성을 가리고 파괴하려고 한다. 우리의 일은 사람들이 자신의 진정한 내면의 모습에 따라 최선의 선택을 하고 비극을 승리로 바꾸게 될 것을 확신하면서 그들의 최고의 모습을 표면으로 올려내는 것이다. 이러한 목표로 시작하기 때문에 내면의 최선의 모습을 드러내주고 신뢰해주어야 의미가 있다. 우리가 그들을 처벌했다면, 우리의 기준대로 징벌하여 수치를 주고 무기력하게 만들었을지도 모른다.

모든 믿는 자의 내면에 있는 위대함은 반드시 드러나야 한다. 우리가 진정으로 하늘에 계신 아버지를 대표하려면 말이다. 하나님의 자녀인 우리는 수치와 죄책감의 외투를 입어서는 안 된다. 그것은 우리를 무기력이라는 함정에 빠뜨린다. 사람들의 정체성을 제대로 잡아주려면 실패나 그 결과보다 더 오래 남을 사랑의 행위로 다가가야 한다. 사람들은 두려움과 수치로부터 벗어나야 자신들의 진정한 정체성을 볼 수 있고, 그에 대해 생각할 수 있다. 계속 거듭해서 말하지만, 우리는 실수한 사람들의 위대함을 목도해왔다. 그들은 책임을 회피하지 않고, 악을 선으로 바꾸었다. 그리고 그들이 언약을 굳게 붙들고 하나님과의 관계가 깊어지는 것을 보았다.

이것이 바로 직면상담의 다음 목표인, "관계적 유대를 강화시킬 수 있는 초청장을 보낸다"이다. 우리는 문제를 빛 가운데로 가져오는 것을 언약의 관계들을 실천하라는 초대장으로 보아야 한다. 우리의 우선순위는 문제를 해결하거나 행동을 변화시키는 것으로 보일 수도 있다. 그러나 실제로는 이렇게 직면하는 것은 두 사람 혹은 그 이상의 사람들과의 언약을 시험해보는 것이다. 그리고 언제나 관계를 최우선적으로 두어야 한다. 상대에게 우리나 그가 속한 공동체에 대해 책임을 지게 할 때, 결국 우리가 그들을 얼마나 신뢰하는지 드러난다. 직면을 통해 우리의 관계가 시험받을 때에야 비로소 다른 사람들과의 언약 관계의 진정한 힘을 배울 수 있다.

사람들을 직면할 때 그동안 우리가 그들과 맺어온 관계가 얼마나 약하고 깨지기 쉬운 것인지를 알게 되는 경우가 매우 많다. 어떤 때는 다른 사람들이 우리와의 관계를 얼마나 하찮게 여기는지 알게 되어 놀라기도 한다. 또 사이가 끈끈했다는 것이 우리의 희망이었고 생각뿐이었음이 밝혀지기도 한다.

신뢰는 직면상담을 성공적으로 하기 위한 열쇠다. 신뢰가 없다면 우리의 한계를 금방 발견하게 될 것이다. 직면상담이 잘 진행되지 않는다면 첫 번째로 확인해보아야 할 것이 바로 신뢰의 깊이다. 보통 신뢰도가 낮을 때, 염려의 정도는 높아진다. 염려가 높아지면 우리는 자기보호를 우선시하게 하게 되어 서로를 조종하려고 한다. 우리로부터 자신을 보호해야만 한다고 믿는 사람이 앞에 있다면, 그의 진정한 본모습의 위대함에 대해 이야기하기보다 그의 생존 전략이 얼마나 놀라운지를 말하게 된다. 신뢰 관계를 구축하려면, 내담자가 우리가 그의 편이고 직면상담을 통해 그들의 최선의 유익을 위해 일한다는 점을 믿을 수 있어야 한다.

이야기한 그 두 학생은 처음 만난 생소한 사람들이었다. 내 사무실에 앉아 대화를 나누기 전에 그 둘 중 어느 누구와도 말을 나눈 적이 없었다. 그 둘은 마치 도박을 한 것과 같다. 모든 판돈을 낯선 사람, 그것도 자신들을 제적시킬 힘이 있는 사람에게 걸었던 것이다. 그들의 그런 불리한 입장을 생각해볼 때, 나를 신뢰해준 것이 매우 고맙다. 수치와 염려 그리고 처벌을 예상하는 입장 등으로 인해 그 상담은 처음부터 힘들었다. 나는 학교에서 그들을 인도하는 리더들에게 상담에 같이 참여해달라고 부탁하여 그 학생들이 그 리더들에게 이미 쌓아둔 신뢰를 '빌릴' 수 있었다. 나는 문제의 원인을 발견할 수 있을 것이라는 희망이 있었기에 학생들을 압박하기 전에 신뢰를 쌓아야 한다는 점을 이미 알고 있었다.

우리의 마지막 목표는 "은혜와 힘이 필요한 영역을 알게 하기 위해 전략적으로 압박을 가한다"이다. 우리는 '무너진 곳'(broken spot)을 찾아 치유를 해야 한다. '압박을 가한다'라는 개념을 청년 시절에 타이어 가게에서 일했던 경험을 살려 비유적으로 설명해보겠다. 당시 나는 벌목한 나무들을 나르는 트럭의 펑크 난 타이어를 교체하는 일을 했었다. 먼저 트럭을 기계로 들어 올려 바퀴를 빼고 해머로 고정 핀을 쳐낸 다음에 타이어를 벗겨내고 그 안에 있는 바람이 빠져 처진 튜브를 빼낸다. 그리고 공기 호스를 튜브의 공기 주입 부분에 연결시켜 공기를 채워 넣는데, 보통 튜브의 용량보다 공기를 더 많이 넣는다. 공기를 넣어 튜브가 팽팽해지면 물을 가득 채운 큰 대야 안에 집어넣는다. 그 다음 튜브가 계속 물 안에 있도록 손으로 잡은 채 튜브를 돌리며 무언가를 찾는다. 즉 거품을 찾는다. 공기가 새는 곳이 바로 '무너진 곳'이기에 나는 그 지점을 찾으려고 노력했다. 거품이 나는 곳을 찾게 되면 표시를 해 두었다가 바로 수리를 시작한다.

이 과정은 튜브 내부에 충분한 압력을 넣어줄 때에만 가능하다. 적절한 압력을 가하지 않으면, 튜브의 '무너진 곳'은 드러나지 않는다. 외부에서 압력을 준다고 해서 사람들의 '무너진 곳'이 표출되지는 않는다.

아무리 소리를 지르고, 문제를 잘 분석하여 잘게 나누어보고, 달래보기도 하고 혹 심문을 해보아도 정작 치유가 필요한 영역을 발견하는 데 별로 도움이 되지 않는다. 이 일은 내면에서 시작해서 밖으로(inside out) 드러나게 해야 한다.

상담을 통해 문제를 직면하는 것은 다른 사람의 무너진 곳을 드러내기 위해 그의 삶에 의도적으로 압력을 가하는 과정이다. 사람들이 간혹 벗어나지 못하고 있는 파괴적인 고리들을 변화시키기를 진정 원한다면, 먼저 무너진 곳들을 찾아야 한다. 정말 무엇이 잘못되었는지 알지 못하면 제대로 된 결정을 내리지 못하며, 그 결정에 걸맞는 결과들도 기대할 수 없다.

이사야 1장 18절은 "오라 우리가 서로 변론하자 너희의 죄가 주홍 같을지라도"라고 말하고 있다. 당신이 저지른 죄들이 여기저기 널려 있더라도 하나님께서는 "우리가 할 수 있는 게 있다"라고 말씀하신다. 우리에게는 희망이 있다. 나아가 하나님께서는 "오라 우리가 변론을 하자"라고 하신다. 하나님의 본성이시며 갈망이자, 하나님의 심장을 뛰게 하는 것은 바로 우리가 하나님께 가는 것이다. "서로 변론하자"라는 말씀을 통해 하나님께서는 같이 수정해보자고 초대하시는 것이다. "오라, 같이 이런 것들을 고쳐보자. 내가 보고 있는 것을 너도 보고 있느냐? 그러길 바란다. 그렇지 않다면 내가 말하고 있는 것이 너에게 아무런 의미가 없을 것이다. 지금 내가 보고 있는 것을 네가 보지 못한다면, 내 모든 조언은 조금도 의미가 없을 것이다. 내가 보고 있는 것을 너도 보고 있느냐? 너는 나의 음성을 들을 수 있느냐?"

하나님께서는 우리를 조종하시려는 것이 아니다. 그분은 우리의 '무너진 곳'을 두려워하지 않으신다. 그분은 오직 우리가 자유로울 때 제대로 변화할 수 있다는 것을 아신다.

내면에 압력을 가하기

직면상담의 힘은 인사이드 아웃(inside out, 내면에서 시작하여 바깥으로 결과가 나오는 일)에 있다. 이는 무엇을 파는 일도 아니요, 무엇을 하라고 지침을 내리는 것도 아니다. 우리는 결코 그럴 수 없다. 자신의 내면으로부터 동기부여가 일어나야 진짜다. 우리 모두 가장 빈번하게 하는 실수는 도깨비방망이 같은 소리인 "미안해"라는 말을 하게 만드는 것이다. 형제자매들이 싸우면 "서로 미안하다고 사과해"라고 명령하지만, 이것이 전혀 소용이 없다는 것을 알 것이다. 아이들은 곤란한 처지를 벗어날 수 있다면 무엇이라도 할 것이다. 아이들의 눈을 보고 그들의 음성을 들어보면, 입으로는 미안하다고 말하지만 서로 화해하고자 하는 마음이 전혀 없다는 것을 알 수 있다. 관계의 단절과 상처를 치유하는 길은 마음에 있다. 마음에서부터 해결되기 위해서는 내면에 압력을 만드는 과정이 필요하다.

이에 대한 기가 막힌 예가 욥기에 나온다. 욥은 그의 인생에서 참담한 시간을 맞았다. 그의 친구들은 선의를 가지고 와서 욥에게 외부적인 압박의 수위를 높였다. 각 친구들의 견해들은 강의의 형태로 전달

되었다. 무엇이 문제인지에 대한 친구들의 진단은 고통스러운 것이었으며, 곤경에 처한 욥에게 무기력과 슬픔을 더할 뿐이었다. 친구들은 최선을 다해 도우려 했지만, 오히려 일을 더 악화시켰다.

결국 38장에서 주님께서 나타나셨다. 문제의 진정한 원인에 대한 예언적 통찰력과 지식의 말은 오직 주님께 있다. 그분은 분명 전지(全知)하신 하나님이시다. 그러나 모든 것을 아시는 그분은 기대와는 다른 말씀을 하신다.

> 그때에 여호와께서 폭풍우 가운데에서 욥에게 말씀하여 이르시되 무지한 말로 생각을 어둡게 하는 자가 누구냐 너는 대장부처럼 허리를 묶고 내가 네게 묻는 것을 대답할지니라[53]

하나님께서는 먼저 그저 추측만 하는 친구들을 꾸짖으심으로 이 상황에 들어오셨다. "무지한 말로 생각을 어둡게 하는 자가 누구냐?" 다시 말해 하나님께서 나타나셔서 "입을 닫아라. 너희 모두는 모두 조용히 해라!"라고 하신 것이다. 그 다음에 하나님께서는 내면적인 압력을 만드시는 기술을 활용하신다. "내가 네게 묻는 것을 대답할지니라." 정말 천재적이시다. 이제부터 놀라운 질문들을 통해 사람의 내면을 연소시키는 기관이 작동되기 시작한다.

이 과정에서 다른 사람들이 우리를 지배하려고 할 때 자연적으로 발동하는 방어기제들을 피할 수 있다. 사람들은 질문을 통해 상대가 자신들을 통제하려 한다고 느낄 수 있다. 우리는 대부분 우리보다 높은 사람들이 던지는 질문에 '정확하게' 답해야 했던 경험들이 있다. 이런 직면은 두려움을 만들어내기 때문에 사람들이 안전감을 가질 때 일어날 수 있는 일을 도저히 기대할 수 없다.

위대한 질문은 진리를 만날 수 있는 내면의 여행으로 우리를 인도한다. 하나님께서는 욥에게 이런 과정을 통해 그의 진정한 핵심인 내면으로 들어가게 할 것이라고 알려주신다. "너는 대장부처럼 허리를 묶고." 영광의 왕께서 이처럼 말씀하시는 것을 들으면 누구라도 몸의 기능들이 제대로 작동되지 않을 것이다. 그러나 이는 왕국의 직면상담 과정 가운데 일어나는 일이다.

몇몇 친구와 함께 로데오 경기를 보러 간 적이 있다. 아내도 같이 갔었다. 우리는 경기장에서 가장 좋은 자리에 앉았다. 간혹 부자 친구가 있다는 게 좋을 때도 있다. 우리는 사회자 좌석 바로 옆에 앉았다. 거기에서는 울타리 난간이 보였고 내 바로 밑에 황소를 탈 선수들이 있었다. 나는 그 카우보이 중 한 사람이 준비운동을 하는 것을 보았다. 그는 자신의 다리를 난간 위에 올려 마치 발레리나 체조선수들이 할 것 같은 방법으로 몸을 풀고 있었는데, 카우보이용 부츠를 머리 너머까지 올리는 것이 아닌가. 그때 나는 카우보이들도 운동선수라는 사실을 깨달았다. 그 전에는 그렇게 생각해본 적이 없었다. 그들은 대장부처럼 허리를 묶고, 자신을 잘 준비하고 있었다. 당신도 알다시피 그들은 곧 어떤 일이 벌어질 것임을 알고 있었기 때문이었다. 와우! 그들은 소용돌이 속으로 들어가려던 참이었다.

하나님께서는 "자, 대장부처럼 단단히 준비하고 서라. 이제 내가 질문을 하겠다. 너는 답하라. 네 안에 선한 것이 있다, 욥. 그리고 그 점을 이제 끌어내려고 한다"라고 말씀하신 셈이다. 하나님께서는 그분이 사랑하시는 사람들을 이렇게 다루신다. 이런 직면을 통해 자유가 온다. 하나님께서 압력을 가하셨지만, 온유한 심령으로 하셨을 뿐만 아니라 그분이 던지시는 질문을 통해 욥을 조종하시려는 의도가 없음을 분명히 전달하셨다. 그분께서는 이 과정에 욥이 자신의 의지를 가지고 동참할 수 있도록 초청하셨기 때문에 욥은 자신의 내면에서 일어나는 변화를 감지할 수 있는 기회를 잡았다.

예수님께서도 이런 과정을 거듭 보여주셨다. 그분께서는 성(姓)이 맹인이라고 할 정도로 이름 앞에 늘 맹인 거지가 따라 붙었던 바디매오에게 "네게 무엇을 하여주기를 원하느냐?"[54]라고 물으셨다. 물론 그 맹인 거지 바디매오는 "보기를 원하나이다"라고 대답했다. 왜 주님께서 그렇게 당연한 질문을 하셨을까? 예수님께서는 왜 베데스다 연못에서 38년간이나 천사가 물을 움직여주기를 기다렸던 사람에게 가셔서 "네가 낫고자 하느냐?"[55]라고 물으셨을까? 왜 치유사역이 100퍼센트 성공적이셨던 분이 멈춰 서서 대답이 뻔해 보이는 질문을 하셨을까?

내적인 압력의 힘에 대한 답이 바로 이 점에 있다. 예수님께서는 사람들이 자유의지를 가지고 태어났다는 사실을 아시고, 그 사실에 기반을 두고 행동하신 것이다. 우리가 선택한 것이 아니라면, 우리는 그 결과에 대해 책임지지 않을 것이다. 하나님께서는 그분의 설계와 규칙대로 일하신다. 하나님께서는 그분께서 우리를 창조하신 대로 우리를 '존중'(honor)해주신다. 그분의 임재에는 자유가 있다. 생각하고 결정하며 그리고 우리의 삶을 영위할 자유 말이다.

예수님이 멈춰 서서 위에서 예를 든 사람들에게 그러한 질문들을 던지신 이유는 '선'(line, 線)이 있기 때문이다. 그 선은 경계를 나누는 구분선이다. 그 선은 한 사람의 삶이 멈추는 곳이고 다른 사람의 인생이 시작되는 곳이다. 우리가 다른 사람들을 조종할 수 있다거나 우리의 위대한 사랑을 보여주기 위해 그렇게 해야만 한다고 믿는다면, 거기에는 선이 없다. 내가 당신에게 무엇을 원하고 있다면, 당신의 삶은 나에게 속해 있다. 그러나 내가 당신의 삶을 존중하여 자제하기 위해서는, 내가 멈추고 당신이 시작할 수 있게 하는 경계선이 있어야 한다. 하늘나라의 관점으로 사람들 사이의 경계선을 알고 실천하는 주제는 이미 다른 책에서 충분히 다룬 주제이기에 여기서는 언급하지 않겠다. 그러나 직면상담을 할 때 사람들에게 자신의 문제에 대한 권한을 주려고 한다면, 이 경계선의 문제가 정말 중요하다는 점을 강조하고 싶다.

직면상담은 앞에서 설명한 목표들을 포함해, 위대한 질문을 던질 때 놀라운 결과를 낳게 되어 성공하게 된다.

1. 질문들을 통해 문제를 가지고 온 사람의 생각을 자극할 수 있다.

2. 질문들을 통해 내담자는 자신의 문제를 내면으로부터 생각할 기회를 갖게 된다.

3. 질문들을 통해 내담자의 내면에 있는 위대성을 일깨울 수 있다.

4. 질문들을 통해 실패로 인해 잊어버리는 경향이 있는 것들을 상기시켜줄 수 있다.

5. 질문들을 통해 쌍방 간의 언약 관계를 드러낼 수 있다.

6. 질문들을 통해 직면상담을 한 내담자와 친구로 남을 수 있다.

직면하지 못할 사람이 있을까?

창세기 18장을 보면 두 친구에 대한 놀라운 이야기가 나온다. 바로 아브라함과 하나님에 대한 이야기다. 나는 이 이야기가 하나님께서 정말 살아계신 인격이시라는 사실을 명백하게 보여주는 놀라운 예화라고 생각한다. 그분은 필요가 전혀 없으시거나 나를 관용만 해주시는 우주의 완벽한 존재가 아니다. 그분은 누군가가 죽어 가는데도 자기의 길만을 가는 '저 위에 있는 어느 왈패 조직의 큰 형님' 같은 분이 아니다.

> 그 사람들이 거기서 일어나서 소돔으로 향하고 아브라함은 그들을 전송하러 함께 나가니라 여호와께서 이르시되 내가 하려는 것을 아브라함에게 숨기겠느냐 아브라함은 강대한 나라가 되고 천하 만민은 그로 말미암아 복을 받게 될 것이 아니냐[56]

하나님께서는 소돔을 멸하시러 가는 길이셨다. 그러나 이 일에 대해 무언가 말할 게 있을지도 모르는 친구인 아브라함을 먼저 찾아가셨다. 하나님께서는 소돔에 대한 부르짖음이 커서 조치를 취해야겠다고 하셨다. 이에 아브라함은 놀랐다. 아브라함은 어떻게 반응했을까?

아브라함이 가까이 나아가 이르되 주께서 의인을 악인과 함께 멸하려 하시나이까

그런 후 아브라함은 더 구체적으로 여쭈었다.

그 성 중에 의인 오십 명이 있을지라도 주께서 그곳을 멸하시고 그 오십 의인을 위하여 용서하지 아니하시리이까 주께서 이같이 하사 의인을 악인과 함께 죽이심은 부당하오며 의인과 악인을 같이 하심도 부당하니이다 세상을 심판하시는 이가 정의를 행하실 것이 아니니이까57)

하나님께서는 그분의 계획에 직접적으로 질문을 던지는 아브라함 때문에 멈춰 서셨다. 그리고 다음과 같이 반응하셨다. "그래, 네 말이 맞다. 나는 50명의 의인이 있다면 그 성을 멸망시키지 않겠다." 이 장면은 정말 심오하다. 하나님을 직면했다는 사실! 이는 비범한 일이다. 왜냐하면 우리는 보통 지도자들의 생각과 계획에 직접적으로 직면할 수 없다고 알고 있지 않은가. 우리는 전통적으로 리더들을 직면하면, 그것이 리더에게 불명예스러운 일이 된다고 생각한다.

하나님의 반응에 힘을 얻은 아브라함은 계속해서 더 나아갔다. 마치 경매를 붙이는 사람처럼 아브라함은 하나님께서 그 성읍에 자비를 베푸실 만한 의인들의 숫자를 조금씩 깎아내렸다. "좋습니다. 그러면

40명이라면요? 30명은요? 20명? 혹은 10명은요?" 아브라함은 계속해서 질문을 던지면서도 하나님을 존중하지 않아서 그런 것이 아님을 분명히 했다. "여호와께서 아브라함과 말씀을 마치시고 가시니 아브라함도 자기 곳으로 돌아갔더라."58)

아브라함은 하나님을 신뢰했고, 하나님께서도 아브라함을 신뢰하셨다. 하나님께서 그분의 뜻과 계획에 대해 한 사람이 직면하여 던진 질문들을 받아주셨다면, 과연 직면하지 못할 사람이 있을까? 안전한 환경 속에서는 사람들이 자유의지를 가지고 마음껏 능력을 발휘한다. 그러나 만약 자신들이 모든 권한을 가졌다고 생각하는 사람들에 의해 지배받는다면, 그곳은 곧 안전치 못한 장소로 전락하고 만다.

핵심적인 열쇠는 신뢰다

내가 당신의 삶에 의미와 가치가 있다면, 당신은 나의 도움을 바랄 것이다. 당신이 내가 당신의 최선을 위해 일하고 있다는 사실을 믿는다면, 우리는 직면상담을 통해 더 깊은 언약 관계를 세울 수 있다. 하지만 한 순간이라도 내가 당신을 존중하지 않고 가치 있게 여기지 않는다는 느낌을 받으면, 당신은 스스로 방어하려고 할 것이다. 십대 청소년 자녀와 부모들 간의 전통적인 문제는 자녀들이 젊은 청년들이 되어가는 데 있어서 자신들의 판단과 결정을 부모들이 믿어주지 않는다는 느낌을 받는 데 있다. 사춘기의 자녀들은 그들이 신뢰받지 못한다고 생각하기 때문에 부모들이 그들을 직면할 때 튕겨져 나가버린다.

직접적인 직면의 본질은 진리다. 외부적인 압력을 가하는 목적은 고백을 얻으려는 것이 아니라 진리를 찾고자 하는 데 있다. 신뢰받지 못하는 사람들은 내면에서 역사하고 있는 진리를 그 어느 누구에게도 보여주지 않을 것이다. 그들은 자신의 '무너진 곳'을 숨겨두는 것이 더 안전하다고 느낀다. 치유받아야 할 취약한 부분을 드러내려면 안전지대가 있어야 한다. 그렇기 때문에 겁먹은 내담자가 자신이 보호받고 있다고 느끼고 믿는지의 여부가 직면상담을 하는 사람이 자신의 권한이 크기 때문에 신뢰받아야 한다고 확신하는 것보다 더 중요하다.

직면상담은 본질적으로 검진에 가깝다. 이는 당신이 잘 알지 못하거나 이해하지 못하는 인생의 어떤 부분을 다른 사람이 들여다보도록 신뢰하는 과정이다. 이는 비록 위험이 높지만 건강한 삶을 세우거나 화평 안에서 살기 위해서는 꼭 필요한 과정이다. 이 점은 내가 마흔이 되었을 때 겪었던 일을 생각나게 한다. 나는 그때 처음으로 건강 검진을 받았다. 담당 의사는 옷을 벗고 탁자에 기대라고 했다. 나는 의사가 무엇을 하려는지 알고 있었다. 이미 다른 사람들한테 들어 알고 있었기에 그렇게 하지 않을 것이라고 생각할 수는 없었다. 그리고 내 옆에 놓였던 고무장갑과 장비가 사라졌다. 그 장비가 내 몸을 뚫고 들어올 것이었다. 그리고 정말 그랬다. 그 검사가 끝나고 나서 나는 의사의 눈을 쳐다볼 수 없었다. 곤혹스러운 나머지 나는 약간은 긴장된 웃음을 터뜨리며 어색한 분위기를 무마하려고 다음과 같이 말했다. "이 일을 아내에게 이야기해주어야 할까요?"

여성이었던 내 주치의는 나를 따라 웃더니 이렇게 말했다. "전립선이 부드럽습니다. 좋은 일이죠. 1년쯤 뒤에 한 번 더 보지요."

다윗 왕은 이런 면을 다음과 같이 기도했다.

> 하나님이여 나를 살피사 내 마음을 아시며 나를 시험하사 내 뜻을 아옵소서 내게 무슨 악한 행위가 있나 보시고 나를 영원한 길로 인도하소서[59]

예수님은 정말 위대한 직면상담가이시다. 그분이 사람들의 실수와 허물이 드러나도 무서워하지 않으시고 진리로 사랑 가운데 그들의 마음에 들어가는 것을 두려워하지 않으셨다는 점은 우연이 아니었다. 그분의 제자이든 젊은 관원이든 혹은 우물가에 있던 여인이든 그분께서는 그들의 삶과 마음의 수면 아래에서 어떤 일이 진행되고 있는지 간파할 수 있도록 누구보다도 잘 도와주셨다. 또한 어린아이들은 그분에게서 '안전지대'를 발견하고 뛰어왔다. 아이들은 안전한 사람들을 천부적으로 알아본다. 예수님께서 직면상담의 대가가 되셨던 핵심적인 요소 중에서도 그 문을 열 수 있는 열쇠가 된 것은 연민과 동정 그리고 공감을 가지고 사람들을 대하신 것이다. 나는 빌 존슨이 다음과 같이 말했던 것을 기억한다. "다른 사람을 직면상담할 때 힘들지 않거나 당신의 마음이 아프지 않았다면, 아마도 당신의 잘못된 전제와 태도 때문일 것이다."

직면상담과 권한 부여는 명예를 존중하는 문화 가운데 함께 양립

하는 중요한 두 기둥이다. 그리고 당신의 교회나 주변에서 위의 두 요소가 건강하게 잘 유지되고 흐려지지 않게 하려면, 자비와 연민 그리고 용기와 같은 덕목들이 꼭 필요하다. 직면상담이 성공적으로 수행되면 관계들이 세워지고 그리스도의 언약 안에서 그 결합이 단단해진다. 이는 특별한 기술들을 바탕으로 세워진 예술이다. 그러나 더 중요한 점은 당신의 믿음과 핵심가치들로부터 흘러나오는 삶의 양식이 되어야 한다는 것이다. 직면상담에 필요한 하나님 왕국의 목표들을 더 잘 이해하고 세워갈수록 하늘의 능력이 당신의 직면상담 가운데 더 많이 드러나게 될 것이다.

Chapter 8

REVOLUTION TO REFORMATION TO TRANSFORMATION

혁명에서 개혁으로 또 변화로

이는 물이 바다를 덮음같이

여호와의 영광을 인정하는 것이

세상에 가득함이니라

_합 2:14

미국의 역사를 보면 사람이 다른 사람을 소유하는 것이 정상적인 일로 받아들여졌던 때가 있었다. 개인의 경제를 위해 또 집안 살림이 제대로 돌아가려면 노예가 '필요'하다는 문화적인 관점을 수용했고 전수했었다. 사람을 노예로 만들어 동물처럼 사고팔았으며, 핍박하고 처벌했다. 그때는 그것이 '정상'이라고 생각했기 때문이었다.

이런 비극 중에서도 가장 어려운 영역은 그것이 성경적인 근거를 지녔다는 점이었다. 구약과 신약성경 모두 노예 소유주들에게 하나님의 축복을 용인하여 주었다는 사실은 명백하다. 사도 바울은 자신들의 주인에게 충성하라고 노예들을 지도했다.[60] 그는 노예제도가 큰 구조적인 불의라든지 하늘나라의 패러다임에 위배된다는 식의 언급조차 하지 않았다. 예수님은 그분의 제자들에게 "나의 백성을 자유롭게 하라"라고 하며 노예 철폐 운동을 일으키라고 하지 않으셨다. 그렇지 않은가? 예수님께서는 그분의 사역을 소개하면서 "포로 된 자에게 자유를"[61] 선포케 하려고 기름부음 받았다고 하셨다. 예수님께서는 나중에 그분을 따르고자 하는 모든 사람에게 그분이 하셨던 일을 하라고 위임하셨다. 이는 믿는 모든 사람에게 각 세대별로 위임받은 예수님의 일을 어떻게 해야 하는지 숙제로 주신 것이다. 사람들의 명예와 자유를 더 많이 존중해주기 위해 어떻게 전통을 저버릴 수 있겠는가? 주로 이런 일에는 전쟁이 따른다. 미국의 역사가 증명하듯이, 때로 이로 인해 내전이 일어나기도 했다.

해리엇 비처 스토도 그녀의 책《톰 아저씨의 오두막》(Uncle Tom's Cabin)에서 이 문제를 놓고 고민했다. 그녀는 다음과 같이 말했다.

> 나는 한 여자로서, 한 어머니로서 내가 경험한 슬픔과 불의에 마음이 무너져 내렸기에, 또한 크리스천으로서 기독교가 부끄럽다는 생각에, 그리고 내 나라를 사랑하기에 다가오는 진노의 날에 대한 떨림으로 내가 한 일에 대해 쓴 것이다.[62]

많은 역사가는 《톰 아저씨의 오두막》이 결국 미국에서 노예제를 철폐시킨 남북전쟁을 야기한 사건들에 큰 영향을 미쳤다고 생각한다. 아브라함 링컨은 해리엇을 만나자 "이렇게 큰 전쟁을 일으킨 책을 쓴 사람이 바로 당신과 같이 이렇게 작은 여자였군요"[63]라고 말했다고 한다. 그러나 스토의 남자 형제요 노예 철폐론자로 같이 활동했던 헨리 워드 비처는 노예제를 철폐시킨 사람으로 다른 사람을 들었다. 비처는 남북전쟁 후에 "누가 노예제를 없앴는가?"라는 질문을 받자 "존 랭킨 목사와 그의 아들들이다"[64]라고 대답했다.

존 랭킨은 테네시 주의 제퍼슨에서 엄격한 칼빈주의자의 집에서 태어났다. 1800년 랭킨이 8살이었을 때 일어났던 두 가지 일로 인해 그는 세상을 보는 눈이나 종교적 믿음이 달라졌다. 하나는 당시 아팔라치 산맥 지역을 휩쓸었던 제2차 대각성운동이었고, 다른 하나는 미국 역사상 가장 강력하고 또 조직적이었던 노예반란운동이었다. 그 반란은 노예였던 가브리엘 프로서가 일으켰는데, 그는 결국 동료 27명과 함께 사형당했다. 앤 헤지돈은 다음과 같이 썼다.

> 8살에 일어났던 일들이 랭킨 안에 깊이 자리 잡았다. 그의 기억 속에서 자유를 찾다가 자신의 삶을 잃어버린 한 남자가 테네시 주 동부의 숲 지대에 살고 있던 그에게 밤마다 환영으로 나타났다. 충분한 시간이 지나 랭킨이 뒤를 돌아보았을 때 1800년 여름의 그 열정이 개인적인 각성에 영감을 주었다는 것을 알게 되었다.[65]

복음에 따라 압제, 특별히 노예제를 이 세상에서 없애야 한다고 확신한 랭킨은 노예제를 인정하는 것으로 보이는 성경의 부분들, 곧 당시 강단에서 많이 인용되던 말씀을 놓고 깊이 씨름했다. 궁극적으로 말씀을 균형적으로 보았을 때 그는 하나님께서는 인간이 노예가 되도록 창조하지 않으셨으며, 의로운 사람이라면 의무적으로 인간을 향한 하나님의 최고의 목적을 추구해야 한다고 결론을 내림으로써 이 갈등을 풀었다. 반(反)노예제도협회의 대위원들을 상대로 한 연설에서 그는 다음과 같이 말했다.

> 성경은 모든 사람이 공통의 조상에서 왔다고 합니다. 모두 '한 피로' 만들어졌지요. 결론적으로 모두는 똑같이 자유롭게 창조되었습니다. 첫 사람이 어떤 권리를 가졌든지 간에 그의 모든 자녀도 똑같이 누려야만 합니다. 하나님께서는 노예를 만들지 않으셨습니다. 하나님께서는 모든 사람에게 똑같은 권리를 주셨습니다.
>
> 살아계신 하나님의 군대로서 우주적이고 보편적인 교회는 일어나 주님을 도와 막강한 세력에 대적해야 합니다. 많은 물소리 가운데서도 들릴 수 있도록 소리를 높여 포로 된 자에게 자유를 선포하고 그들이 갇혀 있는 감옥을 열어야 합니다. 그러면 죽음의 음침한 골짜기가 마르고 분노의 강은 멈출 것이며, 슬픔과 탄식은 사라질 것입니다. 이 위대한 일에 연합할 때 교회는 새 천년의 영광을 일으키도록 준비될 것이며, 구속의 사랑에 대한 찬양이 모든 방언으로부터 울려퍼질 것입니다.[66]

어린 소년이었던 랭킨의 마음에 새롭게 태어난 이 열정으로 인해 그는 썩은 계란을 던져대는 성난 군중이나 비방하는 신문 그리고 그와 가족들과 재산에 대한 직접적인 공격까지 모든 종류의 위험을 감내할 용기를 낼 수 있었다. 그는 두려움이 없었을 뿐만 아니라 자유의 메시지를 전하고 그대로 살았다. 그 누구도 그를 멈추게 할 수 없었다. 랭킨과 그의 가족들은 시간과 물질로 헌신하며 계속해서 도망친 노예들을 도와주었다. 그래서 그의 집과 이름은 지하 철도 세계에서 가장 유명하게 되었으며, 같은 일을 하고자 애쓰던 동료 노예철폐론자들에게 큰 지원이 되었다. 헨리 워드 비처가 처음으로 영웅적인 랭킨을 인정하고 증명했듯이, 이 한 사람이 준 메시지와 실례는 매우 강력하고 그 영향력의 범위가 광범위하여 많은 사람, 심지어 그 체계를 비방하던 사람들조차 없앨 수 없다고 믿었던 압제의 체제를 무너뜨리게 한 사람으로 인정받게 되었다.

존 랭킨의 삶이야말로 하늘이 이 땅에 침노해 들어와 부흥이 일어날 때 한 사람의 내면에 그 무엇, 즉 하나님께서 이 땅을 어떻게 창조하셨는지 알게 되고 '해방이 보편화될 그때'까지 그 모든 창조물의 회복을 위해 쓰임 받고자 하는 비전이 심어진다는 사실을 강력하게 증거하고 있다. 살아계신 하나님을 만나고 그분의 마음을 새롭게 받을 때, 우리는 삶에서 더 큰 자유를 갈망하게 되고 '포로 된 자에게 자유를' 주고자 하는 일에 대한 비전과 소망을 갖게 된다. 이렇게 새롭게 된 비전이 현상을 유지하고자 하는 세력으로부터 오는 압제를 걷어 차버릴 수 있는 용기를 준다. 이 용기는 우리가 살고 있는 문화의 기준을 넘어서는 초자연적인 것이다. 부흥이 일어나면 자신이 살고 있는 사회의 한계와 경계를 넘고자 하는 생명력에 불이 붙는다. 이는 인류의 가장 깊은 곳을 자극하여 그 마음의 깊은 곳에서 뿐만 아니라 입술로도 "자유!"라고 크게 외치게 한다. '부흥'(revival)은 '혁명'(revolution)을 가져오며, 혁명은 '개혁'(reformation)을 주도한다.

바로 이 지점에 우리가 서 있다. 우리 세대 가운데 이러한 운동이 일어났다. 우리는 개혁의 과도기에 있다. 외부에서 통치하고 있는 실존의 현실을 더 이상 참을 수 없다. 우리는 무기력에 익숙해지는 것을 더 이상 받아들일 수 없다. 더 이상 노예와 종으로 살 수 없다. 하나님의 진노가 지연되고 있는 종교적인 동기와 작은 삶을 이상적으로 보는 견해들에 더 이상 국한될 수 없다. 우리는 가장 존귀하신 하나님의 자녀들이다. 우리는 전에 없었던 통치를 하기 위해 연단받고 있다. 이제 우리는 이 땅의 왕국들이 우리 하나님의 왕국이 되기까지 그리스도 안에서 강력하고 풍요로운 삶을 누릴 것을 기대한다.

나는 '벧엘 변화학교'(the Bethel School of Transformation)를 이끄는 특전을 누리고 있다. 이 학교에서는 벧엘교회에서 세우고 있는 자유의 문화를 참관할 수 있다. 2005년에 이 학교를 시작한 이후에 약 100여 개 이상의 교회가 훈련에 참석해 4일 동안 벧엘교회에서 하고 있는 일들을 보았다. 지금까지 매 기수마다 예외가 없이 "어떻게 하면 우리 교회에서도 이런 일이 일어날 수 있습니까?"라고 묻는 목사가 한 명씩 있었다. 나는 그런 질문을 가진 사람이 당신만이 아니라는 점을 말해주고 싶다.

나는 한 친구의 간증을 나누고 싶다. 스티브 도어터는 몇 년 전 노스캐롤라이나에서 목회를 하던 중 벧엘교회의 문화를 접하게 되었다.

그는 이후로 설교가 홈페이지에 올라가면 자동적으로 다운 받을 수 있는 팟캐스트(podcast)에 등록하여 우리 교회의 설교가 뜨자마자 들었으며, 몇몇 컨퍼런스도 참석하여 자신이 배운 것들을 회중과 다른 지도자들에게 전하기 시작했다. 그 결과 그 회중과 지도자들에게 큰 변화가 일어났다. 그 교회는 원래 침례교회였지만 초교파교회가 되었고, 스티브의 지도력 아래에서 그들이 전에 경험해보지 못했던 자유와 권능을 추구하였다. 그러나 그들은 스티브가 벧엘교회에서 경험했던 것을 체험하지 못했다. 그래서 스티브를 완전히 이해할 수 없었다.

스티브는 '이 회중을 어떻게 하면 더 앞으로 나아가게 할 수 있을까?' 고민하다가 교회 리더들을 벧엘교회에서 주최한 '리더전진(前進) 컨퍼런스'(Bethel's Leader's Advance conference)에 데리고 왔다. 이 컨퍼런스는 우리 교회와 관련을 맺고 있는 리더들의 소개로 우리가 초청한 사람들만 참여할 수 있다. 그래서였는지 참석하는 모든 사람마다 강력한 체험을 한다.

전진 컨퍼런스 중 어느 날 밤, 아내 쉐리와 나는 스티브와 그의 아내인 조이스 그리고 그 교회 리더들과 한자리에 앉아 저녁을 먹게 되었다. 그들은 아주 우호적인 사람들이었지만, 그들 주위에서 일어나고 있던 일들에 대해서는 잘 이해하지 못하고 있던 것이 분명했다. 컨퍼런스 중에 초자연적 사역학교 학생들이 식탁 서빙을 하고 있었는데, 학생들은 지속적으로 '성령님의 임재의 영향력 아래'에 있었고 그날따라 우리 식탁을 담당하고 있던 학생들은 더욱 '(성령에) 취해'(drunk) 있었다. 그들은 행복해했는데, 그 정도가 최고조였다. 결국 스티브 교회의 리더들이 "저 사람들이 도대체 왜 저렇죠?"라고 질문했다.

나는 "그들은 단지 행복한 것입니다. 그들은 취했거든요"라고 대답했다.

"그들이 취했다고요?" 그들이 질문했다.

나는 설명하기 시작했다. "보세요. 이름이 조지안 바노프라는 청년이 있습니다. 그는 2층의 다른 만찬장에서 사람들을 위해 기도하고 있지요. 제 생각에 지금 2층 전체가 다 취했을 겁니다. 올라가서 한 번 보세요. 그저 가서 한 번 보십시오. 볼 수 있을 만큼 가까이 가셔서 보십시오."

그들은 "좋습니다. 그러고 싶군요. 지금 어떤 일이 일어나고 있는지 가서 보겠습니다"라고 말하고 자리를 떴다.

그 다음에 내가 들은 보고에 의하면 전에 침례교회였던 그 교회의 지도자들은 결국 그 상황들을 이해하게 되었다. 내가 다시 그들을 보았을 때, 이 점잖은 사람들의 머리는 모두 헝클어져 있었고 한 사람은 바지 끝이 신발 안에 끼여 있었다. 그때 나는 스티브가 드디어 그 리더들과 함께 전진할 수 있는 힘을 얻게 되었다는 사실을 알 수 있었다.

그 팀이 교회로 돌아가자 몇 가지 중대한 기적이 일어났다. 한 여인의 몸에서 암 종양이 사라졌다. 재정적인 기적과 내적인 치유들 그리고 구원의 역사가 이 교회에서 일상인 양 매일 일어났다. 그러나 그중에 내가 주목한 기적은 따로 있었다.

파블로라는 3살 먹은 소년은 자폐증이라는 성장장애로 판명되었다. 그는 너무 흥분하여 엄마가 안을 수도, 뽀뽀를 해줄 수도, 그리고 스킨십을 통해 애정을 나눌 수도 없었다. 그는 늘 엄마의 품에서 빠져 나오려고 했고, 어느 누구로부터도 빠르게 도망쳤다. 그는 오직 한 번에 한 번씩, 그것도 한 단어로만 말할 수 있었다. 자신의 이름과 나이를 대답할 수 없었고 색깔과 도형도 구분할 수 없었다. 음식에도 너무 민감해서 새 음식은 언제나 뱉어버려서 한 끼에 한 종류의 음식만 먹을 수 있었다. 그 누구도 그를 집 밖으로 데리고 나갈 수 없었다. 쇼핑도 갈 수 없었는데, 가게 되면 무슨 일이 일어날지 뻔했기 때문이었다. 그는 화가 나거나 기분이 상하면 머리를 바닥이나 벽에다 박았다. 주변 사람들은 안중에 없었고 완전히 자신의 작은 세계에 갇혀 살았다. 그는 한 번도 밤새 제대로 잔 적이 없었다. 보통 새벽 2시나 3시에 깨어나 그 이후로 자지 않았다. 그 아이가 태어난 이후로 3년 동안 한 번도 제대로 자지 못한 부모가 얼마나 어려운 상황에 처했는지, 또 얼마나 탈진했는지 상상할 수 있을 것이다. 파블로에게는 형제가 있었는데, 그를 너무 무서워했다. 이 아이로 인해 그 가정은 붕괴되었다.

스티브는 주일 아침 설교를 하러 강대상으로 가다가 주님의 음성을 '육성으로' 듣게 되었다. 그래서 그는 메시지를 바꾸어서 새로운 설교에 "하나님은 선하시니 나는 그분을 아주 강력하게 추천합니다"라는 제목을 달았다. 그는 하나님의 선하심과 신실하심 그리고 백성을 향한 하나님의 마음에 대해 이야기하기 시작했다. 그가 자신의 간증을 나누자 회중 가운데에 믿음이 일어나기 시작했다. 메시지를 끝내면서 간증을 통해 그가 경험한 일들이 자신들의 삶에도 일어나기를 소망하는 사람들을 위해 기도하기 시작했다. 파블로의 엄마가 나왔고 몇 명의 지도자가 파블로 대신 엄마의 몸에 손을 얹고 기도했다. 그들은 치유와 기적이 일어나도록 그리고 하늘이 열리도록 명령했다.

파블로의 엄마는 그 기도를 믿었고, 그 예배 이후 가정이 치유되었다. 그날 저녁 늦게 집에 도착한 엄마는 다음날 아침에 3년 만에 처음으로, 그것도 모든 식구가 깨지 않고 밤새 숙면을 취했다는 것을 깨닫지 못했다. 그냥 일어나서 '무엇인가가 변했는데'라고 생각했다. 그녀는 아들에게 가서 물었다. "이름이 뭐지?"

그는 대답했다. "파블로."

또 물었다. "몇 살이지?"

"3살."

엄마가 밖에 있을 때 파블로와 함께 있었던 사람들은 이런 변화가 그 전날부터 일어났다고 이야기해주었다. 그 기적은 그녀가 기도를 받자마자 일어나기 시작했던 것이다. 몇 개월이 지나도 파블로는 여전히 밤에 깨어나지 않고 잘 자고 있다. 그 아이는 더 이상 머리를 박아대지 않는다. 이제 자기의 이름과 나이를 밝힐 수 있으며, 누가 어떤 질문을 하든지 80퍼센트 정도 답을 할 수 있다. 그를 담당했던 전문가들은 파블로가 오직 한 단어나 손짓과 몸짓으로만 의사소통할 것이라고 했지만, 이제 그는 완벽한 문장으로 말한다. 이제 네 가지 색깔을 구분할 줄 알며 그 색깔의 이름도 안다. 원과 사각형 그리고 마름모꼴까지 구분할 줄 안다. 파블로는 스물까지 세며 노래를 부르기 시작했고, 짧은 시간이지만 다른 아이들과도 놀기 시작했다. 파블로의 엄마는 아무런 사고 없이 아이를 데리고 맥도날드에서 점심을 먹을 수 있게 되었다. 부모는 이제 파블로를 잡고 껴안으며, 뽀뽀도 해주고 애정을 나눌 수 있게 되었다.

그의 가정을 방문해 파블로를 치료해주던 치료사는 파블로에게 일어난 일들을 보며 감격의 눈물을 흘렸다. 그 치료사는 단지 3주 만에 이 아이에게서 일어난 극적인 변화를 이해할 수 없었다. 파블로의 엄마를 가장 행복하게 해준 말은 파블로가 다니는 유치원 원장의 말이었다. 하루는 그 원장이 직접 나와 차 안에 앉아 있던 파블로의 엄마에게 "이건 정말 우리 도시에서 일어난 기적이라고 하기에 전혀 부족함이 없어요"라고 눈물을 흘리며 말해주었다.

혁명가들

나는 왜 하늘이 이 땅을 침노해 들어오는지 보여주고 싶다. 혁명은 일어나고 있으며 당신이 그 증인이다. 사실 지금까지 이 책을 읽었다면, 당신은 이미 그 혁명에 참여하고 있는 것이다. 당신은 혁명가다. 혁명가로서 참여하다 보면, 그 다음 단계인 교회를 개혁하는 과정으로 인도될 것이다. 하늘은 더 많은 것을 원해서 그리스도의 몸으로 들어와 교회에 온 사람들의 마음과 열정을 더 타오르게 한다.

1년에 한 번씩 리더전진 컨퍼런스를 주최할 때마다 "이 전진 세미나에 처음 참석한 분이 계십니까?"라고 물으면 참석한 사람의 반이 손을 드는데, 이에 우리는 매번 놀란다. 어떻게 참석한 사람들의 반이 처음

온 사람들일 수 있는가? 참석한 사람들의 숫자는 계속 늘어만 가고 강의실은 사람들로 가득 차 비좁게 느껴진다. 더 많은 사람이 하늘의 역사가 일어나고 있다는 소식을 듣게 될 것이다. 우리 팀원들이 가서 사역을 하는 곳마다 사람들은 "하늘의 역사가 일어나고 있어요. 우리 도시가 이 소식을 듣기 시작했어요"라고 말한다.

전 세계적으로 강력한 일들이 일어나고 있다. 언젠가부터 갑자기 우리도 더 이상 이것을 특별하다고 생각하지 않고 있다. 전 세계에 걸쳐 수많은 교회들은 우리가 경험하고 있는 것들을 똑같이 체험하고 있다. 하늘이 침노했다는 간증들은 점점 더 보편적인 것이 되어가고 있다. 그러나 이런 이야기들이 아프리카나 아시아 그리고 남미에서만 들려오는 것이 아니라는 점이 고무적이다. 미국 전역에 걸쳐 지역 교회들에서 이런 간증들이 나오고 있다. 어떤 큰 힘이 움직이고 있는데, 그 운동은 변화의 일부다.

내가 '혁명적'이라는 말을 많이 쓰기 전에, 먼저 이 말의 사전적인 정의를 소개하고 싶다.

혁명(Revolution): 한 나라 인구의 상당수에 의해 수행되는 사회적·정치적인 질서의 강제적이고 광범위한 또한 때로는 폭력적인 변화(엔카르타 백과사전, Encarta Encyclopedia)

이 정의는 마태복음 11장 12절의 "하늘나라는 힘을 떨치고 있다. 그리고 힘을 쓰는 사람들이 그것을 차지한다"(표준새번역)라는 말씀과 연계

된다. 하나님의 왕국이 진전되어 부흥이 일어날 때, 교회의 통치 구조가 강제적으로 전복된다. 그동안 교회 경험을 통해 국한되어온 사회 질서가 강제적으로 도전을 받는다. 하늘이 이 땅 위에 이루어지지 못하도록 막는 것들이 있다. 그러나 전 세계에 걸쳐 "그 정도면 됐어. 지금까지 너무 오랫동안 용인했었어"라고 말하는 사람들의 숫자가 점점 늘어나고 있다. 이렇게 혁명이 시작되었다. 우리가 시작한 혁명은 개혁으로 연결된다. 개혁의 사전적 정의는 다음처럼 단순하다.

> 개혁(Reformation): 남용되고 있는 것들을 고침으로 (법이나 혹은 기관을) 개선하는 것(팔렉스 사전, Farlex Dictionary)

기관들은 우리가 더 이상 생각할 필요가 없고 더 이상 위험을 감수할 필요가 없으며 더 이상 믿을 필요가 없을 정도로 일을 처리하는 방식이 편하고 예측 가능하며 일상적이었기 때문에 발전한다. 이는 모두 단순히 기계적인 행동이 되었으며 사회에서 늘 해오던 익숙한 방식이기에 교회에서도 동일하게 일이 이런 식으로 진행된다. 개혁은 "당신이 하고 있는 일을 왜 하고 있습니까? 이 일이 제대로 진행되지 않고 있다는 것을 아십니까? 전통으로 당신이 세워온 모든 것은 변화되어야 합니다. 이제 어떻게 하시겠습니까?"라는 물음에서부터 시작한다. "우리는 지금까지 보지 못했던 어떤 것을 창조해내야만 할 것입니다"가 바로 그 답이다. 그리고 개혁이 완성될 때 변화가 따라온다.

변화(Transformation): 형태와 외양이 전적으로 혹은 극적으로 달라짐(인사이클로피디아 온라인 백과사전 사이트 중, Encyclopedia.com)

우리의 변화는 이 세상에서 전에 누구도 보지 못했던 새로운 것을 일으킨다. 우리는 변화하는 시대에 살고 있다. 과거와는 전혀 다른 도시에 살고 있다. 그러나 나는 많은 사람에게 이러한 변화를 일으키지 못하게 하는 한 가지 요소가 있음을 정직하게 말하지 않을 수 없다. 사람들은 일반적으로 "우리는 변하고 싶습니다. 사정이 바뀌면 좋겠어요. 우리는 세미나에 다녀왔기에 이제 변화될 겁니다. 집회 실황 DVD도 전질을 다 샀습니다. 이봐, 친구들. 이제 우리 상황이 바뀔 거야"라고 말한다. 그러나 사람들이 놓치는 것이 하나 있다. 그들의 세계에는 좀처럼 움직이지 않는 신성한 소들이 한 무리를 이루고 있다.

최근에 우리 집 방충망에 전단지가 하나 꽂혀 있었다. 이웃의 어떤 교회를 소개하는 소책자였다. 표지 위에는 "다른 교회들과 같지 않습니다"라고 쓰여 있었다. 나는 그 말이 사실이기를 바라며 전단지를 살펴 넘겨보았다. 첫 장에는 담임 목사와 사모의 사진이 실려 있고 밑에 '에드 존스 목사 부부'라는 식으로 이름이 소개되어 있었다. 그 밑에 부부 사진이 몇 장 더 소개되었고 이름도 다 똑같은 방식으로 '탐 스미스 부부, 오지 왈드 부부, 해리 진 부부…'라고 적혀 있었다. 나는 이 홍보용 소책자를 읽으며 생각했다. '각 사진마다 두 사람이 있는데 왜 이름은 하나뿐이지? 아내들의 이름은 다 어디 간 거야. 그냥 사라졌네. 야, 이

거 다를 게 없는데. 사실 오래된 방식이잖아. 여자들이 교회에 더 헌신할수록 자신은 사라지겠는걸. 여자들이 가기에는 무서운 곳이야.'

교회는 우리 사회에서 성차별을 자유롭게 또한 '성경적인 근거를 가지고' 행하며 끝까지 살아남은 기관 중 하나다. 어떤 이유에서든 여성들을 명예롭지 못하게 대하고 권한을 앗아가도 여전히 용납된다. 이 홍보용 전단지는 거짓말을 했다. 그 교회는 대부분의 다른 교회와 다르지 않았다. 이런! 모든 것이 다르다고 말하기는, 다시 말해 "우리는 다른 교회들이 하는 방식, 곧 우리 할아버지 세대들이 하는 방식대로 하지 않고 있습니다"라고 말하기는 어렵지 않다. 그러나 말과는 달리 그대로인 것처럼 보이고 느껴진다. 여전히 같은 염려와 통제의 문제가 남아 있다. 이처럼 우리는 '변화'를 일으키겠다고 공약하지만 '그전과 똑같은 것들'을 대부분 시행하고 마는 우스꽝스러운 정치인처럼 끝나고 만다. 혁명가들은 변화는 결국 '신성한 소들을 기꺼이 구워 먹을' 때 온다는 사실을 알고 있다.

통치 구조의 변화

2장에서 나는 하늘이 이 땅에 흘러오기 위해서는 통치 구조의 변화가 필요하다고 역설했다. 벧엘에서는 이 변화가 일어나 우리 모두 새로운 핵심가치들과 패러다임을 갖게 되었다. 현재 교회의 통치 구조는 몇 세기 동안 지속되어온 목회자 중심의 통치 구조로 목회자들, 행정

가들, 교사들 심지어 전도자 같은 사람들이 실권을 쥐고 있다. 다시 한 번 말하지만 이런 통치 구조의 순서 때문에 문제가 발생한다.

현재의 통치 구조 – 현재의 우선순위

목회자들 – 사람들

행정가들 – 사물들

교사들 – 교리

전도자들 – 구원 메시지

목회자 중심의 통치 구조에서 우선적인 고려 대상은 '사람들'이다. 우리 교회 사람들은 얼마나 안전하고 편안하며 행복한가? 우리는 이를 알아야 한다. 왜냐하면 사람들은 선택권을 가지고 있어서 우리 교회에서 행복하지 않다면 다른 교회로 가기 때문이다. 우리는 신경 쓰지 않는 척할 수 있다. 그러나 이 통치 구조에서는 '의자에 앉아 있는 엉덩이 숫자'(butts in the seat)가 중요하다.

그 다음으로 신경 쓰는 것은 '사물들'이다. 목회자 중심의 통치 구조에서는 청지기직과 돈, 주차장, 건물, 그리고 사역자들과 직원들의 관리에 대한 가르침이 많다. 이런 것들이 교회를 운영하는 동력이 된다.

다음 우선순위인 '교리' 때문에 옳고 그름 그리고 진리와 거짓에 초점을 맞춘다. 그래서 "우리가 가르치는 모든 것은 다 옳은 진리이고 이 도시에서 우리에게 동의하지 않는 사람들이 가르치는 것은 다 잘못된 것이다"와 같은 태도가 발전된다. 결국 다른 크리스천들의 가르침에서 자신들을 방어하라고, 신자로서의 삶을 잘못된 가르침으로부터 보호하라고, 어느 특정한 교회에 참여하지 말라고 가르치고 있는 것이다.

구원의 복음이 마지막 고려 대상이다. 목회자 중심의 통치 구조에서는 사람들을 구원받게 하는 일이 유일한 초자연적인 행위다. 그리고 초자연적인 현현이 없다면 회심자들에게 "당신은 죄인인데, 기도를 했으니 이제 하나님의 은혜를 삶에서 맛보기 시작할 거야. 너의 죄는 용서받았어. 그렇지만 너는 여전히 죄인이야. 우리가 너를 지켜보고 있어"라고 가르친다.

이러한 핵심가치들은 리더십의 기름부음과 체제에서 흘러나온다. 우리나라의 회중 속에서 자유롭게 설파되고 있는 핵심가치를 예로 들어보자. "하나님께서는 언제나 옳습니다. 당신도 하나님처럼 언제나 옳아야 합니다. 이 세상에서 말을 건네기 제일 힘든 부류의 사람이 되십시오. 우리는 당신에게 진리를 가르쳤습니다. 감히 우리가 가르친 진리 이외의 것에 관심을 둔다면 당신은 속게 될 것입니다. 어떤 사람들은 하나님의 왕국에는 초자연적인 일들이 있다고 주장할 것입니다. 그러나 초자연적인 것들은 언제나 의심스럽고 속임수로 가득합니다. 이 땅에서는 오직 마귀만이 초자연적인 힘을 갖고 있습니다."

이런 핵심가치들은 증명되고 통제될 수 있는 것들에만 초점 맞춰진 환경을 조성한다. 이런 교회 문화가 이 땅에 널리 퍼져 있기에, 지금 이 책과 같은 책을 읽고 있는 사람들이 그 고리를 끊어내려고 노력할 것이라고 나는 확신한다. 그러나 당신이 목회자 중심의 통치 구조를 가진 교회에 출석하고 있다면, 그 구조의 핵심적 가치와는 반대되는 가치들을 소개하는 데 어려움이 있을 것이다.

지금까지 내가 소개한 고려 사항들이 나쁜 것은 아니다. 어린 시절을 악하다고 말할 수 없는 만큼 말이다. 굳이 표현하자면 그런 기독교는 열등한 기독교다. 신자들이 자라는 것을 효과적으로 막고 있는 체제를 볼 때 장애가 있다. 목회자 중심의 통치 구조 가운데서는 사람들이 하나님이 의도하신 만큼 자라지 못한다. 왜냐하면 그 구조의 깊은 핵심에는 사람들을 구원을 이루어야 할 죄인들로 보는 견해가 자리 잡고 있기 때문이다. 이 견해에 따르면 사람은 신뢰할 만하지 못하며 늘 지시를 받아야 하는 종이다. 우리의 삶은 '해야 할 거룩한 일들의 목록'으로 규정된다. 이는 어려울 뿐만 아니라 '불판'(grill)으로 직행해야 할 신성한 소의 부위들이다.

교리가 하나님과의 관계에 있어 가장 중요한 요소가 아니라고 말하기도 좀 무서운 형편인데, 더욱이 구원 메시지가 정점이 아니라고 제안하면 곧 이단의 가르침처럼 들릴 것이다. 그러나 생각을 다시 세우고 마음을 새롭게 하지 않는다면 우리의 내일은 어제에 의해 지배받게 된다.

예수님이 그러셨듯이 오늘날 교회 환경에서 신성한 소들에게 도전하려면 허락을 받아야 한다. 기억하라. 예수님께서는 오셔서 당시 누구보다도 하나님에 대해 잘 알았던 유대인들을 직면하셨다. 그분께서는 하나님 왕국에 대한 자신들만의 해석에 빠진 그들을 꾸짖으셨다. 예수님께서는 그들을 신성한 쇠고기 직화구이 파티에 초대하셨지만, 슬프게도 그들 대부분은 초대를 거절했다. 그렇기 때문에 우리가 이 세대에 같은 일을 도전할 때 비슷한 대우를 받는 것은 놀랄 만한 일이 아니다.

다시 한 번 말하지만 우리가 도전해야 될 최우선의 것 중 하나는 하나님 집에서의 통치 구조의 순서이며, 우리는 다음의 성경 말씀대로 이를 바로잡아야 한다.

> 하나님이 교회 중에 몇을 세우셨으니 첫째는 사도요 둘째는 선지자요 셋째는 교사요 그 다음은 능력을 행하는 자요 그 다음은 병 고치는 은사와 서로 돕는 것과 다스리는 것과 각종 방언을 말하는 것이라[67]

나는 아직도 어떻게 그 오랜 세월 동안 교회의 통치 구조에 있어 이 말씀이 그냥 무시되었는지 알 수 없다. 나는 바울이 어떻게 썼어야 이보다 더 분명하게 말할 수 있을지 모르겠다. 그런데 어떻게 되었는가? 왜 목회자 중심의 통치 구조 환경이 교회에서 가장 중요하게 되었는가? '목회자'는 목록에도 없는데 말이다. 네 번째도 결코 아닌데 말이다. 이렇듯 우리의 소들은 죽어야만 한다. 특별히 초원에서 어슬렁거리고 있는 소들은 물론이거니와 더 빨리 죽여야 할 소들은 우리 거실에 서 있는 소들이다.

나는 어느 날 밤 디스커버리 채널에서 사자들에 대한 다큐멘터리를 본 적이 있다. 젊은 사자와 늙은 사자가 초원에서 싸움이 붙었다. 젊은 사자가 이기자 늙은 사자는 무리에서 쫓겨났고 그 젊은 사자가 왕이 되었다. 자부심이 드높던 전 리더가 세렝게티 초원의 석양 너머로 절뚝거리며 사라지는 모습은 슬퍼 보였다. 늙은 사자는 자리를 지키기 위해서 수년간 싸워왔는지 얼굴에는 흉터투성이었다. 그러나 흥미롭기도 하고 또 잔인하다고 느꼈던 것은 다음 장면이었다. 새로운 지도자가 된 젊은 사자는 제일 먼저 늙은 사자들의 새끼들을 죽였다. 거대한 사자가 전(前) 리더의 후손의 목을 물어 죽이는 모습은 충격적이었다. 이런 행동으로 인해 암사자들이 발정하게 되어, 새로운 리더가 완전히 새로운 가계, 곧 자신의 DNA를 가진 혈통을 세우게 된다.

나는 빌 존슨도 이와 같이 하는 것을 목격했다. 내 말을 곡해하지 말고 끝까지 읽어보라. 빌이 벧엘교회에 부임했을 때 벧엘교회는 전도자 은사를 가진 사람이 목양하던 목회자 중심의 교회였다. 빌이 담임목사 자리를 놓고 인터뷰를 했을 때 장로회에서는 "우리가 생각하기에 목사님이 적임자이십니다"라고 했다.

그러나 빌 존슨은 "위원회 전원이 동의해야만 갈 것입니다"라고 했다.

그들은 당황했다. "우리는 만장일치를 이룬 적이 없었습니다."

빌은 만장일치가 안 되면 이 교회에 오지 않을 것이라고 했다. 이것이 그가 벧엘의 그 전의 통치 구조에 요구한 많은 변화 가운데 첫 번째 것이었다. 그들은 빌을 다시 불러서 "기적이 일어났습니다. 사상 처음으로 만장일치가 나왔어요!"라고 했다. 당시 교인의 숫자가 2,000명에 달했다. 그 후 몇 년 동안, 그 숫자는 1,000명으로 줄었다. 그러면서 50년간 지속되어온 목회자 중심의 통치 구조는 "아아아아!"라고 신음하고 있었다. 마을에 새로운 보안관이 와서 새로운 스타일의 정부를 구성했다. 그 결과 우선순위가 바뀌었다. 이러한 성공적인 전환에는 빌뿐만 아니라 장로들의 공헌도 컸다. 그들은 전쟁 기간 동안 무수한 부상자들이 나왔음에도 불구하고 그 '혁명'을 버텨냈다. 그들은 기존의 일이 진행되고 처리되는 방식을 '개혁'했다. 그래서 우리는 오늘날 '변화'된 시대에 살고 있다.

빌이 도입한 새로운 통치 구조는 "첫째는 사도요 둘째는 선지자요 셋째는 교사요"라고 바울이 놓은 기초를 따라 정렬되었기에, 벧엘교회의 문화에 새로운 우선순위를 가져왔다.

새로운 통치 구조 – 새로운 우선순위

사도들 – 하늘

선지자들 – 영적인 세계

교사들 – 왕국을 명확하게 이해시키고 접목시킴

기적을 일으키는 일꾼들 – 신자들의 초자연적인 행위들

이와 같은 통치 구조 아래서는 하늘, 곧 하나님이 현현하시고 또한 하늘의 뜻이 청사진이 되어 이 땅 가운데에 실현되는 것을 우선순위로 삼는다. 성도들의 눈과 귀가 선지자들에 의해 열렸고, 하나님의 심장 박동을 들었으며 사탄의 전략들을 무력화하는 셋째 하늘의 활동을 알게 되었기 때문에 영적인 세계의 활동을 핵심적인 것으로 받아들이게 된다. 기적과 이사와 표적을 통해 하나님을 만난 사람들은 삶이 혁신적으로 변했다. 사람들은 더 이상 두려움에 빠져 수동적으로 행하지 않고 하늘의 청사진대로 이 땅에 하나님의 왕국을 적극적으로 실현하고자 노력했다. 그들은 "아버지의 나라가 오게 하시며 아버지의 뜻이 하늘에서와 같이 땅에서도 이루어지게 하소서"라는 기도가 개인의 삶에 또한 자신이 속한 지역 공동체 안에 실현되도록 최선을 다했다.

다시 한 번 말하지만 이 새로운 통치 구조 안에서 교사들은 성도들로 하여금 다른 성도들을 특수한 소수자들의 종파라고 구별하고 그들을 가까이 하지 말라고 가르쳐서는 안 된다. 교사들은 성경을 가르치되 그 가르침을 통해 사람들이 하늘과 초자연적인 하나님이 이 땅 가운데서 일하고 계신 것을 보게 해야 한다. 그들이 가르치는 성경 말씀을 통해 사람들은 사도들과 선지자들을 이해하고 그들의 핵심가치들을 알 수 있어야 한다. 교사들은 이런 지도자들이 교회를 하늘의 우선순위가 머무는 곳, 어떤 일이든지 일어날 수 있는 곳으로 설계한다는 사실을 가르쳐야 한다. 만약 사람들이 어떤 일이 일어나고 있는지 잘 모른다면 두려워서 자신들이 통제하고 조종할 수 있는 곳으로 다시 돌아가려고 할 것이다. 교사들은 사람들에게 이런 면들을 이해시키고 하나님의 사람들의 염려를 줄여주어 모든 것이 가능한 하나님의 임재 안으로 들어가게 해야 한다.

나는 사도 중심의 환경 아래에서의 목회자의 역할에 대해서는 다시 언급하지 않겠다. 그러나 사도 바울이 이 특별한 목록에서 그 다음으로 언급한 기적의 일꾼들에 대해 주의해서 보기 원한다. 내가 믿기로는 '기적의 일꾼들'(workers of miracles)은 사도 중심의 통치 구조 아래서 전도자의 역할을 표현한 말이다. 나는 우리가 이 두 가지 역할 간의 관계를 잊었다고 생각한다. 사도와 선지자들의 지도가 없이는 기적의 일꾼들은 일반적으로 그 역할을 감당하지 못한다. 그러나 사도 중심의 교회에서는 사도들과 선지자들로 인해 초자연적인 일들이 일어나기 때문에 기적의 일꾼들은 어떤 일이 일어날 수 있는지 스위치들을 눌러 보느라 바쁘게 다닌다. 그들로 인해 신자들의 일상의 삶에서는 물론 지역 공동체의 모든 사람의 삶에서도 초자연적인 일들이 실제로 일어난다. 그들로 인해 위험을 감수하며 불가능한 것들을 도전하는 삶이 전염된다.

새 부대라 할 수 있는 사도를 중심으로 한 지도력이 세워지면 전도의 새로운 물결이 기적의 일꾼들을 통해 일어난다. 지난 세기 동안 교회는 전도를 강조해왔다. D. L. 무디, 윌리엄 부스, 그리고 찰스 피니 같은 사람들은 교회가 "사람들을 그리스도께로 인도해야 한다"고 가르쳤다. 이런 강조 덕분에 많은 사람이 하나님의 왕국에 편입되었다. 많은 사람의 간증을 들어보면 이를 알 수 있다. 그리고 대부분의 현대 크리스천도 자신이 출석하고 있는 교회에서 이런 식의 전도 방식으로 훈련 받는다.

그러나 기적의 일꾼들은 새로운 방식의 전도를 교회 안에서 실천한다. 이런 믿음의 절대적인 신봉자들이 가는 곳이라면 즉 일터나 길거리, 장터 혹은 식당, 쇼핑센터에 상관없이 어느 곳에서든지 주변 사람들은 "하나님을 만난다." 치유, 기적, 지식의 말씀, 예언적 사역, 그리고 하늘의 계시가 나타나 사람들이 무리를 지어 주님께 나아온다. 우리는 이런 사람들을 '보물 사냥꾼'(treasure hunters)이라고 부르는데 나도 그런 사람 중 한 명이었다.

현재 '보물 사냥꾼'이라고 불리는 혁명적인 사역이 전 세계를 휩쓸고 있다. 《보물찾기 예언전도》(The Ultimate Treasure Hunt)라는 책을 쓴 케빈 데드몬은 이런 초자연적인 사역을 하도록 수천 명의 사람을 훈련시켜 왔다. 쉽게 말하면 이 사역은 함께 모여 기도하고 하늘로부터 '보물 목록'(treasure list)을 받는 식으로 진행된다. 이 목록에는 이름들, 장소들, 옷의 색깔들, 몸의 아픈 부분, 질병들, 현재 삶의 상황, 성별 등 온갖 종류의 '실마리'가 포함된다. 이런 실마리들을 받게 되면 팀원들은 자신들의 '보물'을 찾아 나선다. '보물 사냥꾼'이 목록에 있는 사람을 만나게 되면 그 사람에게 다가가 '보물 목록'에 그 사람이 올라가 있다는 사실을 알려준다. 이때 '보물 사냥꾼'은 그 사람에게 기도 제목이 있는지 물어본다. 이러한 사역을 할 때마다 하늘은 사람들을 흔드셨다. 하나님께서는 능력 가운데에 나타나신다. 보물 사냥 사역이 일어날 때마다 기적과 이사 그리고 표적에 대한 간증이 끊이지 않는다.

우리 지역 공동체 사람들에게 하나님과의 만남을 기대하는 갈망이 일어났다. 다른 지역에 있는 일단의 지도자들이 벧엘의 변화학교에 와서 초자연적 사역학교의 2학년 학생 한 명과 우리 지역에 나가 보물 사냥 사역을 했다. 꽤 유명한 백화점에 가서 자신들의 '보물 목록'에 올라와 있는 사람 중 한 사람을 만났다. 그들이 다가가 당신이 목록에 있었고 당신은 하나님의 보물 중 한 사람이라고 말했더니, 그는 "이 일에 대해 들은 적이 있어요. 나는 언제나 보물이 되기를 원했어요. 당신들이 나를 찾아와 주기를 원했어요!"라고 소리를 질렀다고 한다.

그 사람은 하나님께서 그를 위해 예비하신 것들을 매우 흥분하여 받아들였고, 그 팀은 다음 보물을 찾아 나섰다. 이 사람을 전도할 때 신학적인 논쟁이 들어서지 않았다. 죽으면 지옥에 간다는 협박도 없었다. 이런 만남은 하나님께서 살아계시며 그 사람을 사랑하신다는 사실을 너무나도 단순하게 그리고 강력하게 보여주었다. 이러한 만남을 통해 많은 사람이 예수님께 마음을 드리게 되지만, 이것이 주요 목표가 아니다. 최우선 사항은 신자들이 이 땅에 하늘을 드러내는 통로가 되는 것이다. 하늘의 청사진이 표현될 수 있는 기회를 만드는 것이다.

존중으로 도시들을 변화시키다

사도적 선교의 또 다른 우선순위는 지역 공동체가 반드시 우리 교회로 출석하도록 하는 것이 아니라 하나님의 왕국이 우리 지역 공동체 안으로 흘러 들어오도록 하는 것이다. 이 초점은 주변에 있는 사람들을 유익하게 하는 길을 찾는 부요한 자의 사고방식과 다른 사람들의 명예를 존중해주려는 동기로 인해 가능하다.

천 명 정도의 학생이 우리 지역에서 매주 전도를 나가 보물 사냥을 하는 것을 보면 얼마나 놀라운지 모른다. 그러나 나는 여기서 자신이 살고 있는 멕시코의 한 도시에서 하늘의 청사진이 실현되는 것을 목도하고 있는 내 친구 이야기를 들려주고 싶다. 그의 이름은 앤젤 나바이다. 그와 그의 아내 에스더는 평화(Peace)라는 뜻의 이름을 가진 라 파즈(La Paz) 시의 바자 캘리포니아라는 남쪽 지역에서 교회와 초자연적 사역 학교를 이끌고 있다. 2003년에 그들은 이전에 알던 크리스천 세계를 완전히 뒤엎어버린 한 부부를 만났다.

데니와 다넷 테일러 부부는 벧엘교회에서 파송받아 라 파즈 시에 가서 초자연적 사역학교를 시작했다. 그들의 첫 번째 임무는 레딩에서 받은 은혜와 진리를 똑같이 품고 복제해서 그 도시에 부흥이 일어나는 데 촉매제 역할을 할 사람들을 찾는 것이었다. 여러 행사를 통해 그들은 앤젤과 에스더 나바 부부를 만났다. 그 이후 몇 년의 세월은 명예를 존중해주는 문화가 어떻게 한 도시를 바꾸었는지에 대한 간증이 되었다.

나는 테일러 부부를 만나기 전까지 아름답고 조용한 교회를 목회해왔던 이 부부 안에서 첫 번째로 일어났던 확실한 변화를 기억하고 있다. 아내 에스더는 빌 존슨과 크리스 밸러턴을 만나 하나님의 강력한 역사를 처음 목격했을 때 자신이 사는 이유와 목적을 발견했다. 그 반면 앤젤은 초자연적인 현현이 무서워서 상관하기 싫어했다. 그러나 주님께서는 그를 서서히 인도하셨다. 호기심을 갖게 만드시더니 결국 그는 자신이 살고 있던 도시 안에서 하나님께서 일하고 계심을 인정하기에 이르렀다.

그러나 이런 사실을 인정함과 동시에 부흥을 위해 전심을 드리게 되면 모든 것을 대가로 드려야 한다는 것도 깨닫게 되었다. 첫 번째로 그의 리더십과의 관계가 단절될 것이었다. 목회자 중심의 패러다임으로 그의 교회를 감독하던 사람들은 그가 초자연적인 사역으로 방향을 선회한다면 관계를 끊을 태세였다. 그는 또한 가깝게 지내던 목회자 친구들도 자신을 떠날 것을 알고 있었다. 그럼에도 불구하고 그와 에스더는 하나님과 하늘의 뜻을 라 파즈에 실현시키기 위해서라면 그 어떤 것도 감당할 각오를 했다.

그들이 처음 한 일은 초자연적 학교를 그 도시에 세우고자 노력하는 데니와 다넷을 돕는 것이었다. 그런 과정을 시작하자마자 곧 치유와 기적이 일어나는 것을 목격했다. 학교를 처음 시작한 해에 죽은 여인이 살아나는 것을 경험했다. 이 일은 그들의 인생과 사역에 있어서 매우 새롭고 흥분되는 일이었다. 앤젤은 마음으로부터 도시가 변화되는 것을 기대하게 되었다. 그는 벧엘에서 온 교사들로부터 배울 수 있는 모든 것을 말 그대로 빨아들였다. 그는 하늘의 사역이 멕시코에서 일어나기 위해 자신이 준비해야 할 것이 무엇인지 더 잘 이해하게 되기를 바랐다. 그리고 그는 자신이 예수님이 교회에서 그 도시로 나아가실 수 있도록 도울 수 있다면 그 도시는 하나님을 좀 더 효과적으로 체험할 수 있으리라 믿기 시작했다.

그러나 그는 어떻게 해야 할지 막막했다. 그때까지 그가 아는 것이라고는 도시로 나가 사람들을 교회로 데리고 오는 것이 전부였다. 25만 명의 사람을 데리고 와 어디에 모이게 할 수 있을까? 전략의 궤도 수정이 필요했다. 그는 라 파즈를 부풀게 할 '한 덩어리의 누룩'이 되기 위한 방법을 모색했다.

멕시코는 헌혈 체계가 원활하게 돌아가지 않는다. 헌혈을 관장하는 정부 관리가 있긴 했으나 누구도 헌혈을 하지 않았다. 멕시코에서는 수술받는 사람이 스스로 헌혈자를 찾아 데려오는 것이 상례다. 앤젤에게 아이디어가 떠올랐다. 그는 지역의 헌혈 사무소를 찾아가서 새로 부임한 관리에게 요즘 상황이 어떤지 물었다. 일이 잘 진행되지 않는다는 것을 알게 된 그는 어떻게 하면 헌혈이 라 파즈에서 일어날 수 있을지 몇 가지 질문을 던졌다. 그 다음 주에 그는 자신의 성도들에게 도시를 변화시킬 새로운 전략에 대해 나누었다. "우리는 이 도시에게 가장 헌혈을 많이 하는 사람들이 될 것입니다. 나를 따라오십시오."

앤젤은 그 도시에서 헌혈운동을 이끄는 지도자가 되었다. 그의 성도들은 현재 1년에 세 번씩 헌혈을 하고 있다. 교회가 서로 경쟁하는 속성이 있음을 아는 앤젤은 다른 교회와 목회자들에게 헌혈을 권했다. 얼마 지나지 않아 몇 교회는 매년 헌혈을 가장 많이 하는 단체가 되기 위해 경쟁을 하기 시작했다. 그 결과 라 파즈 시는 헌혈 양에서 그 주(洲) 중에서 최고가 되었고, 혈액은행의 새로운 감독자는 헌혈의 양을 갑작스럽게 올린 공헌으로 포상을 받았다. 앤젤로 인해 이 관리는 천재처럼 보이게 되었다. 그 결과 그 관리는 앤젤의 성공을 바라게 되었다.

앤젤은 생명을 기부하는 방식으로 자신들이 사는 도시를 축복할 수 있다는 부요한 자의 패러다임을 그 지역의 신자들에게 소개할 수 있어서 얼마나 재미있었는지 모른다. 그러나 그는 좀 더 높은 단계로 올라가기를 원했다. 그와 에스더는 멕시코 본토에 있는 인디언 마을들을 찾아가 전도하기로 결심했다. 그들은 성도들로 하여금 가난한 자들을 섬기고 선행에 대한 보답으로 아무것도 줄 수 없는 사람들을 사랑하는 법을 가르쳤다.

그들의 교회는 여느 미국 교회와 같지 않았다. 물질적인 자원은 부족했고, 성도들은 수수한 삶을 살았다. 앤젤은 자연적인 마음으로는 불가능해 보일 정도로 나누고 섬기도록 성도들을 가르쳤다. 그들은 그렇게 사람들을 사랑, 섬김, 그리고 희생에 있어 더 높은 단계로 끌어올렸다.

그들은 기적과 치유 그리고 관대함을 그들 주변의 주(洲)로 수출했다.

앤젤은 또 다른 '하나님의 좋은 아이디어'(God idea, 필자가 God's idea라 하지 않고 God idea라고 한 것은 누구나 알고 있는 Good idea를 단어의 음과 형태를 따서 재치 있게 표현한 것으로 볼 수 있다 - 역주)를 얻었다. 그는 아이들을 라 파즈 시에 있는 가톨릭 사립학교에 보내고 있었다. 이 사립학교는 고아원도 운영하고 있었고, 학교의 사제도 그 사역에 연관되어 있었다. 앤젤은 사제와의 대화를 통해 고아원의 가장 시급한 문제 중 하나가 신발이라는 이야기를 들었다.

현재 멕시코의 개신교와 가톨릭은 견원지간이라 할 수 있을 정도로 잘 지내지 못한다. 서로 교제하지 않으며 상대방에게서 선한 것이라고는 하나도 보지 못하는 것 같다. 개신교 신자들은 가톨릭 신자들에 대해 배타적인데, 더 나아가 경멸해도 괜찮다고 여긴다. 두 진영은 크고 깊게 분리되어 있다. 그러나 앤젤이 성도들에게 가톨릭 고아원에 신발이 필요하다는 사실을 이야기하자 교회는 그 고아원의 모든 아이에게 새 신발을 사주기로 했다. 모두 70켤레가 필요했다. 그들은 싸구려를 사지 않고, 나이키 운동화를 샀다. 예수님을 믿고 있는 그 지역의 신발 가게 사장은 그 이야기를 듣고 저렴하게 원가에 판매했다.

앤젤의 교회는 가톨릭 고아원을 돕게 된 일에 고무되어 자신들의 계획을 한 단계 더 높이 격상시켰다. 고아원 아이들을 주일 아침에 교회로 초청해 한 가족으로서 선물을 전달하기로 한 것이다. 사제는 그들이 무엇을 하려는지 알 수 없었지만, 놀랍게도 아이들 전부를 데리고 주일 아침에 개신교 교회인 생명의씨앗교회로 오겠다고 했다. 이런 일은 아마 멕시코에서 전무한 일일 것이다.

예배 시간에 교회는 더 큰일을 벌였다. 그들은 고아 아이들이 하나님의 사랑과 존중을 받고 있다는 사실을 느끼게 해주고 싶었다. 이를 위해 자신의 자녀에게조차 자전거를 사줄 형편이 되지 못하는 가정들이 돈을 모아 고아원에 자전거 한 대를 선물해주었다. 그리고 두 사람씩 마주볼 수 있도록 의자를 정렬시켜 놓고 아이들을 앉혔다. 사람들이 나와 아이들의 발을 씻겨주고 새 신발을 신겨주었다. 그런 후 앤젤 목사 교회의 아이들이 뒤에 서서 고아 아이들을 위해 대언기도를 해주었다. 그 예배당에 있던 모든 사람의 얼굴에는 눈물이 흘렀다. 앤젤은 사제를 권해 앞에 와 앉게 했다. 그는 자신이 목회하고 있는 교인들 앞에서 사제의 발을 닦아주었다. 그 사제는 자신이 경험한 것을 믿을 수 없었다. 그 누구도 전과 같을 수 없었다.

라 파즈 시에 있는 사역학교는 계속해서 성장했고, 교회도 새로운 사역팀들을 계속해서 세워나갔다. 치유, 예언, 기적의 일꾼들을 세우고 있으며, 사람들에게 하늘과 초자연적인 일들에 대해 가르치고 있다. 학생들은 회중을 상대로 초자연적인 사역들을 진행하기 시작했다. 그들은 결코 뒤돌아서지 않았다. 이제 그들은 초자연적인 일들을 경험하며 사는 것이 크리스천의 정상적인 삶이라고 이해하게 되었다. 도시로 전도 나가는 일이 일상이 되었으며 학교, 가게, 길거리에서 날마다 기적들이 일어났다. 지금도 하늘이 라 파즈 시의 일상생활 안으로 침노해 들어오고 있다.

앤젤과 에스더의 믿음과 성품은 계속해서 성장했다. 그들은 서로에게 뿐만 아니라 가족들과도 더 깊이 사랑하고 친밀해지는 법을 배우고 있다. 삶에 있어 생존을 가장 중요하게 생각하는 사람들에게 그들이 편안하게 느낄 안전지대를 만들어주면서 이끌고 있다. 그들은 가난한 사람들에게 도전을 주어서 하늘의 무제한적인 자원을 이끌어내고 있다. 무기력한 자들에게 능력을, 소망이 없는 자들에게 희망을, 그리고 포로들에게 자유를 주고 있다. 그들이 경험하는 이 변화는 주변 사람들의 실존을 바꾸고 있다. 그들은 하늘을 전파하는 촉매제들이다.

최근에 앤젤과 에스더는 개신교와 가톨릭 간의 화해를 역사적인 수준으로 끌어올렸다. 2008년 10월 나는 앤젤에게 다음과 같은 이메일을 받았다.

어제 저녁 모임이 얼마나 성공적이었는지를 알리기 위해 간단하게 씁니다. 라파즈 시의 관공서가 밀집한 광장에 약 3천 명의 사람이 모였습니다. 대부분은 가톨릭 신자였습니다만, 크리스천들도 많이 있었습니다. 우리는 처음으로 함께 모여 멕시코를 위해 기도했습니다. 우리나라에서는 개신교 신자들과 가톨릭 신자들이 함께 모여 기도한 적이 없었습니다. 행사가 끝날 때쯤 저는 소리를 높여 우리는 그동안 다리를 놓는 대신 벽을 쌓아왔다며 가톨릭 신자들에게 용서를 구했습니다. 제가 주교와 포옹하자 큰 환호성이 터졌습니다. 크리스천들이 가톨릭 신자들과 포옹하고 용서와 화해를 주고받는 장면은 정말 놀라웠습니다.

더 놀라웠던 순간은 에스더와 제가 연단을 내려올 때였습니다. 한 무리가 저를 기다리고 있었고 저를 안으며 고맙다고 했는데, 그들은 모두 가톨릭 신자였습니다.

저는 이제 새로운 날이 도래했다는 것을 압니다. 그리고 곧 새로운 일들이 일어 날 것입니다.

부흥이 목전에 있습니다. 우리는 역사를 만들어가고 있습니다.

전례가 없던 기도회가 끝나고 몇 주가 지나서 지역 사제 중 한 사람이 주교가 아파 병원에 입원했다고 알려왔다. 그는 앤젤의 사역을 통해 많은 사람이 치유받은 것을 알고 있었다. 그는 앤젤에게 주교를 방문하여 하나님의 치유사역을 해줄 수 있느냐고 부탁했다. 앤젤은 그들이 보여준 신뢰와 우애에 고무되었다. 그 일을 계기로 그는 주교와 정기적으로 연락하며 아직도 관계를 유지하고 있다. 그들은 서로 좋은 친구가 되었다. 그 도시에서 개신교 신자들과 가톨릭 신자들은 서로 파트너가 되어 도시를 치유하는 새롭고 흥분된 분위기를 만들어내고 있다.

그러나 이런 변화는 대가 없이 일어나지 않았다. 그 다음 달에 내가 나바 부부를 방문했을 때 앤젤은 자신이 교류하고 있던 개신교 목회자들로부터 전화를 받았다. 그 모임의 리더는 자신과 몇몇 목회자가 그 다음 주에 라 파즈에 갈 테니 가톨릭 신자들과 함께했던 기도회 이야기를 좀 나누자고 했다. 그들은 앤젤이 한 일에 대해 불편해하고 있다고 분명히 밝혔다. 사실 그들은 앤젤이 실수했다고 생각하며 회개시키러 오는 길이었다.

앤젤이 가톨릭 신자들에게 용서를 구한 일은 그들에게 매우 치욕적이고 화가 나는 일이었다. 그들은 그 말을 당장 취소하고 자신들에게 사과하라고 했다. 그들은 앤젤의 친구들이었고 그리스도 안에서 형제들이었지만, 앤젤이 지역 공동체에 치유와 화해를 가져온 일로 화가 났다. 이는 곧 서로에게 갈등의 요소가 되었고 서로가 상대방의 명예를 존중해주는지 진단해줄 시험장이 되었다. 라 파즈에서 돌아온 후에 나는 다음과 같은 이메일을 받았다.

> 목요일에 제가 말씀드린 것처럼 그 목회자들을 만났습니다. 매우 좋았습니다. 그들은 좋은 마음과 영(靈)으로 저를 찾아왔습니다. 그들은 자신들이 인정할 수 없는 부분들을 말해주었습니다. 하나님과 교회에 대한 밑그림이 문제였습니다. 종교적인 관점으로 보면 하나님께서 '우리 교회들'을 넘어 일하시는 것을 받아들이지 못합니다. 저는 그들의 사고방식에 도전했고, 그들은 제 질문에 제대로 답하지 못했습니다. 우리는 서로 접점을 찾았습니다. 비록 견해 차이는 있었지만, 모임을 마쳤을 때 그들과의 관계는 더 깊어졌습니다.

의견 일치를 보지 못했음에도 그들은 관계를 유지할 수 있었다. 이는 우리가 라 파즈에서 본 또 다른 기적일 수 있다. 크리스천 지도자들이 견해를 달리 하지만 서로 존중해주고 사랑하게 된 일이 바로 기적이다. 변화는 지도자들이 하늘의 우선순위를 드러내고 교인들도 이를 따를 때 일어난다. 앤젤과 에스더는 한 도시를 변화로 이끌었다. 그들은 시 공무원들, 소매업자들, 지역 시민들, 그리고 다른 교회 지도자들에게 강한 인상과 영향을 주었다. 그들은 이제 시장과 주지사 그리고 경찰들과 만난다. 앤젤의 다음 목표는 멕시코 경찰들이다. 오, 주님!

존중이 흐르는 통로 만들기

현재 부흥을 맛보고 있는 사람들은 기적들이 일어나고 있음을 알고 있다. 우리는 전 세계적으로 날마다 기적이 증가하는 것을 알고 있다. 이제 우리는 우리 지역 공동체, 우리 도시들, 그리고 우리나라를 개혁할 통로를 만들어야 한다. 하늘의 핵심가치들이 나라의 정부와 통치 차원에서 나타나지 않는다면, 전 세계적인 부흥은 지속적인 영향을 끼치지 못할 것이다.

나는 단지 교회에 출석하는 신자들을 공직에 선출하자는 것이 아니다. 한 나라가 구원받을 수 있는 패러다임을 만들자는 것이다. 전통적으로 정부는 우리가 소중히 여기는 것들을 보호해주는 기관이라고 생각해왔다. 우리는 우리의 경제, 안전, 그리고 권리를 도모해줄 사람들을 지도자로 선출했다. 그러나 우리는 하늘의 우선순위와 이 땅 가운데서의 하나님의 임재를 보호해줄 정부를 만들어야 한다는 점을 간과하고 있다.

우리는 한 가지만 빼놓고 교회 내에서는 아주 잘하고 있다고 믿는 것 같다. 우리가 자신 없어 하는 그 한 가지는 매우 분명한 현실인데, 하나님의 임재와 권능이 대부분의 교회에 나타나지 않고 있다는 점이다. 그 대신 우리는 고귀한 전통과 신학을 보호해줄 교회 통치 구조를 만들었다. 우리나라에서 가장 큰 교단의 교회들 어디에서도 초자연적인 일들을 찾아볼 수 없다. 대부분의 교회가 그렇듯이 나라 전체를 하나님의 임재와 능력이 제한되는 곳으로 만드는 일에 교회가 불신자들과 짝하고 있으니 얼마나 어리석은 일인가?

존중해주는 문화는 교회 지도자들에게 더 많은 것을 통제하고 조종할 수 있는 권한을 주는 것이 아니다. 나는 지금까지 통제와 조종을 없애고 절제와 자유를 함양해야 한다는 사실을 분명히 밝혔다고 생각한다. 교회는 이 땅에 더 많은 자유를 가져다주어야 한다. 하늘은 좌절, 고통, 질병 혹은 두려움으로 가득하고 많은 사람이 갇혀 살고 있는 감옥으로 침투해 들어오려고 한다. 우리의 역할은 우리의 인생, 가정, 그리고 교회 공동체에서 이런 것들을 제거하고, 더 많은 이들을 우리가 이미 발견한 평화, 기쁨, 자유, 그리고 사랑으로 이끄는 일이다.

나는 이 책을 통해 당신이 다른 사람의 명예를 존중해주는 것이 하늘이 우리 세대 가운데 부어주고 있는 것들을 붙드는 강력한 요소라는 점을 깨닫게 되기를 기도한다. 관련된 모든 사람이 무제한적인 자유와 기회를 누릴 수 있도록 사랑하고 존중해주는 면에서 자라지 못하면 우리는 이 부흥이 손가락 사이로 빠져나가 다른 세대에서 다시 시작되는 것을 볼 수밖에 없을 것이다. 우리는 인류의 역사상 진정 아름다운 시기에 살아가는 특권을 받았다. 이제 서로를 존중하자!

Culture of Honor

살아계신 하나님을 만나고 그분의 마음을 새롭게 받을 때, 우리는 삶에서 더 큰 자유를 갈망하게 되고 '포로 된 자에게 자유를' 주고자 하는 일에 대한 비전과 소망을 갖게 된다. 이렇게 새롭게 된 비전이 현상을 유지하고자 하는 세력으로부터 오는 압제를 걷어차버릴 수 있는 용기를 준다. 이 용기는 우리가 살고 있는 문화의 기준을 넘어서는 초자연적인 것이다.

미주

| 서론 |

1) 마 10:41

| 1장 |

2) 고후 7:10

| 2장 |

3) 고전 12:27-28
4) 막 1:22을 보라.
5) 마 16:23
6) 마 6:10
7) 롬 14:17
8) 대하 20:20
9) 막 8:17
10) 고전 4:15

| 3장 |

11) 눅 9:55, 저자는 영어성경 NASB를 참조했으며, 이 번역이 저자의 의도에 더 어울려 한글 성경을 따르지 않고 영어 성경 원문에서 그대로 번역했다. NASB의 경우 "You do not know what kind of spirit you are of"라고 번역했으며, 한글 성경 개역개정판의 경우 "예수께서 돌아보시고 꾸짖으시고"라고 표현했다(역주).

12) 요일 4:8, 18
13) 요일 2:1
14) 요일 2:2
15) 갈 4:31

16) 갈 2:15-21

17) 롬 7:22-24

18) 롬 7:25

19) 롬 6:11

20) 요 14:15

21) 고전 13:2-3을 근거로 저자가 자신의 말로 정리했다.

|4장|

22) Braus, Judy A. and Wood, David. Environmental Educational in the Schools: Creating Programs that Work Peace Corps Information Collection & Exchange. Manual M0044.(August 1993), 37.

23) 엡 5:8

24) 렘 17:9

25) 삼하 11:2

26) 삼상 25장을 보라.

27) 마 10:33, 마 26:34-35, 요 21:15-17을 보라.

28) 요 8:11

29) 엡 5:8

30) 욥 38:3

31) 갈 5:1

|5장|

32) 고전 6:12

33) 요 10:10

34) 창 12:1-3

35) 갈 3:29

36) 히 11:10

37) Ruby K. Payne, PhD, A Framework for Understanding Poverty(Highland, TX: aha! Process, Inc., 2005), 59.

38) 요 14:13

39) 막 16:15

|6장|

40) 영어 원문은 C. S. Lewis, Mere Christianity(New York: HarperCollins, 2001), 47-48에서 인용했으며 한글 번역문은 C. S. 루이스, 순전한 기독교(장경철·이종태 옮김, 홍성사, 2001), 86-87에서 인용함.

41) 고전 13:1을 저자가 자신의 말로 표현함.

42) 고후 3:17

43) 사 54:10

44) 렘 29:11

45) 요일 4:18

|7장|

46) 갈 4:1-7

47) 갈 3:25-26을 보라.

48) 갈 5:13, 16

49) 갈 6:1

50) 마 7:1-2

51) 요 15:3

52) 히 12:6을 보라.

53) 욥 38:1-3

54) 막 10:51

55) 요 5:6

56) 창 18:16-18

57) 창 18:23-25

58) 창 18:33

59) 시 139:23-24

|8장|

60) 엡 6:5과 골 3:22을 보라.

61) 눅 4:18

62) Joan D. Hedrick이 쓴 전기, Harriet Beecher Stowe: A Life(New York: Oxford University Press, 1994), 204.

63) Charles Edward Stowe, Harriet Beecher Stowe: The Story of Her Life(Whitefish, MT: Kessinger Publishing, 2005), 203.

64) Ann Hagedorn, Beyond the River: The Untold Story of Her Life(New York: Simon and Schuster, 2004), 274.

65) Ann Hagedorn, Beyond the River, 22-23.

66) Ann Hagedorn, Beyond the River, 106.

67) 고전 12:28

참고 문헌들

- Hagedorn, Ann. Beyond the River: The Untold Story of the Heroes of the Underground Railroad. New York: Simon and Schuster, 2004.

- Lewis, C. S. 순전한 기독교(Mere Christianity). New York: Harper Collins, 2001.

- Payne, Ruby K. A Framework for Understanding Poverty. Highland, TX: aha! Process, Inc. 2005.

- Stowe, Charles Edward. The Life of Harriet Beecher Stowe: Compiled From Her Letters and Journals. Boston: Houghton Mifflin, 1989.

- Stowe, Charles Edward. Harriet Beecher Stowe: The Story of Her Life. Whitefish, MT: Kessinger Publishing, 2005.